Dietmar Mieth

Kleine Ethikschule

HERDER spektrum

Band 5471

Das Buch

Die meisten sind offenbar überzeugt, dass es sich nicht lohnt, moralisch zu handeln: denn etwa 80 Prozent der Menschen sind bereit, um des eigenen Vorteils willen zu lügen. Ethik kollidiert mit handfesten Vorteilen. Und dennoch haben wir so etwas wie ein schlechtes Gewissen, wenn wir meinen, uns nicht richtig verhalten zu haben. Manchmal wissen wir auch einfach nicht, was in einer Situation richtig ist: Dann neigen wir entweder zu einem moralischen Rigorismus – so und nicht anders muss etwas sein – oder wir halten uns an ein „anything goes". Wie finden wir den Weg zum guten Handeln? Wie geraten wir aus den oftmals alltäglichen Zwickmühlen? Wo ist es sinnvoll, durchaus kurzfristig Nachteile in Kauf zu nehmen? Worauf ist aber zu achten, um richtig zu handeln und nicht als dumm dazustehen? Dietmar Mieth bringt Klärung in den Dschungel der Entscheidungen. Er benennt die Kriterien, die wir anwenden können. Mit vielen Beispielen aus dem praktischen Alltag.

Der Autor

Dietmar Mieth, Begründer des Ethikzentrums der Universität Tübingen, langjähriges Mitglied der Ethikkommission der Europäischen Union, Professor für Theologische Ethik. Beratend tätig in Fragen der interdisziplinären Ethik.

Dietmar Mieth

Kleine Ethikschule

HERDER

FREIBURG · BASEL · WIEN

Gedruckt auf umweltfreundlichem,
chlorfrei gebleichtem Papier

Originalausgabe

Alle Rechte vorbehalten – Printed in Germany
© Verlag Herder Freiburg im Breisgau 2004
www.herder.de
Herstellung: fgb · freiburger graphische betriebe 2004
www.fgb.de
Umschlaggestaltung und Konzeption: R·M·E München /
Roland Eschlbeck, Liana Tuchel
Umschlagmotiv: Paul Klee,
Wandbild aus dem Tempel der Sehnsucht \dorthin/, 1922, 30
26,7 x 37,5 cm. Ölpause und Aquarell auf Gipsgrundierung auf Gaze auf Karton
The Metropolitan Museum of Art, New York
© VG Bild-Kunst, Bonn 2003
ISBN 3-451-05471-X

Inhalt

Vorwort

Die Kleine Ethikschule will das Nachdenken über Moral fördern. Dabei wird öfter von „Moral" als von „Ethik" gesprochen, und zwar in einem doppelten Sinn: zum einen im alltagssprachlichen Sinn, der das Verhalten meint, zu dem sich Menschen verpflichtet fühlen; zum anderen im Sinne von Bewertungen und Urteilen, die sich auf das gute und schlechte, richtige und falsche Handeln des Menschen beziehen.

Moral hat jeder, wie defekt sie auch immer sein mag und wie auch immer man sie beurteilt. Zum Nachdenken darüber kommt man aber im Alltag und auch in verantwortlichen Situationen zu selten. Oft überblickt man dabei nicht alle damit verbundenen Aspekte. In diesem Buch geht es freilich nicht um einzelne Bereiche des moralischen Handelns, sondern um den generellen Fragekreis der Ethik.

Die Kleine Ethikschule ist nicht mit einer Einführung in die wissenschaftliche Ethik zu verwechseln. Wer sich hierzu orientieren will, findet durchaus Hilfe.[1]

Die Kleine Ethikschule ist ferner keine schulmäßige Belehrung über ein Begründungssystem in der Ethik, das dadurch zu überzeugen versucht, dass es schrittweise, zirkelfrei und für jedermann einsichtig von einfachen Annahmen bis zu übergreifenden Prinzipien und dann zu komplexen Urteilsvorgängen führt.

Die Kleine Ethikschule will auch nicht ein Schul- oder Lehrer- bzw. Lehrerinnen-Buch sein, das in Lektionen vorgeht. Das Wort „Schule" hat hier vielmehr den allgemeinen Klang, der mit dem

---

[1] Z. B: im M. Düwell / C. Hübenthal / M. H. Werner (Hg.), „Handbuch Ethik", Stuttgart 2002; ferner: O. Höffe (Hg.), Lexikon der Ethik, 6. neubearbeitete Auflage, München 2002; ders. (Hg.), Lesebuch zur Ethik, 3. Auflage, München 2002; J. P. Wils / D. Mieth (Hg.), Grundbegriffe der christlichen Ethik, Paderborn 1991. Die beste, englische Einführung ist: S. Blackburn, Ethics. A very short introduction, Oxford 2001.

Wort „Bildung" verbunden ist: einerseits die Herausbildung einer persönlichen Einstellung; andererseits die Einbeziehung einschlägiger Erfahrungen und Kenntnisse. Dafür gibt das Buch Hilfestellung, vielleicht auch im Rahmen der Schule.[2]

Diese Bildung resultiert nicht nur aus der fachlichen Fähigkeit zur Einordnung unterschiedlicher Perspektiven, die sich derzeit auf den Weg zur „Ethik" machen, sondern aus dem persönlichen Reichtum an Perspektiven, der aus einer langjährigen Erfahrung im theoretischen und praktischen Umgang mit Ethik stammt. Fachliche Fähigkeiten und Erfahrungen auf der Brücke zwischen Wissenschaft und gesellschaftlicher Praxis können im Modus der Erfahrenheit zusammenwirken. Darin ruht die Kompetenz, die hier entfaltet wird.

Das Buch ist auch als Verlockung gedacht. Deshalb sucht es immer wieder Anknüpfungspunkte in der alltäglichen Welt der Erfahrung, um von dort aus weitere Einsichten und das Nachdenken darüber zu erschließen. Die beiden ersten Kapitel sind ein Versuch, provozierende Fragen nach der Moral im heutigen Kontext aufzunehmen und Lernprozesse deutlich zu machen, die sich aus der Provokation ergeben, dass in vielerlei Hinsicht die „Unmoral" besser etabliert zu sein scheint. Wenn man mit ironischer Sympathie statt mit rigorosem Urteil an diese Erfahrungen herangeht, sind sie sehr hilfreich.

Die darauf folgenden Kapitel behandeln Perspektiven, die für jede Ethik „klassisch" sind: die Frage, wie man vorgeht, wenn man aus Grundsätzen handeln und zu Urteilen und Entscheidungen kommen will (III), die Modelle des guten und gelingenden Lebens (IV), die Normen und Werte (V), das Verhältnis von Politik und Moral (VI), die bleibende Imperfektheit des Menschen (VII), die Bedeutung der Religion für die Moral (VIII) und schließlich die Zehn Gebote (IX), deren Rolle als Merkformeln der Moral immer wieder neu belebt wird, vielleicht deshalb, weil sie sich immer wieder neu verstehen lassen.

---

[2] Damit beschäftige ich mich nicht zum ersten Mal. Vgl. G. Stachel / D. Mieth, Ethisch handeln lernen, Zürich 1978; D. Mieth, Mit dem Unkraut wächst der Weizen. Sanfte Moralpredigten, Luzern 1991.

Diese Themen werden exemplarisch und mit unterschiedlichen Mitteln der Darstellung, mit Dialogen, Geschichten und Interpretationen, behandelt. „Störende" Fragen, wie sie als Zwischenfragen bei Vorträgen gestellt werden, stellen sich dabei immer wieder ein. Sie stören die systematischen Überlegungen, die sich die Fachleute machen, und führen sie auf vergessene Fragen zurück. Insofern ist das Gespräch mit diesem Publikum immer in Reichweite; die einzelnen Ausführungen sind oft daraus entstanden.

Mir ist wichtig, dass man dieses Buch, so hoffe ich, an vielen Stellen auch mit Vergnügen lesen kann. Denn die Moral ist zwar ein ernstes Feld, aber ohne Humor ertragen wir die Schwächen nicht, die sie aufdeckt. Die Versuchung, den moralischen Schrecken, den unsere globalisierte Welt manchmal verbreitet, als notwendiges Opfer für eine schöne, neue Welt der Zukunft darzustellen, ist groß. Ihr kann nur durch Ironie begegnet werden, die mit unserer Endlichkeit rechnet.

Nachdenken, das auf einfache Ausgangsfragen zurückführt und Humor und Ironie hinzufügt, ist auf dem Wege zur Weisheit. Darin kann man sich endlos „schulen" und bilden. So will dieses Buch solche Prozesse nicht mit Lehren abschließen, die man verpackt nach Hause tragen kann, sondern sie eröffnen bzw. weiterführen.

Ich danke Frau Andrea Hogue für die technische Herstellung des Manuskripts, meiner Frau, Irene Mieth, für ihre Hilfe durch viele Gespräche und bei der Korrektur sowie der Lektorin Dr. Karin Walter für ihre Bemühungen um die Endredaktion.

I Erfahrung mit Moral, Nachdenken über Ethik

1. Die guten Menschen brauchen keine Moral, die bösen scheren sich nicht darum

In der Öffentlichkeit und in der Politik ist gelegentlich von den so genannten „Gutmenschen" die Rede. Gemeint sind damit in einem polemischen Sinne Menschen, die sich für das Gute einsetzen, ohne dabei in Rechnung zu stellen, welche Hindernisse es dabei auszuräumen gilt, in welche Schwierigkeiten man dabei geraten kann oder in welche Konkurrenz man zu anderen guten Zielen gerät. Solche Menschen schauen nicht links und nicht rechts, sie zielen rücksichtslos auf das Gute, das in ihrem Gesichtsfeld liegt. Das Bild von den „Scheuklappen" liegt nahe, denn diese gestatten ja dem Pferd, das sie trägt, nur geradeaus zu schauen.

Es liegt auf der Hand, dass eine solche Polemik gern gebraucht wird, um den Einsatz für das als gut und richtig Erkannte zu diskreditieren. Man wird also vorsichtig mit solchen Etiketten umzugehen haben. Andererseits steckt hinter der Polemik auch die Einsicht, dass das Bessere oft ein Feind des Guten sein kann und dass man im verantwortlichen Handeln Umsicht und Abwägung braucht.

Menschen, die als absolut böse erscheinen, tauchen zwar durchaus in unserer Vorstellung auf, aber es ist schwer, an bösen Menschen nicht auch Verhalten zu finden, das man als „gut" ansehen kann – und wenn es sich nur um das Verhalten zu einem Hund handelt oder wenn ein Terrorist seine Kinder liebt. Aber in gewissem Sinne wird durch den bösen Grundtenor auch das Gute infiziert. Umgekehrt werden wir einem Menschen aufgrund seiner Entschlossenheit, sich vom Guten nicht abbringen zu lassen, auch dann Ansehen zubilligen, wenn seine Intentionen und Handlungen uns stören, weil sie zwar Gutes sehen, aber nicht das Richtige finden.

Friedrich Schiller hat sich einmal darüber Gedanken gemacht, wer im perfekten Sinn gut handelt. Er macht dies an der Frage fest, wer der perfekte Samariter sei, denn die Bekanntheit dieser Story setzt er voraus. Das ist der, der dem Notleidenden hilft, ohne groß zu überlegen oder zu fragen: spontan aus der unverfälschten Regung seines Herzens. Wenn wir richtig gut sind, sind wir gut, ohne viel zu überlegen. Wenn wir einen Menschen lieben und unser ganzes Streben nach ihm ausgerichtet ist, dann fällt es uns leicht, zu ihm gut zu sein. Lässt das Streben nach, lässt die Güte nach. Und dennoch: Wir streiten uns auch mit geliebten Menschen und Worte wie Kröten spucken wir aus. Denn was wir wollen, das tun wir nicht und was wir tun, das wollten wir eigentlich nicht tun. Wir brauchen offensichtlich mehr Selbstdistanz und mehr Raum und Zeit, um gut zu sein.

Ethik braucht Zeit und Raum, weil sie etwas mit Überlegung zu tun hat. Sie setzt im Grunde den Zweifel daran voraus, was gut und richtig ist, oder anders, ob wir selber gut und richtig sind. Wer um das Gute und Richtige ringt, lebt oft in endlosen Gesprächen. Die modernen Kommunikationsmittel haben diese moralische Kommunikation sehr erleichtert. Wir erlauben uns Unsicherheit, wo vielleicht frühere Generationen Festigkeit erwartet haben und sich in ihrem Verhalten durch soziale Normen und Sanktionen gestützt und gefestigt fühlten. Da bestand freilich die Gefahr, dass diese Festigkeit nur äußerer Schein war, weil man die Abweichung verdeckte. Das war die so genannte Doppelmoral. Wir können sie heute noch nachempfinden, wenn exponierte Menschen in der Öffentlichkeit anders erscheinen wollen als sie sind oder wenn wir in unserem Freundes- und Bekanntenkreis unser „Image" aufrecht erhalten wollen.

Im Alltag leben wir freilich oft in der Dimension des zunächst beiseite gelassenen Zweifels. Was wir tun, scheint uns selbstverständlich oder sich von selbst zu verstehen. Was wir tun sollen, wissen wir gleichsam traumwandlerisch, bis wir einmal in Unsicherheit geraten oder bis uns jemand fragt, warum wir dies und jenes für gut und richtig halten. Dieser Fragende können wir jederzeit auch selber sein. Und diese Fragen nehmen zu, je mehr Möglichkeiten es zu geben scheint, das Gute zu wählen und das Richtige zu tun. Wir leben in der pluralistischen Konkurrenz der Möglichkeiten. Auch die Moral gehorcht Marktmechanismen. Das Angebot bestimmt die Nachfrage ebenso, wie die Nachfrage die Angebote hervorruft.

Die richtigen Fragen stellen zu können, ist oft das Suchen nach der richtigen Eingangstür für die ethische Überlegung. Dazu können wir mit Schiller noch einmal die Story vom barmherzigen Samariter aufgreifen. Ich glaube nämlich nicht, dass Schiller den springenden Punkt dieser Geschichte, die Jesus als Gleichnis erzählt und die heute noch den Helfer-Institutionen ihren Namen gibt, vollständig erfasst hat. Es geht nämlich nicht nur darum, wer hilft, dass man beim Notleidenden keinen Unterschied machen soll oder dass man wirksam helfen soll – das alles steckt auch in der Geschichte – es geht vorrangig darum, die Frage „Wer ist mein Nächster?" auszuwechseln durch die Frage „Wem bin ich Nächster?" Denn die Frage des Schriftgelehrten wird von Jesus mit einer Gegenfrage beantwortet: „Wer ist dem der Nächste gewesen, der unter die Räuber gefallen ist?" (Lk 10,36) Als subtiler Lehrer moralischer Weisheit hat Jesus zwingend so erzählt, dass die Frage vom Objekt des Handelns auf das Subjekt gelenkt wird: Wem bin ich eigentlich Nächster, wer ist in einem besonderen Sinne *mein* Nächster?

Das ist genau die Frage, um die der Böse sich nicht schert. Denn entweder weiß er, wer zu seiner Mafia gehört und scheidet die Menschen in Angehörige der „Familie" und in andere, die er nicht zu achten braucht und denen gegenüber er keine Verpflichtungen hat: Sie sind nur Instrumente in der Verfolgung des eigenen oder des familiären (oder auch eines nationalen!) Egoismus. Oder er ist nur um seines eigenen Vorteils willen gut und behandelt die anderen nach seinem Wohlgefallen, aus zufälliger Gunst und um sich noch besser in seinem Selbst zu verehren, keinesfalls aus Pflicht oder aus Gerechtigkeit. Der Egoismus wird auch als Programm des Guten verkauft, vor allem, wenn jemand am Markt verkaufen und dem Kunden die Illusion verschaffen will, es ginge nicht um einen Vorteilstausch, sondern um die Quadratur des Kreises: ausgeben und zugleich sparen. Auf dem Markt, so werden wir gleich sehen, kann man sarkastisch fragen: Ist böse gut?

2. Ist böse gut?

„Böse ist gut?" Die Zeitschrift „Trend" (4/2003) hat diesen Titel noch mit einem Fragezeichen versehen. Alexis Johann schreibt da: „Lügen, Täuschen, Bluffen, Klauen ist zwar verwerflich, kann Sie jedoch weiterbringen." Offensichtlich raten neue Bücher über das effektive Management „zum Ausfahren der Ellenbogen in Zeiten der Angst um Arbeitsplätze". Die Titel sprechen für sich: „Guillotine-Business", „Der Schweinehund-Effekt", „Hängt mich höher!", „Ideenklau macht schlau", „Die Hire und Fire-Fibel". Das ist kein betriebsinternes Phänomen. Sonst könnte nicht auch mit dem Spruch „Das Böse ist das Gute" um Kunden geworben werden. Bekannte Beispiele sind: „Geiz ist geil" (Saturn) oder die bewusste Skandalwerbung von Benetton, in welcher die moralische correctness desavouiert wird, indem Diskriminierungen und Verletzungen zum „Aufgeilen" am sensationellen Reiz benutzt werden. Ist von der Moral nichts anderes übrig geblieben als ein Mittel der Reizsteigerung?

Nun weiß man ja, wie ein Manager sagt, dass „Wirtschaft nichts für Softies" ist, aber Nehmerqualitäten sind etwas anderes als die Fähigkeiten zum offensiven Austeilen, zum Übervorteilen, zum Verdrängen, Mobbing genannt, und zum Treten nach unten, damit man oben bleibt. „Hart gegen sich selbst, brutal gegen andere", ein Wort, als Karikatur gemeint, kann leicht zum Alltag werden, und dies nicht nur in der Politik und in der Wirtschaft, wo man die Quelle dieser egoistischen Effektivität um jeden Preis vermutet, sondern immer mehr im Alltag und in den öffentlichen Diensten, von den Schulen bis zur Kulturszene.

Das ist ja nicht neu. Bertolt Brecht hat in „Der gute Mensch von Sezuan" die Spaltung des Menschen anschaulich gemacht, der gut sein will und böse sein muss. Friedrich Dürrenmatt hat auf die Balance hingewiesen, die der Geschäftemacher braucht: ein warmes Zuhause mit gepflegtem Stil, um die professionelle Kälte umso effektiver werden zu lassen. Und der Spruch „Der Zweck heiligt die Mittel" ist uns zur zweiten Natur geworden. Auf den Frontseiten der Zeitungen wird dann von „Verantwortungsethik" gesprochen. Die meisten, die diese berühmte Formel von Max Weber gegen die so genannte „Gesinnungsethik" ins Spiel bringen, missverstehen den Meister der Gesellschaftsanalyse. Denn dieser hat nicht gemeint, man müsse gelegentlich ein Schuft sein, um dem Richtigen zum Durchbruch zu verhelfen. Er hat auch nicht gemeint, man solle keine Grundsätze haben, mit denen man die Folgen seiner Handlungen bewertet. Er wendete sich nur gegen diejenigen, die eine ideale Welt brutal über die reale stülpen wollen. In der Tat ist die Herrschaft der abstrakten Ideale oft mit Blut inszeniert worden.

Ist böse gut? Die meisten Menschen werden sagen: natürlich nicht immer, aber ausnahmsweise, gelegentlich, unter Umständen. Auch die Trend-Manager halten daran fest, dass „Ehrlichkeit am längsten" währt und dass „Vertrauen das beste Kapital" (Robert Bosch) ist. Die reine Bosheit wäre kontraproduktiv. Aber ebenso falsch wäre es demnach, dem von Jürgen Habermas einmal als „moralisch gut" bezeichneten Ideal zu folgen: „Gut ist, wer in Stresssituationen seine Maximen aufrechterhalten kann." Das wird als Variante des „Gesinnungsethikers" Immanuel Kant, der ja bekanntlich der Meinung war, tue, was recht ist, ohne auf die Folgen zu achten, in die oberen Zimmer des Elfenbeinturmes abgeschoben.

Ist böse also nur manchmal gut? Das wäre immerhin ein Bruch mit der Auffassung, dass das Böse immer böse sei. Was meinen aber die Menschen damit, wenn sie das Böse um des Guten willen verteidigen, ja anraten wollen?

Damit kann Verschiedenes gemeint sein. Die Variante, der Zweck heilige die Mittel, kann eben so verstanden werden, als seien deshalb böse Mittel auch erlaubt. Aber ist das wirklich gemeint? Die meisten Menschen, die in den Mitteln nicht wählerisch sind, würden sich dem nicht widersetzen, ja sogar zustimmen, wenn man vorschlägt, die Mittel moralisch zu verbessern. Wer z. B. frühe menschliche Lebewesen in einem Forschungsprogramm mit guten Absichten „verbraucht", der wird sich vielleicht damit einverstanden erklären, dieses Mittel durch Prozeduren einzugrenzen. Er wird sich erleichtert fühlen, wenn ihm Philosophen sagen, das frühe menschliche Lebewesen sei ja noch gar nicht soweit, unter das menschliche Lebensrecht zu fallen, wohl aber gebühre ihm Respekt.

Damit wird indirekt zugegeben, dass das Gute zu tun und das Böse zu lassen sei. Zugleich aber rechnet man mit einem unerledigten bösen Rest in jeder Handlung. Um diesen Rest zu rechtfertigen, und das ist eine zweite Schiene der Argumentation, bedarf es der Dringlichkeit des Zieles und des Fehlens von Alternativen. „Das Gute, dieses stehet fest, ist stets das Böse, das man lässt" (Wilhelm Busch), wird dann so verstanden, dass man ja das böse Mittel einschränke und damit vergleichsweise besser handle als jene, die uneingeschränkt jedes Mittel, gleich welcher moralischen Qualifikation, gebrauchen. Wir sind ja nicht ganz so böse, wie wir sein könnten. Wir machen Krieg, aber wir schonen möglichst viele Menschen. Wir beuten aus, aber wir spenden. Wir verbrauchen die Umwelt, aber wir tun etwas für die Gesundheit usw.

Ist das Böse gut, wenn es im Vergleich zum wirklich Bösen doch nur das eingeschränkt Böse ist? Das eine Böse ist nicht so böse wie das andere. Diese dritte Argumentation ist uns vertraut, wenn vom „Reich des Bösen" die Rede ist. Diese von dem amerikanischen Präsidenten Ronald Reagan in den achtziger Jahren politikfähig gemachte Formel hat ihren Zweck darin, den Widerstand gegen das absolute Böse so zu rechtfertigen, dass er das relativ Böse einschließt. Alles Böse gegen das absolute Böse ist relativ. Diese Formel hat schon den Antikommunismus früherer Zeiten geprägt, jetzt prägt sie den Antiterrorismus. Anders ausgedrückt: Mein Böses ist das Gute, weil das Böse, das ich damit bekämpfe, das absolut Böse ist. Letztlich kann man damit jeden Krieg rechtfertigen. Biblisch ausgedrückt: Da der andere immer einen Balken im Auge hat, kann ich meinen Splitter vernachlässigen. Man kann die Welt doch nicht den Mordlustigen überlassen. Die Bibel ist hier bekanntlich ohnehin weltfremd, wenn dort Paulus sagt: „Widerstehet nicht dem Bösen, sondern überwindet das Böse durch das Gute." (Röm 12,11) Diese Botschaft und das dazugehörige „Reich" sind nicht von dieser Welt, aber es ist schön, dass es die Mutter Teresa gab und viele andere, die daran arbeiten. Aber die daraus entstehende kurzfristige Linderung und der möglicherweise daraus entstehende langfristige Nutzen sind nicht genug. Es bedarf immer des relativ Bösen, damit in seinem Schatten das Gute gedeihen kann. Sonst werden die Wehrlosen doch nur erschlagen.

Wahr ist daran, dass es eine Notwehr geben muss. Falsch ist daran, dass das Böse des anderen, weil es absolut gesetzt wird, alles Böse, was ich dagegen unternehme, relativiert. Die Niedertracht des anderen rechtfertigt meine Niedertracht nicht. Man kann ruhig davon ausgehen, dass der böse Andere auch der Meinung ist, sein Böses sei durch mein Böses gerechtfertigt. Absolutsetzung des Bösen des anderen, zugunsten der Relativierung meines eigenen Bösen, ist ein beliebtes Propaganda-Spiel. Man fragt sich, warum es so erfolgreich ist, obwohl es doch leicht durchschaubar gemacht werden kann.

Wiederum anders ausgedrückt: Ich muss die Mittel, die ich anwende, den gleichen Kriterien unterwerfen wie meine Ziele. Unterwerfe ich die Mittel bloß der Effizienz in der Bekämpfung des absolut Bösen (das sich selbst wieder als relativ, d.h. durch das Böse des Anderen gerechtfertigt, versteht), dann ist jedes Mittel recht. Die „Kollateralschäden" meines Handelns sind dann zwar unerwünschte, aber in Kauf zu nehmende Begleiterscheinungen. Denn eigentlich will ich immer das Gute, auch wenn ich vorübergehend etwas tue, das zu dem Bösen gehört, das ich bekämpfe.

Auch dies ist eine in der Philosophie bekannte Figur der Selbstrechtfertigung. Sie leidet aber auch darunter, dass sie sich am bekämpften Bösen des Anderen gleichsam selbst identifiziert. Denn wenn ich mich durch das Böse des Anderen in meinem Handeln bestimmen lasse, kopiere ich es. Ob der Antiterror den Terror kopiert oder ob ich am Arbeitsplatz nur Antimobbing als Mobbing gegen Mobbing betreibe, es handelt sich um die gleiche moralische Krankheit: die Infektion durch die Untaten, die ich bekämpfe. Deswegen wird ja auch gern von der „schmutzigen" Politik geredet, weil man damit rechnet, im Reich der Unsauberkeit nicht persönlich sauber bleiben zu können. Dabei wird oft etwas verwechselt: Die Irrtumsfähigkeit, die Unmöglichkeit, alle Folgen des eigenen Handelns vorauszusehen, und damit verbunden die Gefahr der Unrichtigkeit des eigenen Handelns sind nicht das Gleiche wie der Verlust der Integrität meines Handelns. Dieser Verlust tritt dann ein, wenn ich meine Maximen der Auseinandersetzung opfere, deren Mittel ich mir von dem Bösen diktieren lasse, das ich bekämpfe. Das Beispiel, das besonders auf der Hand liegt, ist, wenn man Terror mit Terror beantwortet oder Folter gegen Terror einsetzt: Die Grundrechte, die man verteidigt, leiden dadurch Schaden, dass man sie aufgibt, um sie zu verteidigen. Dies Paradox hält niemand moralisch schadlos durch.

Gibt es denn dazu Alternativen, die nicht blauäugig sind?

Die jahrhundertealten Lehrstücke über gerechtfertigte Gewaltanwendung oder legitime Gegengewalt zielen darauf, sich vom Bösen des Bekämpften nicht anstecken zu lassen und die Mittel ebenso wie die Folgen von der Moral der Ziele her zu überprüfen. Sonst entstehen Karrieren, in welchen Menschen um hehrer Ziele willen antreten, aber wenn sie genügend Mittel gebraucht haben, die diesen Zielen widersprechen, um zur Macht zu gelangen, dann haben sie vergessen, was sie einmal wollten. Es liegt verdrängt unter dem Schutt der Mittel begraben, die zur Karriere notwendig waren. Schließlich siegen die bösen Mittel über die guten Ziele, werden selber zu Zielen der Machtbehauptung, mit denen man andere das Fürchten lehren kann, die eine Kopie der Karriere anstreben usw. Das ergibt den Kreislauf des Machterwerbs in fast allen Institutionen, auch in religiösen, wo man solches vielleicht nicht vermutet.

Aber es geht nicht nur um Karrieren in Haupt- und Staatsaktionen. Vielleicht würden wir diese weniger tolerieren, wenn nicht die kleinen Sandkästen, in denen die meisten Menschen (meist Männer, die ja dazu angehalten werden) weiterspielen, die Strukturen im Kleinen kopierten. Man muss nur an Bereiche wie den Sport denken, an das Funktionärswesen, aber auch an Foul und Doping. Der Sport ist ein Spiegel der Gesellschaft. Aus dem Kulturbetrieb oder auch dem Universitäts- und Schulbetrieb hört man kaum anderes. Wo es um Positionen geht, erlischt die moralische Positionierung.

Oder doch nicht? Jeder kann die Erfahrung machen, dass die Tugenden der Autonomie, der Kooperation und der Konfliktverarbeitung es möglich machen, anders mit den Konflikten umzugehen.

Damit dies möglich wird, bedarf es der Atmosphäre. Diese Atmosphäre wird dadurch hergestellt, dass Macht auf die richtige Weise ausgeübt wird: als Macht, die Autonomie schützt, auch wenn Perfektion darunter leidet. Als Macht, die nicht die Frage nach der Loyalität stellen muss, weil sie im Team mitarbeitet und sich durch transparente Leistung legitimiert. Als Macht, die eine Pro-Solidarität von oben als Schulung der Con-Solidarität der Mitarbeiter und Mitarbeiterinnen ausweist. Viele Untersuchungen zur Effizienz von Betrieben machen darauf aufmerksam, dass diese Art von Moral effizient ist, wenn es um das Geschäft geht. Institute, in denen das wölfische Wesen des Menschen regiert, gelten als ebenso „todgeweiht" wie eine Herde von Schafen, die unter die Wölfe fällt.

Effizienz und Moral sind keine absoluten Gegensätze, auch wenn sie sich in einem relativen Konflikt befinden. Moral, die ein Bündnis mit der Effizienz schließen kann, hat ein größeres Durchsetzungsvermögen. Effizienz, die ein Bündnis mit der Moral schließen kann, bringt den größeren Erfolg. Vor Missbrauch wird freilich gewarnt. Denn manches Bündnis ist hier ein Scheinbündnis, in welchem die Moral nur zu Propagandazwecken instrumentalisiert wird. Dafür lassen sich Beispiele in Ethikbeiräten von Unternehmen ebenso finden wie in den moralischen Alibis der Politik oder in den Versuchen, die Unmoral des anderen als Werbewaffe einzusetzen. Die Diskriminierung mit Moralinsäure ist eine ansteckende Krankheit. Das scheinbar Gute ist hier das Böse. Da aber niemand das absolute Gute kennt, muss sich alles Gute seiner Relativität bewusst sein. Sind z. B. die „american values" das absolute Gute, legitimieren sie die Hegemonie der USA. Ist die Religion der Inbegriff des absoluten Guten, kann in ihrem Namen belogen und betrogen werden („pia fraus", frommer Betrug), so wie der Kampf um Glaube und Moral schon in der Vergangenheit oft den Verlust von Anstand und Sitte bedeutete. Im Namen der Vernunft als Inbegriff des Guten schickte Robespierre die Menschen auf die Guillotine usw.

Wer das Gute will, muss darum immer nach dem Richtigen fragen (vgl. Kap. III, 6: „Was ist eigentlich richtig?"). Bevor wir uns diesen Fragen zuwenden, müssen wir uns über den Begriff „Moral" oder „Ethik" verständigen. Beide Begriffe sind vielfältig in ihrem Gebrauch; darum wird im Folgenden der für dieses Buch geltende Gebrauch erläutert.

3. Moral oder Ethik?[3]

Was ist Moral? Wenn man diese Frage in einer Gesprächsrunde auf-
wirft und davon ausgeht, dass die Gesprächsteilnehmer den Pluralismus in der Gesellschaft widerspiegeln, dann wird man auf ganz
unterschiedliche Antworten stoßen. Die einen werden vielleicht sagen,
Moral sei im Wesentlichen die Anpassung an die notwendige Ordnung in unserer Gesellschaft. Sie sind dann schnell mit dem berühmten Beispiel der Verkehrsregeln bei der Hand. Diese Antwort kann
aber aus ganz unterschiedlichen Positionen gegeben werden: Für die
einen sind „Anpassung" und „Ordnung" positive Werte; für die anderen liegt gerade darin die Unterdrückung des Menschen durch die
„herrschende" Moral. Aber einig sind sich beide Richtungen darüber,
dass Moral im Wesentlichen etwas mit *sozialen* Normen zu tun hat.

Betrachten wir eine zweite mögliche Antwort: Moral, das ist die
Intensität und Redlichkeit, mit der ich meine eigene Lebenskonsequenz verwirkliche. Ich lebe gleichsam nach selbst auferlegten Prinzipien, Werten, Verbindlichkeiten und Dringlichkeiten, und, soweit
ich diese einhalte, bin ich in Übereinstimmung mit mir selbst. Das
Problem dieser Auffassung ist: Woran messe ich meine eigene Lebenskonsequenz und ihre Intensität? Wie verständige ich mich darüber mit anderen?

Stellen wir uns einen dritten Gesprächsteilnehmer vor, für den
die Sache der Moral nichts anderes als die Sache Gottes ist. Gott hat
dem Menschen durch seine Schöpfung und durch seine Offenbarung Einsicht in das Sittengesetz gegeben, nach dem er leben soll,
wenn er ein menschenwürdiges Dasein führen will. Suche ich nach
Orientierung in der Moral, so muss ich die Instanzen befragen, die
das sittliche Wort Gottes in der menschlichen Natur und in der göttlichen Offenbarung kompetent für mich auslegen. Letzteres dürfte
eine geschlossene Auskunft „kirchlicher" Moral sein. Umstritten ist
nur, in welcher Weise dann die Erfahrung des einzelnen Subjektes
und die Auskunft des eigenen Gewissens zum Zuge kommen.

---

[3] Vgl. ausführlicher meinen Beitrag „Welcher Gott für welche Moral?", in:
A. Biesinger (Hg.), Gott ist mehr als Ethik, Freiburg i. Br. 1997, 48–61.

Was also ist Moral? Soziale Norm, Lebenskonsequenz, Orientierung an den Instanzen, die das Sittengesetz auslegen? Nun, eines ist klar: Wenn Moral die eigene Verantwortung des Einzelnen meint, dann ist sie nicht das Gleiche wie die sozial auferlegten Normen. Denn diese sind daran interessiert, dass das gesellschaftliche System nach Regeln funktioniert; inwieweit diese Regeln im einzelnen sittlich richtig sind, kann nur noch an der sozialen Akzeptanz überprüft werden, wenn auch darüber weiter diskutiert wird. Man kann freilich an soziale Normen moralische Fragen stellen; ein Beispiel wäre die Frage, ob soziale oder rechtliche Normen das eigenverantwortliche Handeln nicht eher erschweren als fördern.

Moral im Sinne der Verantwortung, d.h. der freien Selbstverpflichtung ist die Einsicht in die Verbindlichkeit von Sinngehalten des Lebens, die man anerkennen muss, wenn man dieses Leben so führen will, dass es der Würde eines jeden Menschen entspricht. Die Verständigung über die Sinngehalte kommt im Gespräch zwischen den verschiedenen Erfahrungen des Menschen zustande. Da ist die geschichtliche Erfahrung des Menschen, da ist die Erfahrung seines eigenen Lebens als gelebte praktische Überzeugung, da ist die Erfahrung über die Verständigung zwischen den Menschen im Hinblick auf ihre Verantwortung; da sind die Elemente wissenschaftlicher Erfahrung, in denen Sinn erschlossen und überprüft wird; schließlich gilt auch die Erfahrung des Glaubens, die mich vor letzte Konsequenzen des Lebens stellt.

Erfahrung ist die Quelle des sittlichen Lebens. Aber Erfahrung bedarf immer wieder des Nachdenkens; eine Erfahrung ohne Nachdenken, ohne Vernunft, könnte sich nicht selbst erschließen und bezeugen; sie wäre letztlich sprachlos. Ist die Erfahrung die Quelle der moralischen Einsicht, so ist die Vernunft die Instanz des moralisch Richtigen. Um das moralisch Richtige zu erkennen, ist es notwendig, die Folgen abzuwägen, die sich aus verschiedenen Sachverhalten ergeben können. Diese Abwägung der Folgen im Hinblick auf bestimmte Sinneinsichten nennt man Verantwortung. Man braucht die Sinneinsichten, sonst wüsste man nicht, woraufhin man abwägen sollte, z.B. die Sinneinsicht in das Prinzip der Menschenwürde, dass ein Mensch nur für Zwecke gebraucht und nicht auch im Sinne seiner Selbstzwecklichkeit, der Freiheit, seine Ziele selbst zu verfolgen, geachtet wird.

Verbindliche Sinneinsichten nennen wir Güter oder Werte. Wenn ich zu einem Sinn ja sage, dann bildet er für mich auch ein Gut oder einen Wert. Wenn ich etwa einen Sinn darin sehe, einander die Wahrheit zu sagen, dann halte ich das auch für wert, beachtet zu werden. Wenn ich mich mit anderen darüber verständige, dann gilt dieser Wert auch im Zusammenhang eines gemeinsamen Lebens.

Werte können sich freilich mit den Sinneinsichten ändern. Das Gleiche gilt von den einschlägigen Sachverhalten. Wir haben im Laufe der Zeit gelernt, dass in unserem wissenschaftlichen Zeitalter die Erkenntnis von Sachverhalten ständig erweitert, vertieft, korrigiert wird. Aber auch der Wandel der Werte, der bei den einen Anlass zu Besorgnis, bei den anderen Anlass zum Aufatmen sein kann, unterliegt der kritischen Verantwortung durch die Vernunft des Menschen. Wandel bedeutet hier zweierlei: auf der einen Seite Umbruch, auf der anderen Seite Kontinuität. Wer in der Geschichte etwas bewandert ist, wird oft entdecken, dass bestimmte Werte, wenn sie gerade neu entdeckt zu sein scheinen, in manchen geschichtlichen Epochen bereits eine große Rolle spielten. Aber sie spielten diese Rolle nicht auf die gleiche Weise wie heute. So kann man sagen, dass sich die Menschen zum Beispiel über den Sinn der Gerechtigkeit und damit ihrer Verbindlichkeit und damit ihren Wert in der Geschichte immer verständigen konnten; das schließt nicht aus, dass sie aktuell eine bestimmte Perspektive der Gerechtigkeit in besonderer Weise als notwendig erkennen: zum Beispiel die Verteilungsgerechtigkeit zwischen Arm und Reich.

Wandel der Werte muss also nicht von vornherein ängstigen; aber Wandel der Werte muss auch nicht von vornherein befreien. In der heutigen Zeit mag es theoretisch sein, dass das Leben des Menschen, seine Friedensfähigkeit, seine Umweltgerechtigkeit und seine Solidarität als Werte in besonderer Weise moralisch geachtet werden. Auf der anderen Seite mag es praktisch so sein, dass die individuelle Selbstverwirklichung und Selbstbestimmung so übertrieben wertbesetzt sind, dass es auf diese Weise nur sehr schwer zu einer wirklichen, intensiven Achtung des anderen in seinem Anderssein kommen kann.

Der Mensch kann nicht ohne Werte leben; er kann nicht leben, ohne nach der konkreten Richtigkeit seines Handelns zu fragen. Indem er sich aber auf diese Fragen Antworten gibt, findet er zu moralischen Normen. Er findet sich in einem Feld vor, in dem zugleich moralische Normen bereits vorgegeben sind und zum Teil miteinander konkurrieren. In diesem Spannungsfeld muss er leben lernen, d. h. auf der einen Seite die notwendige Vorgabe einer Orientierung im Moralischen oder Sittlichen annehmen, und auf der anderen Seite seinen eigenen Weg finden, um sich inmitten der Konkurrenz der Orientierungen entscheiden zu können. Moralische Kompetenz ist Kompetenz für Orientierung und Entscheidung zugleich. Deswegen liegt sie letztlich im Gewissen. Mit der Anlage des Gewissens erhält der Mensch die Fähigkeit, die verschiedenen Elemente der sozial auferlegten Sittlichkeit, der individuellen Lebenskonsequenz, der Anerkennung der Würde des anderen und der Verantwortung vor Gott miteinander zu verbinden.

Es gehört zur sittlichen Seite des Lebens, dass man die richtigen moralischen Normen erkennt und anerkennt. Wir brauchen dazu Impulse und Motive, das Richtige nicht nur einzusehen, sondern auch zu tun. Denn das Sittliche vollendet sich nicht in der Einsicht allein, sondern im Tun. Die konkrete Moral wird daher viel weniger über einen Katalog von Normen vermittelt als über eine Reihe von Grundhaltungen, in denen die Menschen ihre eigenen Impulse wieder erkennen und denen sie nachfolgen können, ohne dabei einfach das gleiche zu tun. Im allgemein-ethischen Bereich nennt man diese Grundhaltungen traditionell die „Tugenden" (vgl. Kap. IV. 1). Damit ist freilich nicht gemeint, was gelegentlich im Alltag unter diesem Wort auftaucht: die so genannten „zweitrangigen" Tugenden, die etwa einen pflichtbewussten Menschen auszeichnen sollen. Die Tugend liegt hier vielmehr in der Konsequenz einer Lebenseinstellung, die sich im ständigen Tun bezeugt und dadurch zu einer Haltung wird. Aus dieser Haltung heraus erledigen sich viele normative Streitfragen im Vorhinein. Man weiß aus dieser sittlichen Lebenskonsequenz heraus, was im strittigen Falle zu tun ist. Man kann, so gesehen, die Moral auch als Fähigkeit bezeichnen, unter widrigen Umständen seine guten Entschlüsse durchhalten zu können. Dies gilt etwa für personale Werte wie Wahrhaftigkeit, Courage, Klugheit. Dies gilt ebenso für sozial wichtige Grundhaltungen wie Gerechtigkeit, Solidarität, Selbstbegrenzung, Lebensförderlichkeit, Friedensfähigkeit.

Was ist aber nun Ethik? Ich definiere sie hier als „Nachdenklichkeit über strittige Moral". Es gibt andere Definitionen, die eher die Ethik als Kunst des guten Lebens von der Moral als normativem Gebiet unterscheiden. Hier kommt es aber auf die allgemeine philosophische Annäherung an, für die Ethik die Theorie des moralisch verantwortlichen Handelns ist. Genau dies ist in einer pluralistischen Gesellschaft strittig, auch dann, wenn die Gesellschaft in vielen Dingen gar nicht so pluralistisch ist. Ethik scheint zunächst nicht Orientierung, sondern Streit über Orientierung zu geben. Aber niemand würde sich darüber wundern, dass Wahrheit in einem tieferen religiösen Sinne kein Ort des Konsenses, sondern ein Ort der Auseinandersetzung ist. Auseinandersetzungen gibt es nicht um Bedeutungsloses. Je mehr die Ethik Nachdenklichkeit über strittige Moral ist, umso wichtiger wird sie genommen, umso mehr wird sie freilich auch (politisch) instrumentalisiert. Kompetente Teilhabe an der Nachdenklichkeit über strittige Moral wird umso mehr eine Anforderung an mündige Bürger und Bürgerinnen – sie wirkt dann direkt in den Bereich der Politik und der Öffentlichkeit hinein.

Ethik wird nicht in die Wiege gelegt und nicht durch die Moral von Gruppen, in denen man aufwächst, ein für allemal garantiert: Wir sind hier in einer Suchbewegung und auf einem nicht mehr abschließbaren Weg. Dieser Weg der Ethik als Nachdenklichkeit über strittige Moral möchte gewiss nicht bei dieser Strittigkeit stehen bleiben. Aber vielleicht ist es besser, statt sich mit Minimalkonsensen und mit Kompromissen zufrieden zu geben, sich darin zu schulen, einen eigenen Standort und eine eigene Methode des Nachdenkens zu entwickeln. Das schließt ein, dass man keine einsame, sondern eine gemeinsame Nachdenklichkeit braucht, um diesen moralischen Standort und eigene Urteile zu entfalten.

4. Kann sich jeder seine Moral selber machen?

Selbstbestimmung ist ein zentrales Wort für unsere Lebensführung. Umfasst es auch unsere Moral, also das, war wir für gut und richtig halten? Wenn man sich ein wenig umhört, kann man dazu etwa folgende Standpunkte erfahren:

Die einen sagen: Ich will, auch in der Moral, mich selbst verwirklichen. Jeder ist seines Glückes Schmied. Die Verantwortung für mein Leben kann mir doch keiner abnehmen. Man muss schließlich seinem persönlichen Gewissen folgen. Mit den amerikanischen Vorabendfernsehserien („Seifenopern") meinen sie, wenn jemand tut, was er/sie für richtig hält, dann muss man ihm/ihr die Freiheit lassen. Moral verträgt keinen Zwang.

Die anderen sagen: Keiner weiß doch aus sich allein heraus, was sich gehört. Jemand muss uns doch sagen, wo es langgeht. Oder: Es war schon immer so, da könnte ja jeder kommen, wo kämen wir da hin? Kein Betrieb kann es sich schließlich leisten, dass jeder macht, was er will.

In der postmodernen Geltungsvielfalt leben beide Standpunkte nebeneinander. Alles gilt, was gilt, und, dass nicht alles gilt, was gilt, das gilt auch. Was das bedeutet, kann an folgenden Beispielen verdeutlicht werden:

1. In Amerika kämpfen zwei moralische Bewegungen oft ziemlich militant gegeneinander. Die eine nennt man „pro life" (für das Leben), die andere „pro choice" (für die freie Entscheidung). In der so genannten Bioethik hat, auch in Europa, „pro choice" eindeutig die Vorfahrt. Das individuelle Interesse, so heißt es, hat in den Fragen der Anwendung biomedizinischer Spitzentechniken, z. B. im Raum der menschlichen Fruchtbarkeit oder der Gendiagnostik, Vorrang vor allen anderen Interessen. In unserer Gesellschaft sind die individuellen Bedürfnisse und Freiheiten stark geschützt: durch Rechtsschutz und durch den Schutz von Institutionen (freier Markt, freie Wissenschaft). Man kann sagen: Die Moral der Gesellschaft lebt zu Recht von der Förderung der Freiheiten.

2. Aber dadurch entstehen auch Probleme. Oft scheint erlaubt,

was gefällt. Die Menschen tun, was sie für richtig halten, aber das ist oft falsch, schadet ihnen selber oder anderen. Das ist in vielen Dingen des Lebens so, beim Essen und Trinken angefangen, wird aber oft und gern auf dem Gebiet der Sexualität diskutiert. Von der Pornographie über Internet bis zur Beanspruchung bzw. zur Kritik des „one night stand" reichen hier die Beispiele. Die Entdeckung der eigenen Sexualität als Ausdruck des eigenen Wesens drängt sich vor die Fragen nach dem „Du" und nach dem „Wir", die für das sexuelle Leben ebenso wichtig sind.

3. Mit der überzogenen Aussage, dass meine Moral verträgt, was andere vielleicht nicht vertragen, wird etwas angesprochen, das zwei Seiten hat. Auf der einen Seite gibt es wirklich im Leben (ganz wenige) Situationen, die man mit der Grammatik der Moral nicht exakt lösen kann, so wie man manchmal wortschöpferisch werden muss, wenn die gebräuchliche Sprache etwas nicht mehr ausdrücken kann, im Guten wie im Schlechten („Diätenanpassung"). Aber diese Situationen sind als Ausnahmen von den Regeln des Alltags zu sehen und berühren deren normale und übliche Geltung nicht, es sei denn, sie zeigen auf, dass an der üblichen Moral etwas generell fragwürdig geworden ist. Die Ausnahme kann dann einmal zur Regel werden. Der Trend ist dabei nicht entscheidend, vielmehr die Entdeckung eines Fehlers, der bisher gemacht wurde. Denn der Trend selber könnte ja auch moralisch fehlerhaft sein.

Es gibt so etwas wie das eigene Profil, auch in moralischen Fragen. Nicht jeder kann alle Regeln mit gleicher Intensität befolgen, nicht jeder kann alle Tugenden haben. In unserem Ethos, in unseren Haltungsbildern, in unserer Spiritualität kann es Verschiedenheit geben, gemeinschaftliche, aber auch individuelle.

Deshalb reden wir ja mit Recht so positiv von Selbstbestimmung. Moral braucht Vernunft und dazu Phantasie, Pflicht, aber auch Neigung, Hingabe und Solidarität, aber auch Autonomie. In den Normen wird uns unsere Freiheit zur Pflicht, in den Tugenden folgen wir unserem Streben nach möglichst nachhaltigem Glück. Selbstbestimmung, Autonomie und Mündigkeit brauchen wir – und dennoch kann sich nicht jeder die Moral für alle selber machen. Das lässt sich mit einer einfachen Frage überprüfen: Was willst du eigentlich? Wenn wir wissen wollen, was wir eigentlich als das Gute und Richtige wollen, dann brauchen wir Regeln, die für alle gelten, und wir brauchen Beispiele, Modelle, Vorbilder, wie man so leben kann, wie man es will und soll. Die reine Willkür der „free choice" ist unmöglich. Was wir wollen, ist immer schon mitgeformt von Gemeinschaft und Gesellschaft. Das gilt auch für das, was wir nicht wollen. Die Regeln sind nur die Gestalt, die unser Wollen gefunden hat, wenn es für uns und alle gelten soll. Wir finden unseren eigenen Weg nicht allein aus uns selbst, schon gar nicht aus dem Nichts.

Wenn man die Regeln für alle betrachtet, z. B. die zwischenmenschlichen Regeln der Zehn Gebote – niemandem durch Täuschung schaden, niemanden verletzen und missbrauchen, niemanden ausbeuten – dann sieht man den Sinn gemeinschaftlicher Bindung und die Bedeutung von Autoritäten in Erziehung und Bildung, die solche Regeln weitergeben.

Das verhandelte Thema weckt oft das Bedürfnis nach einer Balance, die von zwei Seiten schwer fällt. Wir brauchen Selbstbestimmung, aber auch Belehrung; Mut, zu eigenen Einsichten zu stehen, aber auch den Vorschuss des Vertrauens in Autoritäten. Das aktive Zuhören geht jeder Verantwortung voraus. Wir suchen offene Gespräche, aber auch Geborgenheit und Sicherheit. Der Zusammenhang zwischen Autonomie und Autorität wird durch den Dialog der Gemeinschaften in der Gesellschaft hergestellt und bewahrt. Der Dialog bindet Gewissen und Belehrung, Courage und Vertrauen, Selbstbestimmung und Geborgenheit aneinander.

Dialogmängel heben die Bindung nicht auf, ohne die unsere Selbstbestimmung ihre eigene Sehnsucht nach der Freiheit verfehlen würde. Auch die moralischen Experten müssen ja in diesem Sinne lernfähig sein: auf die Gewissen hören, um sie zu orientieren; lernen, um zu lehren. Weder Autorität noch Autonomie dürfen in einem solchen Dialog zu Fremdworten werden.

Kann sich jeder seine Moral selber machen? Er kann es nicht allein, aber er muss es doch in Gemeinschaft und unter dem Anspruch der Frage, was denn für alle gelten soll. In diesem Sinne ist die wahre Selbstbestimmung die freie Selbstverpflichtung. Nach dem Lebenslehrer Meister Eckhart soll man „nach der Ordnung, nach der Einsicht und nach der Weisheit wirken" – ein guter Rat für eine Balance, die jeder mündige Mensch finden muss.

Diese Balance hängt oft von den Erfahrungen ab, die er macht. Denn unsere moralischen Grundüberzeugungen bilden sich in Erfahrungen.

5. Wie bilden sich unsere Einsichten und Überzeugungen?[4]

Unsere Einsichten bilden sich durch Erfahrungen
Niemand wird bestreiten, dass wir aus Erfahrungen heraus leben. Aber Erfahrung ist ein merkwürdiges Phänomen, das zwischen verschiedenen Möglichkeiten schillert: dem einmaligen Ereignis, das uns eine bedeutsame Erfahrung machen lässt, und einer Fähigkeit, die wir Erfahrenheit nennen und die nach lateinischen Sprachmustern in den Wörtern wie „Experte", und „Expertise" liegt. Erfahrung als Summe oder als Ereignis – beide Auffassungen sind möglich und üblich. In jedem Falle aber liegt sowohl der Einzelerfahrung als auch der Erfahrungsverknüpfung zur Erfahrenheit Verschiedenes zugrunde: das Erlebnis, die Wahrnehmung und die Begegnung. Um mit der „Wahrnehmung" zu beginnen: das ist unsere sinnliche Erfahrung, die wir auch für unsere wissenschaftliche Erkenntnis brauchen und dann mit verfeinerten Instrumenten verschärfen. Die Erfahrungswissenschaften sind die so genannten „empirischen" Wissenschaften (beruhend auf einer griechischen Quelle des Wortes „Erfahrung"). Erfahrung in diesem Sinne ist leiblich und sinnlich, und, wie Thomas von Aquin bemerkt hat, nichts kommt in unsere intellektuelle Einsicht, was nicht zuvor durch unsere Sinne gegangen ist. Wer Erfahrung bilden will, muss die Sinne bilden: ihre Wahrnehmungsarten, ihre Sensibilität, ihre „ästhetische" Qualität.

Eine zweite Komponente der Erfahrungsbasis ist das Erlebnis. In einer „Erlebnisgesellschaft" (G. Schulze) neigt man dazu, die

---

[4] Das Folgende greift zurück auf: D. Mieth, Moral und Erfahrung, Band II, Freiburg i.Br. 1998, 19–23.

Erlebnisqualität durch Inflation zu nivellieren. Dabei kommt für die Erlebnisreichen eher eine große Erschöpfung ihres Geldbeutels und ihrer Verarbeitungskapazität zustande. Um zu begreifen, was Erlebnis als Material der Erfahrungsbildung ist, muss man einmal „miterleben", wie ein Kind die großen Ereignisse um Geburt, Eingliederung in die religiöse Gemeinschaft, Ehe und Sterben erlebt. Zu den Methoden der Jugendbewegung aus der ersten Hälfte des 20. Jahrhunderts gehörte die Ausbildung der Erlebnisfähigkeit im Modus der Sensibilisierung, der Betroffenheit und der Begeisterung.

Die dritte Komponente, die Begegnung, schließt Haltungsbilder und Zeugnisse ein, mit welchen wir uns immer wieder konfrontiert sehen. Haltungsbilder ziehen an und sind gemeinschaftsbildend. Sie können aber auch befremden oder gar als abstoßend empfunden werden. Ich spreche deshalb nicht einfach von Vorbildern, sondern von „Modellen" oder mit dem Schriftsteller Siegfried Lenz („Das Vorbild", 1973) von Bildern, die „strittig bleiben bei allem Wegweisenden".

Erfahrungen bedürfen der Verarbeitung
Wenn wir die Herausbildung von Erfahrungen, von denen wir annehmen, dass sie schließlich die Basis unserer Grundüberzeugungen darstellen, nur von ihrem Ausgangsmaterial, Wahrnehmung, Erlebnis, Begegnung, her sehen, haben wir noch zu wenig im Blick. Jeder Mensch muss, um Erfahrungen zu machen, z. B. seine Erlebnisse verarbeiten können. Sonst wird er im Extremfall krank, unter Umständen auch gleichgültig und unempfindlich, abgestumpft oder, im Gegenstück dazu, übererregt, nervös und ängstlich.

Die Verarbeitung von „Erlebnissen" zu Erfahrungen bildet zugleich die Basis für Erfahrungsverknüpfungen, welche schließlich zur stabilen (und wenn möglich, beweglich bleibenden) Erfahrenheit führen bzw. zu gelebten Überzeugungen, die eine notwendige Ausdrucksform unseres Selbst werden: unseres Sinn suchenden Selbst, unseres Selbst in Beziehung und sozialer Anerkennung, unserer Selbstachtung.

Die Verarbeitung unserer Erfahrungen baut auf Vorleistungen auf, die unser persönlicher Umkreis, der Kreis der weiteren Gemeinschaft und schließlich die Gesellschaft erbringt. Diese Vorleistungen von Eltern, Erziehern, Beratern und Begleitern brauchen wir, aber wir müssen sie auch auf der anderen Seite selbsttätig und kritisch integrieren können. Haltungsbilder für eine solche Integrierung sind: Autonomie (im Sinne von Selbstbestimmung und Selbstverpflichtung zugleich), Konfliktfähigkeit und Kooperationsfähigkeit. Diese drei Haltungsbilder nehmen unsere Basiserfahrungen auf und verarbeiten sie. Sie sind mit Einsichten verknüpft, welche durch unsere Vernunft ermöglicht sind. Vernunft ist die Instanz der aufgeklärten Bildung von Überzeugungen, sie ist damit zugleich moralische Instanz und Glaubensinstanz, denn sie macht unseren Glauben rechenschafts*pflichtig*, aber auch rechenschafts*fähig*.

Erfahrung bedarf der Verarbeitung durch die Vernunft. Weckung des Intellekts und seines eigenständigen Gebrauchs ist ein richtiges Programm der „Moderne": „sapere aude" – „Habe den Mut zu wissen", „Befreie dich aus deiner selbstverschuldeten Unmündigkeit" (nach Immanuel Kant). Heute, in der Postmoderne, mögen einige eher dem manchmal resignativ-defätistischen, manchmal augenzwinkernd-ironischen Wahlspruch anhängen: „Alles gilt, was gilt, und, dass nicht alles gilt, was gilt, das gilt auch!" Aber dies ist eher eine Kontrasterfahrung für die Herausbildung von Grundüberzeugungen.

Wer Grundüberzeugungen will, muss Erfahrung wollen. Aus der Verknüpfung von Erfahrungen bildet sich Erfahrenheit heran. Wer Erfahrung als gültiges Muster und Erfahrenheit als erhärtete und zugleich lernoffene Grundüberzeugung will, muss auf Verarbeitung setzen. Neben den intellektuellen Fähigkeiten ist hier auch das Gefühl angesprochen. „Genauigkeit und Gefühl" hat der Dichter Robert Musil das Projekt einer solchen Verarbeitung in unserer technischen und plurikulturellen Lebenswelt genannt. Wir haben Nachholbedarf in der Reflexivität des Fühlens, sozusagen mit dem „Fühlen des Fühlens". (Die Philosophie betreibt z. B. eher das „Denken des Denkens".) Das macht unsere Zeit so psychologiesüchtig.

Erfahrungsimpulse

Mit dem Erfahrungsimpuls ist nicht das Extrem der modernen digitalen Erlebnisgesellschaft gemeint, in der ein Mensch vor allem als

Tastatur möglicher Erregungen nachgefragt ist und sich von anderen per Angebot die entsprechenden Reizknöpfe auf einer Schalterskala seiner verkümmerten Seele drücken lässt. Es gibt vielmehr drei voneinander unterscheidbare, aber zugleich ineinander verschränkte Erfahrungsimpulse, die tiefer reichen und jeweils den Menschen nicht in seine reizbaren Einzelteile zerlegen, sondern ihn als ganzen Menschen ansprechen: die Kontrasterfahrung, die Sinnerfahrung und die Motivationserfahrung.

Die *Kontrasterfahrung* ist eine Erfahrung, in welcher Gegensätze im Modus der Empörung bewusst werden. Wir erleben etwas Schreckliches, Bedrückendes, etwas, das uns gegen den Strich geht, weil es eben so „nicht geht" oder so nicht weitergeht. Die Geißeln der Menschheit, die Endlichkeit und Fehlerfähigkeit des Menschen, das konkrete Versagen – das alles erzeugt Betroffenheit durch die erlebte Negativität. So darf es nicht sein, so darf es nicht bleiben, das kann doch nicht alles gewesen sein, eigentlich müsste dies ganz anders „gehen" – das sind Eindrücke, die auf unserer Fähigkeit zu Gefühlen der Teilnahme, der Selbstachtung, des Guten und Rechten beruhen, also eigentlich noch etwas anderes, Positives, voraussetzen, das uns zwar noch im Einzelnen unklar ist, uns aber zur Erregung oder Empörung aufruft, wenn etwas „so nicht geht".

Dieses positive Element kann ebenfalls durch Erfahrung aufgeschlossen werden. Unserem unausrottbaren Bedürfnis nach Sinn entspricht die Möglichkeit und Fähigkeit, *Sinnerfahrungen* zu machen, Erfahrungen, die Wahrnehmungen, Erlebnisse und Begegnungen erschließen, in welchen uns, wie wir sagen, etwas „aufgeht" oder „einleuchtet". Unsere Sprache ist ein feiner Seismograph für solche Vorgänge. Diese positive Erfahrung ist zwar oft nicht so scharf und eindeutig wie die negative Kontrasterfahrung, aber ohne sie gäbe es die Kontrasterfahrung immer weniger: Wir würden abstumpfen.

Vieles kann uns aufgehen und einleuchten, ohne dass es uns so bewegt, dass wir aufstehen und uns engagieren oder ändern müssen. Wir brauchen auch eine zureichende *Motivationserfahrung*, die in die Sprachformel zu fassen ist: „Es geht mich unausweichlich an." „So geht es nicht" – „Es geht mir auf" sind Merkformeln für die

Komponenten einer Erfahrungsbildung, die praktisch wird. Und nur eine Erfahrungsbildung, die praktisch wird, erzielt Grundüberzeugungen oder auch Grundhaltungen.

Bisher sprachen wir über moralisch relevante Erfahrungen, noch nicht über moralische Erfahrungen in einem inhaltlichen, unmittelbaren Sinn. Im Folgenden werden wir moralische Erfahrungen im engeren Sinn erörtern.

6. Moralische Erfahrungen[5]

„Kinder, behaupte ich, interessieren sich für ihre Eltern nur als Ressource. Das Verhältnis ist ichbezogen: wieweit werde ich beschützt, versorgt, gefördert. Wer die Eltern sind, was sie fühlen, ob sie glücklich sind, geht an den Kindern vorbei." (Wiebke Bruns, Meines Vaters Land, München 2004, S. 10)

Unsere ersten moralischen Erfahrungen sind familiär. Durch Erinnerung verstärkt, ergreifen sie uns erst voll, wenn wir sie nicht mehr unmittelbar in der Begegnung mit den Menschen machen können.

Wem die Mutter stirbt, die er liebte und der er sein Leben verdankt, der wird ihren Tod gewissermaßen für sein Versäumnis halten. Nicht, als wenn der Tod aufzuhalten wäre. Aber es gäbe soviel vor dem Tod für das Leben zu tun, und die Zeit ist zu eng, die Ablenkung zu groß, das Verschieben zu bequem. Die Erinnerung verschärft eine Anwesenheit, die im Leben zu schwach und zu wenig aufdringlich war.

Das Schuldbewusstsein, dem zugleich die Entschuldigung anhaftet, es nicht anders gekonnt zu haben, ist ein Anstoß, sich ein moralisches Gefühl, ein Gewissen zu machen. Das unausweichliche Du eines anderen ist ein Ursprung moralischer Erfahrung. Diese Unausweichlichkeit ist keine Aufdringlichkeit des anderen, auch, wenn sie sich uns aufdrängt. Sie ist ein Teil unserer selbst, da wir

---

[5] Vgl. dazu: H. Haker, „Wie die Ränder einer Wunde, die offen bleiben soll" – Ästhetik und Ethik der Existenz, Ms. 2004.

selbst nicht anders sein können als in den Augen der anderen, in der Gewalt der anderen, die sie nicht – oder nur unter bestimmten Bedingungen – im Bewusstsein ihrer Macht ausüben. Wir versuchen, diese gleichsam unabsichtliche Gewalt, die unserem sozial eingebundenen Wesen entspringt und entspricht, einerseits zu überwinden, andererseits aber auch, uns ihr auszuliefern. Diese moralische Erfahrung ist eine Balance zwischen Selbstbehauptung und Hingabe.

Nicht alle Menschen haben die gleichen Erlebnisse, die durch wiederholte Erinnerung, durch Selbsterzählung in der Aneignung mit Worten, die uns bedrängen, bei uns als bleibende Erfahrung ankommen. Für manchen ist es die tiefste Erfahrung, dass er sich selbst im Spiegel ansehen kann, ohne mit sich uneins zu sein. Dass Handlungen von uns als „Untaten" empfunden werden, hängt damit zusammen, dass wir sie nicht als Taten eines menschlichen Täters sehen wollen oder können. Ja, fast könnte man sagen, mit dem Eintritt unseres Handelns hört die Zurechenbarkeit auf, die Tat löst sich von uns, ist nicht rückholbar, wirkt auf uns zurück, aber wir sind sie nicht. Tun und Sein getrennt zu sehen, sind wir gewohnt, ohne es so recht zu bemerken. Dadurch treten wir in Spannung zu unserem Tun, distanzieren uns, kehren zu uns zurück, uns bejahend und verneinend, uns bestätigend oder bereuend.

Diese Erfahrung mit uns selbst ist eine moralische Erfahrung. Der Philosoph Heidegger sprach deshalb vom Gewissen als Ausdruck der Sorge um das eigene Selbst.

Die moralische Selbsterfahrung dringt natürlich nicht immer in solche Tiefen vor, aber sie hat die Struktur der ständigen „Enttäuschung". Diese Selbstdistanz ermöglicht den Blick auf gut und böse, auf richtig und falsch, die grundlegenden moralischen Entscheidungen. Unser Ziel ist dabei, die Selbstachtung aufrechtzuerhalten, auch unter ungünstigen Bedingungen unseren Maximen, die wir für richtig halten, zu folgen.

Die moralische Erfahrung kann auch eine Gotteserfahrung sein. Gott ist der Ort unserer stärksten Bindung, die Abhängigkeit, ohne die wir nicht frei zu fühlen glauben, die Geborgenheit, die wir uns als Herkunft und Ziel wünschen. Die Gotteserfahrung steht aber nicht neben der Erfahrung der moralischen Verantwortung, die sich an der Unausweichlichkeit des anderen und/oder an der Selbstachtung festmacht. Denn Gott ist eingebunden in die Frage, die der andere in der Endlichkeit und Begrenztheit seines Lebens an uns stellt. Die Frage „wo ist Gott?" wird beantwortet: im Antlitz des anderen, und zwar in dessen leiblich begrenztem, individuellen Antlitz, wo Barmherzigkeit gefordert ist und wo Gerechtigkeit geschuldet ist. Sie wird aber auch beantwortet durch die Erfahrung „in unserem Herzen", eine Antwort, für die Mystiker wie Meister Eckhart, Nikolaus Cusanus und Blaise Pascal unterschiedliche Zeugenschaft und spekulative Gedanken beigetragen haben. Das Herz ist hier durchaus organisch gemeint, etwa im Sinne der Emmausjünger, die nach der Begegnung mit dem Auferstandenen ihrer Erfahrung nachhängen: „Brannte nicht unser Herz …?" (Lk 24,32)

Die moralischen Erfahrungen werden damit konfrontiert, dass Verantwortlichkeit einerseits gefordert ist und dass es andererseits unmöglich ist, Verantwortung so zuzurechnen, dass die Tat die Person vereinnahmt („Verbrecher", „Lügner" usw.). Das schließt Zurechenbarkeit im Einzelnen, etwa rechtlicher Art, nicht aus. Die Mischung von Zurechenbarkeit und Unzurechenbarkeit führt u. U. in eine religiöse Situation, wie sie Dostojewski in seinem Roman „Schuld und Sühne" geschildert hat: Der Mensch fühlt sich als Sünder, der Gottes bedarf, um ein Gerechter zu sein. Die Erfahrung der Gottes-Gerechtigkeit, also der Gerechtigkeit, die mit dem Namen Gottes verbunden wird und die von ihm ausgeht, steht zwischen unbedingter Annahme und drohender Verwerfung, wenn sich der Mensch von Gottes gerechtmachender Initiative nicht mehr finden lässt und so auch das Erbarmen mit sich selbst verliert. Gelingt ihm aber ein eigener Selbstfindungsprozess, dann entrinnt er dem Abgrund der moralischen Erfahrung, der Verzweiflung heißt, und dem Abgrund der moralischen Erfahrung, der Vermessenheit heißt.

Der religiöse Mensch ist immer zugleich auch der moralisch aufgemischte Mensch. Die religiöse Gewissheit dieser innerlichen Festigkeit setzt sich nicht in moralische Gewissheit in dem Sinne um, dass der religiöse Mensch immer das Richtige weiß. Darin sucht er, wenn er nicht religiös überheblich ist, mit anderen Rat. Aber der religiöse Mensch wird dem Andrang der moralischen Erfahrung nicht ausweichen können, und er wird oft mit traumwandlerischer Sicherheit die Stelle finden, wo schärfere moralische Erfahrungen Not tun oder wo es gerade darum geht, Urteil und Gewalt im Namen der Moral oder gar im Namen Gottes zu entlarven.

Gott ist kein moralisches Alibi, wohl aber ein Stimulans einer tiefer liegenden moralischen Erfahrung. Für diese ist Gott nicht ein bequemer Lückenbüßer, er ist kein Konkurrent zur Selbstachtung und zur Unausweichlichkeit des anderen einzelnen Menschen. Er ist, wie moderne Theologen mit Recht sagen, der Überflüssige, der überfließt und dem Gläubigen in seinem Überfluss die Möglichkeit gibt, er selbst zu bleiben und zugleich mit der Herausforderung des anderen ein anderer zu werden. „Gott" ist eine schwierige Berufung in der Begründung des Guten und Richtigen, weil wir erst diese Begründung ohne Gott kennen und erreichen müssen, um zu wissen was Gottes Wille ist (vgl. Kap. IX). Gotteserfahrung ist aber ein gewichtiger Beweggrund, uns in der Ethik zu schulen (vgl. Kap. III, 4).

Außer der religiösen Erfahrung gibt es noch andere moral-bewegende Erfahrungen: die ästhetische Erfahrung[6] und die Lebenserfahrung. In der ästhetischen Erfahrung schulen wir unsere Urteilskraft. Das Kunstwerk, das wir „gut" finden, bewegt uns so, dass wir unser Urteil in Argumenten zu begründen suchen. Wir suchen uns mit anderen Menschen darüber zu verständigen. Man sagt auch, jemand habe „ein sicheres Urteil".

Das sagt man auch, wenn es um Lebenserfahrung geht. Die Sicherheit des Urteils ist offensichtlich davon abhängig, wie viele Erfahrungen man in einer bestimmten Sache gemacht hat. Berufe, die viel mit praktischer Erfahrung zu tun haben, wie z. B. der Arztberuf, zehren davon, dass sich durch wiederholte Erfahrungen eine Art „Erfahrenheit" herausgebildet hat. „Erfahrung" ist etwas Punktuelles, „Erfahrenheit" ist etwas Dauerhaftes. Dazu zwei Beispiele:

Als ich vor fast 25 Jahren nach einem Autounfall längere Zeit mit einem Beckenbruch im Krankenhaus lag, ohne mich rühren zu kön-

---

[6] Vgl. M. Düwell, Ästhetische Erfahrung und Moral, Freiburg i. Br./München 1999.

nen, aber auch ohne Eingriff, gleichsam in „konservativer" Behandlung, überprüfte der Oberarzt nach Wochen ein neues Röntgenbild und meinte, ich müsse noch ein paar Wochen liegen bleiben. Am nächsten Tag kam der Chefarzt, sah sich die Röntgenbilder an und fragte: „Warum ist der Mann noch nicht auf den Beinen?" Ich fragte den Assistenzarzt, wer von beiden aus welchen Gründen Recht habe, und er antwortete: „Der Chef hat mehr Röntgenaufnahmen gesehen." Damit ist gesagt, die Erfahrenheit gibt den Ausschlag, obwohl möglicherweise bei der Analyse von Gründen und Gegengründen Unsicherheit entstanden wäre. Die Entscheidung war sozusagen nicht begründet, aber sie hatte ihren Grund.

Mit einem zweiten Beispiel kann ich den „Grund" erläutern. Beim Basketballspiel gibt es bekanntlich Spieler, meist die großen Stars, die mit traumwandlerischer Sicherheit ihre Körbe werfen. Jeder, der einmal versucht hat, zielgenau zu werfen, wird wissen, dass die Übertragung von Richtung, Reichweite und Krafteinsatz eine Abstimmung verlangt, die wir nicht wie ein Mosaik zusammensetzen können, sondern die durch Übung erreicht wird. In dieser Übung wird Erfahrung in Erfahrenheit verwandelt. Wir nennen das auch Routine, obwohl in diesem Wort die schöpferische Komponente fehlt, die der Erfahrenheit innewohnt: Der Routinier wiederholt, der Erfahrene findet die Lösung auch dort, wo der Kontext oder die Situation neu sind.

In Sachen der Moral ist diese Schulung der Urteilskraft ebenfalls notwendig. In der englischen Grammar School gab es vor Jahren ein Ethik-Lernprogramm mit dem Titel „In other people's shoes". Die Schüler und Schülerinnen sollten Erfahrung darin sammeln, die Perspektive anderer Menschen einnehmen zu können, um von daher in ein sicheres Sozialverhalten zu gelangen.

Erfahrungen lassen sich auch vermitteln, aber nur durch „learning by doing", d. h. durch Einübung. Deshalb ist mit dem Kopftraining der Vernunft nicht alles erreicht, wenn nicht Erfahrenheit dazukommt.

Aristoteles hat dafür das Beispiel des Musikers herangezogen. Er kommt durch Übung in eine Zone, in welcher es gleichsam von selbst weitergeht. Und Habermas hat die Einstellung zu moralischen Werten mit der „Musikalität" verglichen, die durch Erfahrenheiten in vielen, auch in religiösen Kontexten zu jener Form aufläuft, in welcher das Urteil auf gutem Grund ruht, auch wenn es spontan, gleichsam „aus dem Bauch heraus" erfolgt.

Die Ethikschule ist auch eine Schule der Urteilskraft, ebenso wie sie eine Schule der Vernunft und der Sensibilität ist. Ohne moralische Erfahrung tritt die Vernunft gleichsam auf der Stelle. Erfahrenheit bringt sie dorthin, wo sie ihre Kraft entfalten kann. Argumente ohne Erfahrung haben Gründe, aber keinen Grund und Boden. Erfahrung freilich ohne vernünftige Überlegung und ohne die Anstrengung plausibler Argumente wäre blind, aber Vernunft ohne moralische Erfahrung wäre leer.

Da moralische Erfahrungen praktisch sind, d.h. den Menschen existentiell und in all seinem Tun betreffen, kann man auch sagen, dass eine erfahrungsbezogene Ethik nicht rein theoretisch sein kann. Da sie mit der Lebenspraxis und mit vielen moralrelevanten Erfahrungen in dieser unlösbar verbunden ist, gilt für Lehrende in Sachen Ethik der Satz: Wer nicht so lebt, wie er lehrt, wird bald so lehren, wie er lebt.

Wie kann sich aber Erfahrung herausbilden, wenn keine integrative Welt, keine Autorität, keine Kontinuität und keine rituelle Wiederholung von Einsicht und Praxis garantiert ist? Denn wir leben nicht nur in der Pluralität der Werterfahrungen, sondern auch im ständigen Wandel der Werte und der Wertorientierungen. Wie lässt sich da ein angemessenes Wertebewusstsein entwickeln? Moralische Erfahrungen gehören oft in die Kategorie der erwähnten Kontrasterfahrungen. Man kann Kontrasterfahrungen als Spannungen zwischen Realität und Moral auffassen. Darüber hinaus gibt es aber auch die Spannung zwischen Moral und Unmoral. Darum ist die Aufklärung über Unmoral oft ein guter Weg, aus der moralrelevanten allgemeinen Kontrasterfahrung zwischen Realität und Moral eine spezielle Kontrasterfahrung zwischen Moral und Unmoral zu machen. Dabei dient die Ironie der Selbstaufklärung unserer Erfahrungen. Eine „Anleitung zur Unmoral" versucht, moralisch verzerrte Einstellungen auf die Spitze zu treiben, so zu entlarven und aus ihrer Verneinung positive Impulse zu gewinnen.

II „Unmoralische" Lernprozesse

1. Wie du mir – so ich dir; die Verführung zur Vergeltung

Martin Walser: „Aus dem Wortschatz unserer Kämpfe"[7]:
„Bitte, wie du willst. Ich bin auch bloß ein Mensch. Alles hat seine Grenzen … Ich hab's dir doch gleich gesagt … Jetzt hast du's. Mit Vernunft ist offenbar bei dir nichts auszurichten. Du hast es dir selbst zuzuschreiben … Das kommt davon. Du zwingst mich ja dazu. Glaubst du vielleicht, mir macht das Spaß? Jetzt kann ich dir auch nicht mehr helfen. Sowas von eigensinnig … Jetzt will er's natürlich nicht gewesen sein … Ich habe ihn auf die Folgen hingewiesen … Jetzt hat er's. Mit Vernunft ist bei dem offenbar nichts auszurichten. Ich konnte nicht mehr tun, als ihn warnen. Wenn er nicht hören will …"

Martin Walser hat hier Formeln kombiniert, die aus der Perspektive eines gewaltbereiten und zugleich in Kraft überlegenen Menschen gesprochen sind. Sie machen mit ihrer inszenierten Ironie deutlich, dass hier Mangel an Selbstkritik mit Unbelehrbarkeit gepaart ist. Diese Attitüden finden sich häufig. Viele Menschen rechtfertigen ihr Verhalten aus dem Verhalten des anderen. Sie verstehen sich immer aus der Reaktion heraus. Wenn sie einen anderen hart anpacken, hat er es sich selbst zuzuschreiben. Er wollte ja nicht hören. Oder er hat zuerst zugeschlagen, ist aus der Rolle gefallen oder hat sich als Störfaktor erwiesen. Der andere ist immer schuld. Und in der Tat, es ist immer möglich, beim anderen die Schuld zu suchen und sein eigenes Handeln durch ihn zu erklären. Denn meistens sind die anderen ja auch keine Unschuldslämmer. Gewiss kann man dann darüber streiten, ob und wann wir dem anderen Unrecht tun. Ob er es wirklich gewesen ist, ob er es wirklich so gemeint hat. Aber ver-

---

[7] M. Walser, Aus dem Wortschatz unserer Kämpfe, Frankfurt/M. 1970.

fehlen wir mit solchen Fragen nicht uns selbst als Ursprung unserer Handlungen? Es ist doch eigentlich erbärmlich, stets auf den anderen zu verweisen, wenn man sich selbst für mündig und verantwortlich hält. Sind wir uns selbst nicht auch die moralische Verantwortung für uns selbst schuldig, ohne auf den anderen zu schielen?

In den Kurzerzählungen des Mittelalters findet sich folgende Geschichte[8]:

Das Schneekind

Ein Kaufmann geht auf eine Handelsreise. Er ist fast ein Jahr unterwegs, und als er schließlich nach Hause zurückkehrt, empfängt ihn seine Frau liebevoll, aber mit einem neuen Kind. Auf die Frage des Mannes erklärt sie, dass sie einmal in Sehnsucht nach ihm sich in den Garten begeben und da etwas Schnee gegessen habe und davon sei sie schwanger geworden. Der Mann sagt nur: Das mag wohl so sein, und dann erzieht er das Kind sorgfältig in allen Künsten von der Jagd bis zum Schachspiel, von der Beredsamkeit bis zur Beherrschung der verschiedenen Instrumente. Nach zehn Jahren begibt er sich erneut auf die Kaufmannsfahrt und nimmt das Schneekind mit, das er dann in der Fremde für einen guten Preis verkauft, so dass sich die Erziehung, wie festgestellt wird, ausgezahlt hat. Als er wieder nach Hause kommt und seine Frau ihn nach dem Kind fragt, behauptet er, dass es in der heißen Sonne geschmolzen sei.

Diese ironische Geschichte ist sicherlich zur Unterhaltung und nicht zur moralischen Verwertung geschrieben. Oder sagen wir es andersrum: Die Moralfrage dient hier dazu, eine witzig wirkende Geschichte zu erzählen. Insofern ist das, was wir jetzt herausgreifen, nur ein Aspekt: der Topos „Wie du mir, so ich dir". (In grimmiger Form heißt es: „Auge um Auge, Zahn um Zahn.") Man könnte auch sagen: Das ist eine typische Vergeltungsmoral.

---

[8] „Das Schneekind" ist zitiert nach K. Grubmüller (Hg.), Novellistik des Mittelalters, Märendichtung, Frankfurt/M. 1996, 82 ff. und interpretiert von W. Haug, Das Böse und die Moral, 256 f., in: A. Holderegger / J. P. Wils (Hg.), Interdisziplinäre Ethik, Freiburg i. Br. 2001, 243–269.

Darin steckt das literarische Motiv vom betrogenen Betrüger, in diesem Fall der Betrügerin. Dieses Motiv reicht von der Kompensation einer Betrugshandlung bis zu deren Überbietung. Es ist deutlich, dass es sich hier um eine Figur der Überbietung handelt. Denn der Mann muss ja sein spontan wirkendes Motiv, das er betrügerisch verschweigt, zehn Jahre lang verheimlicht haben, um es dann nach dem Verkauf und seiner Rückkehr zu offenbaren.

Aus alldem wird deutlich, dass es sich nicht um eine Nacherzählung oder eine Nachahmung von Wirklichkeit handelt. Was die Geschichte erzählt, kommt nicht vor oder man kann sich nicht vorstellen, dass es vorkommt. Denn das Motiv von Schnee und Schneeschmelze ist auf die Spitze getrieben. Dieser Einfall spielt mit einer Naivität, die man sich nur schwer vorstellen kann. Es ist in der realen Welt kaum vorstellbar, dass jemand in intimen Verhältnissen seine Reaktion so lange verbergen kann. Wir befinden uns also in einer fiktiven Welt der literarischen Unterhaltung.

In dieser fiktiven Welt kann eine Moralfrage, obwohl für ihren Unterhaltungswert instrumentalisiert, umso gereinigter von allem realen Beiwerk herausgearbeitet werden. Eine narrative Ethik, die solche Geschichten benutzt, sucht diesen Vorzug, um eine Diskussion über Handlungsmodelle führen zu können. Das Modell des Vergeltungsspieles kann auf der Ebene eines Einfalls bleiben, der mögliche Realitäten überspitzt. Aber wir würden keine Moralfrage stellen, wenn es nur um ein Spiel ginge, etwa wenn ein Fußballverein für eine frühere Niederlage am betroffenen Club durch einen Kontersieg „Rache" nehmen würde. Wo immer die reaktive Handlung nicht in den Bereich einer ethisch relevanten Handlung gerät, regt uns der Vergeltungsgedanke nicht auf.

Aber wo beginnt die ethische Relevanz und welche Bedeutung hat sie? Dazu eine weitere Geschichte, die ich einem deutschen TV-Krimi entnehme:

Ein Mann verspricht seiner Frau, seine Spielleidenschaft aufzugeben und sich im Spielkasino auf die Liste der abzuweisenden Personen setzen zu lassen. Seine Frau, die ihn trotz Verabredung zu Hause nicht vorfindet, verfolgt ihn in das Spielkasino der nahe gelegenen großen Stadt, wo sie ihn freilich im Hotel verfehlt. Beim missglückten Versuch, in dem überfüllten Hotel noch ein Zimmer zu bekommen, wird sie hartnäckig von einem attraktiven Mann angesprochen, der ihr sein Zimmer und ziemlich unverhohlen sich selbst dazu anbietet. Die Frau, noch die Wut über den Bruch des Versprechens ihres Mannes im Bauch und, wie man später erfährt, von dem Einfall bewegt, dass dieser ihr schon lange nicht mehr den Reiz für ein Abenteuer zutraut, stürzt sich in den „one night stand". Der Mann erfährt auf Umwegen und stückweise die Wahrheit. Sie sprechen sich aus. Der Mann versteht, dass es sich um eine einmalige, extreme Situation gehandelt hat und lässt sich nun tatsächlich in die Abweisungsliste des Kasinos aufnehmen. Ihm ist sozusagen der Ernst der Beziehungssituation bewusst geworden und damit die Notwendigkeit einer unausweichlichen Änderung.

Solche Geschichten zeigen, dass das Fernsehen voller Moral steckt.[9] Es fragt sich freilich immer, ob es die richtige Moral ist. Hier handelt es sich ebenso wie in der Schneekind-Geschichte um eine Erfindung, deren Ablauf in der realen Welt man sich nur schwer vorstellen kann, weil sie das Zusammentreffen vieler zufälliger Elemente braucht. Das heißt nicht, dass die Geschichte unwahrscheinlich im psychologischen Sinne wäre. Aber es ist ein Spiel in einer virtuellen Welt, dem es gelingt, eine Frage so herauszuschälen, wie wir etwa eine Orange schälen, um zur Sache selbst zu kommen.

Nun kann diese Geschichte geradezu ein Gegenstück zur Schneekind-Geschichte darstellen. Denn in ihr geht es nicht um „Wie du mir, so ich dir" im Sinne einer Vergeltungsmoral, sondern, indem diese Vergeltungsmoral zum witzigen Ausgangspunkt genommen wird, um deren Überwindung durch gemeinsames Gespräch, durch Reflexion auf eine Beziehung und durch gegenseitiges Verständnis, schließlich auch durch Neubewertung und Neuinstallation der gegenseitigen Wahrnehmung und Achtung. Die Reaktion des Mannes ist hier eine eklatant andere als die Reaktion des Kaufmannes im „Schneekind". Aber würden wir uns nachdenklich fragen, dann erschiene uns die Kasino-Geschichte moralisch plausib-

---

[9] Vgl. P. Kottlorz, Fernsehmoral. Ethische Strukturen fiktionaler Fernsehunterhaltung, Berlin 1993.

ler und attraktiver als die Schneekind-Geschichte. Dagegen können wir in der Schneekind-Geschichte den witzigen Einfall des Erzählers nur bewundern, indem er zugleich in uns einen Stachel hinterlässt. Etwa: Darf man so mit Kindern umgehen; so etwas kann auch nur in einer Welt der Sklaverei geschehen, muss der Mann nicht eine andere Verständigungsbereitschaft haben usw. Die Instrumentalisierung der Mutter und des Kindes scheint uns ungleich schwerer zu wiegen als der Seitensprung der Frau. Oder ist es nicht so? Dann sollte derjenige, der spontan so empfindet, vielleicht doch einmal seine Moral überprüfen. Er wäre dann in der Rolle dessen, der stets den anderen und nicht sich selbst mit Moral belastet, da er ja das moralische Handeln aus der Reaktion ableitet. Man kann schlicht behaupten, dass diese Art der moralischen Unreife vielleicht nicht in dieser groben Form, aber in vielen subtilen Modellen weit verbreitet ist, auch unter Menschen, die höchst „moralische" Berufe haben.

Die Kasino-Geschichte kann daher als ein Gegenmodell dienen. Erzählungen lassen sich durch Erzählungen korrigieren. Dabei ist es klar, dass es nicht so sehr um die einzelnen Handlungen geht. Natürlich hätte der Drehbuchautor auch ein anderes Motiv zum Wachrütteln des Ehemannes wählen können als einen Seitensprung im Hotel. Das ist ein Boulevard-Klischee, das man als solches nicht in den Vordergrund stellen sollte. Im Film ist es auch dadurch motiviert, dass das Hotelzimmer als Ort eines Verbrechens eine Rolle spielt.

Man muss also, wenn man die Geschichte auf diese Weise auslegt, sehen, dass es auch eine Selbstfindungs-Geschichte ist, welche die Beziehungs-Geschichte, die auf dem Tiefpunkt ist, rettet und weiterbringt. Für beide beginnt mit dem auch äußerlich vollzogenen Einbruch in ihre Beziehungsgeschichte ein langsamer Prozess der Selbsterkenntnis, der über eine Verwunderung über sich selbst zu einer Einsicht führt, wie man/frau sich selber haben will und damit auch eine achtungsvolle und liebevolle Beziehung wollen kann. „Liebe den anderen, wie du dich selbst liebst und nicht, wie du dich selbst hasst", sagt Augustinus, der Erfinder der Selbst-Bekenntnisse.

Von der Kasino-Geschichte führt eine Brücke zur so genannten „goldenen Regel" in ihrer negativen Form: „Was du nicht willst, das man dir tu, das füg' auch keinem anderen zu." Gerade das Spiel mit der Vergeltung deckt auf, dass sie keine ausgereifte Selbstachtungs- und Beziehungsmoral hervorbringen kann. Es ist eine gute Regel, so zu handeln, dass man sich selbst nachher im Spiegel betrachten kann. Es ist eine gute Regel, so zu handeln, dass man sich nicht von der Negativität des Handelns eines anderen bestimmen lässt.

Denn das kann eskalieren. Ja, man kann sich sogar der Eskalation sicher sein. Das reicht vom Revanchefoul auf dem Fußballplatz, das das Spiel zerstört, bis zum Revanchekrieg gegen den Terrorismus. Indem ich mich vom Negativen des anderen bestimmen lasse, übernehme ich, das haben Philosophen wie Hegel und Adorno weise beschrieben, in meiner Reaktion die Negativität des Handelns, das ich bekämpfe: Mein Handeln wird von dem, wogegen es ist, mitbestimmt. Das ergibt die Figur der „bestimmten Negation", die im „Wortschatz unserer alltäglichen Kämpfe" (Martin Walser) ebenso eine Rolle spielt wie in der Politik, bei der es manchmal erscheint, als wenn Staaten sich wie Kinder im Sandkasten aufführen, die um einen Bagger streiten.

Nun gibt es hier einen berechtigten Einwand: Man muss auch der schlechten Gewalt Einhalt gebieten und darf sie nicht einfach gewähren lassen. „Man darf nicht zulassen", lässt Thomas Mann seinen Joseph in Ägypten zum Herrscher sagen, „dass es zugeht nach den Köpfen der Mordbrenner."[10] In der Tat, es muss ein legitimes Gewaltmonopol geben, das der Eskalation der Gewalt wehrt. Der Lehrer in der Schule, der Gewalt zwischen den Schülern hinnimmt, handelt gewissenlos. Der Staat, der die Tötung Unschuldiger zulässt, ist kein Rechtsstaat. Zwischen den Staaten brauchen wir ein gemeinsames Drittes zur Gewaltkontrolle: die UNO.

Die Figur der bestimmten Negation hört unter zwei Bedingungen auf: erstens im privaten Bereich, wenn wir aus der Negativität der Handlung des anderen lernen, dass wir in unserer Handlung diese Negativität nicht wiederholen dürfen. Nur dann ist die Nega-

---

[10] Vgl. zu T. Mann, Die Josephromane: D. Mieth, Epik und Ethik, Tübingen 1976; vgl. K.-J. Kuschel, „Mein Gott, die Menschen …". Problem einer Erziehung zur Humanität bei Thomas Mann anhand der Mose-Novelle „Das Gesetz", in: D. Mieth (Hg.), Erzählen und Moral, Tübingen 2000, 237–258.

tion des Negativen etwas Positives. Und zweitens im öffentlichen Bereich, wenn wir gegenüber eskalierenden Gegengewalten die dritte Gewalt schaffen, die zur Kontrolle der Gewalt durch Errichtung eines Gewaltmonopols gedacht ist. Denn sonst lässt sich imperiale Gewalt immer aus der Gewalt des anderen rechtfertigen. Diese Gewalt des anderen kann darüber hinaus, falls nicht vorhanden, mit Hilfe von falscher Propaganda erfunden werden.

Es ist ein weiter Weg von der Schneekind-Geschichte bis zum Nachdenken über Haupt- und Staatsaktionen. Aber er macht deutlich, dass diese im kleinen Bereich unseres alltäglichen Handelns anfangen. Wenn wir uns hier nicht zu selbstverantwortlich Handelnden aufschwingen, die nicht den anderen zur Rechtfertigung ihres Tuns anführen, brauchen wir vom Nachdenken über Moral, d. h. von Ethik, gar nicht zu reden.

Nun werden viele sagen: Wenn man auf die negativen Handlungen anderer nicht reagiert, fördert man Unrecht, Gewalt und Niedertracht. Außerdem kann der schlichte Verzicht auf Zurückschlagen dazu führen, dass der andere nicht gebremst wird und dass man sich selbst einfach ausbeuten und verletzen lässt.

Man muss also einen Weg finden, der die Fortzeugung und Eskalation von Unrecht und Gewalt bekämpft, ohne sie in diesem Kampf zu kopieren. Sonst würde man seinen eigenen moralischen Anspruch verfehlen und ließe möglicherweise Konflikte eskalieren. Wenn man das Böse durch das Gute, das Falsche durch das Richtige überwinden will, dann muss man sich unter den Anspruch der eigenen Maximen stellen. Diese authentische eigene Moral kann dem anderen bezeugt werden, eben auch durch einen Verzicht auf ein „Wie du mir, so ich dir": Man würde damit eine Automatik unterbrechen.

In der Tat kommt es in der Moral auf das Unterbrechen negativer Kreisläufe und Eskalationen an. Damit ist keineswegs gemeint, dass man den Widerstand gegen das Unrecht und seine klare Bezeichnung als Unrecht aufgibt. Dieser Widerstand muss sich nur in Form und Gehalt von dem abheben, wogegen er gerichtet ist.

Zu einem großen Teil haben wir diesen Widerstand dem Gewaltmonopol des Staates übertragen und der Dynamik des gerechten Rechtes. In unserem persönlichen Verhalten geht es aber meist nicht um Verletzungen des Rechts im juridischen Sinne. Hier bedürfen wir einer Strategie, die entweder defensiv das Zeugnis der eigenen Maxime in den Mittelpunkt stellt oder aber offensiv dem anderen sachlich widersteht, ohne ihn persönlich zu verletzen. Gewiss ist dies oft nicht erreichbar. Dann darf aber die unvermeidliche Gewalt im zwischenmenschlichen Bereich weder Ziel noch Mittel sein, sondern etwas, das man unter extremen Umständen als Nebenwirkung in Kauf nimmt.

Ich habe diese Überlegungen mit den Sätzen eingeleitet, die Martin Walser „Kampf mit einem Unterlegenen, der nicht hört" überschreibt. Schriftsteller arbeiten gern mit der Karikatur, d. h. mit der Verzerrung dessen, was schon verzerrt ist und durch die Karikatur zur Kenntlichkeit gebracht wird. Diese ironische Spur wird im Folgenden fortgesetzt: die Übertragung unserer eigenen Fehler und unserer aggressiven Stimmungen auf den anderen.

Ich nehme die ironische Tonart einer „Anleitung zur Unmoral" auf, um durch die Überzeichnung die Anfälligkeit deutlich zu machen, mit der wir Vergeltung anstreben und mit der wir den anderen die Verantwortung zuschieben.

2. Das hast du dir selbst zuzuschreiben –
die Übertragung der eigenen Aggressionen auf den anderen

Gespräch am Frühstückstisch:
Sie: Du hast gestern Abend wieder vergessen, Fernseh- und Videogerät auszuschalten.
Er: Es macht doch nichts, wenn sie auf „Bereitschaft" stehen.
Sie: Es erhöht die Lebensdauer und senkt die Reparaturanfälligkeit, wenn das Gerät ganz abgeschaltet ist, hat der Techniker zu meiner Mutter gesagt.
Er: Ich bin anderer Meinung.
Sie: Immer bist du anderer Meinung.
   Pause
Sohn: Übermorgen schreiben wir eine Französischarbeit. Papa hat immer noch nicht mit mir gelernt.

Sie: Dann muss er heute mit dir üben.

Er: Heute kann ich nicht und morgen leider auch nicht.

Sohn: Dann schreibe ich eben eine Fünf.

Sie: Warum hast du gestern nicht mit ihm geübt? Gestern hast du am Fernsehen Tennis angeschaut. Aber Tennis ist dir ja wichtiger.

Er (ziemlich laut): Ich habe vielleicht insgesamt eine halbe Stunde Zeit für Tennis gehabt. Außerdem hat er mir nichts gesagt.

Sie: Nie hast du Zeit. Und du bist heute morgen wieder einmal schlechter Laune.

Er (lauter): Ich bin überhaupt nicht schlechter Laune. (Leiser) Vorhin war ich noch ganz fröhlich.

Sie: Wenn du nicht schlechter Laune bist, brauchst du ja nicht so zu schreien.

Pause

Diese Szene ließe sich leicht steigern: Klagen des Vaters an die Adresse des Sohnes. Sohn tritt Hund. Hund beißt. Leider kenne ich die Steigerung nicht aus eigener Erfahrung, weil unser Sohn nicht tritt, schon gar nicht nach dem Hund, und weil unser Hund nicht einmal knurrt, geschweige denn beißt. Es fehlen also die apokalyptischen Dimensionen. Aber Material zur Vertiefung und Anlass zur Anleitung zu den feineren Formen der Unmoral ist genügend gegeben. Hier sind einige Elemente bewusst zu machen und zu absichtlichem Gebrauch weiterzuentwickeln. Denn das Elend der üblichen moralischen Halbheiten liegt ja darin, dass man die Bosheit unabsichtlich betreibt. Zwar liegen uns die spitzigen Mittel zum Anschaukeln wechselseitig aggressiver Zustände im Blut, oder sie sind mit der Kindheit am leuchtenden Beispiel der Erwachsenen bereits angelernt, aber eigentlich wollen wir ja niemanden verletzen. Aber es ist doch sehr viel schöner, durch langsame Erhöhung vergifteter Beigaben im Gespräch erst Ärger, dann Wut, dann Hilflosigkeit zustande zu bringen. Damit kann man die psychischen Reaktionen wie chemische Reaktionen im Reagenzglas beobachten, u. U. auch die Dosis zurückfahren, falls man den Plan vorzeitig durchschaut.

Aufwiegeln

Das Böse, könnte man in Abwandlung eines geflügelten Wortes von Wilhelm Busch sagen, ist stets das Gute, das man lässt. Deshalb ist hier von vorneherein auf Unterlassung Wert zu legen: eine freundliche Miene, ein warmer Unterton oder gar ein befreiendes Gelächter machen jeden Vorgang des Anheizens des anderen wirkungslos und können als Mittel nur denjenigen empfohlen werden, die aus der Spirale der Gewalt ausbrechen wollen, weil sie z. B. behaupten, das Frühstück schmecke ihnen sonst nicht. Hier ist das Unterlassen des Abwiegelns der erste Schritt zur Kunst des Aufwiegelns.

Verborgenes Gift

Das bravouröse, anzustrebende Ergebnis auf der Tastatur der Anstöße, die fortschreitend Aggression auf den anderen übertragen sollen, ist die befriedigende Feststellung: Seht mal, wie der schreit, oder: Seht mal, wie unbeherrscht der ist usw. Auch im externen beruflichen Bereich ist dies der höchste der Genüsse. Voraussetzung ist allerdings, dass die Tritte am Schienbein unterm Tisch verpasst werden, will sagen, dass das geträufelte Gift so unbemerkt bleibt wie bei Jagos Anheizen von Othellos Eifersucht. Denn sonst fällt das angewandte System auf einen selbst zurück. Man sollte jedoch die Verfeinerung der Unmoral, für welche jeder und jede talentiert ist, so lernen, dass keine negativen Folgen für einen selbst entstehen. Und die Gesellschaft oder die Gruppe ist nun einmal ein hypermoralischer Moloch. Jeder hat keine Moral, aber alle haben eine, und jeder darf sich ihrer zum Schaden des anderen bedienen.

Aggression übertragen

Wie man dem eingangs zitierten Gesprächsfragment leicht entnehmen kann, geht es nicht nur darum, ständig dem „Du" etwas aufzupacken, sondern auch darum, die Ausdrücke „wieder", „immer" und „nie" (welche vermutlich „nie" ganz den Tatsachen entsprechen) unablässig und gezielt einzusetzen. Der empfindlich reagierende Widerstand, den man dann so erfolgreich bloßstellen kann, ist nur dadurch hervorzurufen, dass

- etwas im Einzelnen Zutreffendes gesagt wird,
- dies zu einem unaufhörlichen Dauerzustand erklärt wird,
- die alleinige und pauschale Verantwortung auf ein Du gestülpt wird.

Kesseltreiben

Das Opfer, das ja schuld sein soll, kann nicht schnell genug reagieren, weil die beiden vergifteten Ingredienzien mit einer richtigen Arznei vermischt sind. Die Zerlegung dieses Amalgams in seine Bestandteile bringt ins Stottern und setzt die Schlagfertigkeit erheblich herab, weshalb dann das Opfer entweder, je nach Temperament, hochfährt, resigniert oder verbittert wird. Alle diese Reaktionen stehen nicht gut zu Gesicht und machen hässlich. Die aggressiv machende Du-Aussage ist ein Ergebnis des boshaften menschlichen Naturtalentes und seiner unbewussten Weitergabe. Welche Erfolge wären erst zu erzielen, wenn hier Absicht und umsichtsvolle Planung zum Zuge kämen. Wenn jemand aus der Position des Schwächeren heraus zu widersprechen wagt, kann man ihm sagen: „Du bist autoritär." Wenn jemand auftrumpft, sagt man: „Sei nicht larmoyant!" Es kommt dabei eben nicht darauf an, dass etwas zutrifft, sondern darauf, dass es Erregung erzeugt. „Wer sich verteidigt, klagt sich an." Also ist es von vornherein gut, den anderen in eine verteidigende Position zu bringen. Wenn man dabei geschickt von Zeit zu Zeit nachlädt und so den Ofen am Brennen hält, wird der Betroffene mit dem Aufräumen nicht mehr nachkommen. Zeitungen demonstrieren dies gelegentlich an Personen des öffentlichen Lebens. Wenn sie sich den Ball zuspielen, nennt man das nicht ohne Grund „Kesseltreiben". „Auf, auf zum fröhlichen Jagen …"

Auswege versperren

Das Nachhaken ist wichtig. Gerade dann, wenn der andere nachgiebig wird oder die Wucht der Aggression mit Witz unterläuft – „Erschieß mich, ich bin schuld" – wäre es ganz falsch, den niederträchtigen Vorsatz aufzugeben. Man muss ungeniert weitere teilwahre Behauptungen aufstellen, damit er nicht mehr weiß, wo er seinen Hals hinhalten soll, den bekanntlich die Wölfe dem Stärkeren zum

Zeichen der Unterwerfung präsentieren, um eine Beißhemmung zu erzielen. Hier gilt es zuzubeißen, wir sind doch keine Wölfe!

Frequenz erhöhen

Ebenso muss man dem anderen den Ausweg versperren. Möglicherweise versucht er, Vorwürfen durch den Hinweis auf Vorzüge und Tugenden zu begegnen, etwa in dem Sinne: „Dafür mache ich aber jeden Morgen das Zimmer sauber." Die richtige Reaktion darauf ist: „Das wäre ja noch schöner, wenn du alles liegen ließest! Das ist doch noch das Mindeste. Darauf brauchst du dir gar nichts einzubilden. Jetzt lenke nicht ab. Jetzt rede dich nicht heraus!" Wie man sieht, gibt es eine ganze Palette wirksamer Floskeln, die ein durchtrainierter Geist gleichsam ohne Anstrengung zur Verfügung hat.

Opfer erzeugen?

Der Anwendung solcher Methoden im Zusammenleben sind jedoch Grenzen gesetzt, es sei denn, man wolle ohnehin Trennung oder Scheidung. (Dann freilich gilt es, in erhöhter Frequenz weiterzumachen.) Die Alternative der totalen Versklavung des Partners ist heute schwer zu realisieren und zudem wohl im Endeffekt langweilig. Außerdem gerät dies ins Pathologische, wird damit unzurechenbar (Sado-Masochismus) und befriedigt keine Bosheit mehr.

Sich vor Folgen hüten

Wegen solcher Grenzen im Partnerschaftlichen und Familiären ist die Methode unbedingt auf Beruf, Arbeitsplatz, Kollegentreffen, Stammtische, Reisegesellschaften und Ähnliches auszudehnen. Man sucht sich ein Opfer aus – keinesfalls das Omega-Tier, siehe oben: pathologischer Sadismus – und beginnt, sich an- und einzufeinden. Schließlich braucht man nur noch auf bestimmte Tasten zu drücken, um ihn oder sie hochzujagen. Solche Fähigkeiten werden zudem allgemein anerkannt. Sie haben für die nicht direkt Betroffenen einen hohen Unterhaltungswert. Wenn einmal Blut fließt, beginnen schließlich alle zu beißen. Hilfloser Zorn gleicht der im Netz zappelnden Fliege oder einem auf dem Lande sich windenden Fisch.

Vor Übertreibung soll man sich freilich hüten. Kultivierter Genuss ist kein Besäufnis, das einen Kater erzeugt. Lerne boshaft zu sein, ohne die negativen Folgen zu tragen. Die positiven Folgen an Ansehen und Aufstiegschancen nimmt man gern in Kauf. Die Übertragung der eigenen Aggression auf den anderen sorgt immer wieder dafür, dass Täter und Opfer miteinander vertauscht werden.

Diese kleine Anleitung zur Ausdehnung der Unmoral zeigt eine Methode, die hilfreich sein kann: Statt die eigenen niederträchtigen Impulse zu verdrängen, sie zu benennen und dadurch mit ihnen umzugehen lernen.

3. Missgunst oder Neid?

Wohl denen, die Neid nicht nötig haben und sich Missgunst leisten können.

Der Neid gilt als ein wohlbekanntes Laster, während die Missgunst sehr viel vornehmer, vollkommener und erstrebenswerter ist. Denn der Neid ist ein Laster der Armen, wenn sie die ersten Schritte aus der Dumpfheit ihres unterdrückten Bewusstseins ans Licht der Freiheit tun. Neid haben die Habenichtse auf diejenigen, die mehr haben oder zumindest mehr sind.

Um vom feineren Laster der Missgunst abzulenken, haben die Missgünstigen den Neid erfunden und überall in die Lasterkataloge und Beichtspiegel gesteckt, welche ohnehin nur für Emporkömmlinge oder für verlorene Töchter und Söhne gedacht sind. Nur im Geiz lugt ein kleiner Teil der Missgunst hervor, denn es ist klar, dass der Geiz unter die Missgunst fällt, soweit er anderen nichts gönnt. Aber er lässt sie weit hinter sich, wenn es darum geht, sich nicht einmal selber etwas zu gönnen. Das ist der hoffnungslose Fall selbstschädigender Bosheit, und über solche unklugen Auswüchse des Unmoralischen wollen wir hier kein Wort weiter verlieren. Schließlich geht es uns um Perfektionierung der Talente, die überall da sind, aber im Argen liegen, um die wirkliche Kunst, der Moral keine Chance zu lassen. Vor meinen Augen taucht immer wieder als Beispiel aus einem Kriminalfilm der Schwarzen Serie jener Gangster auf, zu jeder Schandtat fähig und ohne Wimpernzucken zum Mord bereit, der den Anfang seines Elends in der Rettung einer jungen Dame begründet und das Ende im Versuch, seinem Hündchen das Leben zu bewahren. In solchen Fällen ist die oft erwiesene Unmoral doch nur der dunkle Hintergrund, auf welchem edle Taten glänzen.

Doch zurück zur Anleitung talentierter Missgünstiger, ohne sich in persönlicher Askese als Geizkragen zu offenbaren, die wahre Kunst der Missgunst, die eine Kunst der Privilegien- und Machterhaltung bzw. deren Entfaltung ist, ständig zu üben. Dergleichen kann vom Bundeskanzler gegenüber etwaigen Kronprinzen, vom Abteilungsleiter im staatlichen Fernsehen gegenüber erfolgreichen Emporkömmlingen, von Ordinarien und Klinikchefs gegenüber den Nachrückenden usw. ausgeübt werden. Die richtige Einstellung dazu ist schon dem Kind im Sandkasten vertraut. Zwei Kinder wollen das gleiche Spielzeug. Das größere und stärkere Kind setzt sich dabei durch. Da kommt die aufsichtführende Erzieherin und will zugunsten des schwächeren Kindes eingreifen. Die Reaktion des Stärkeren und Missgünstigen: „Bevor du es kriegst, mach' ich's kaputt." Und schon tritt es auf den Trümmern herum. Wir müssen das große Kind dafür im Namen der Missgunst loben, im Namen einer perfekten Methode der Ausführung jedoch tadeln. Denn es riskiert Tadel von der Erzieherin und wird zudem noch ständig als abscheulicher Charakter betrachtet. Hier kommt alles auf die Kunst des Scheins an: Erscheint die Aufsichtsperson auf der Bildfläche, wird die Gelegenheit genutzt, den Bagger im Sandkasten an das schwächere Kind weiterzurücken. Verzieht sie sich dann befriedigt außer Hörweite, ist immer noch Zeit, mit souveräner Ruhe und einer leichten Strafe gegen immer wieder mögliche Aufsässigkeit dem schwächeren Kind den Bagger wieder wegzunehmen.

Dies sind auch die Methoden, mit welchen man Männerprivilegien gegen den Marsch der aufstrebenden Frauen durch die Institutionen aufrechterhält. Die männliche Missgunst ist zwar ausreichend verbreitet und gut entwickelt, aber nicht immer raffiniert genug getarnt. Heute, wo es kaum mehr möglich ist, ohne Alibi-Frauen durchzukommen, gilt es, die Macht der Missgunst in der Selektion dieser Frauen zu entfalten. Eine Frau, die männliche Macht-Dominanz gefährdet, ist leicht auszumachen. Sie verfügt auf die eine oder die andere Weise über natürliche Autorität und einnehmende Ausstrahlung. Die Missgunst ist angehalten, andere Typen zu bevorzugen: die graue Maus, die Skurrile oder den Kumpeltyp. Im ersten Fall ist die Frau ohnehin schwer zu bewerten und leicht zu übersehen. In allen entscheidenden Fragen stellt sie gleichsam eine „quantité négligeable" dar. Im Falle der Skurrilen vermag die missgünstige Lästerzunge die Eigenheiten so zu verschärfen, dass um die Dame herum sozusagen ein Hohlraum entsteht, der all ihre Bewegungen und Anstrengungen abschirmt. Wichtig ist dabei, ständig die Atmosphäre zu verbreiten, dass Frauen in leitenden Positionen ohnehin skurrile Wesen sind, die, wenn schon, am besten entscheidende Teile ihrer Weiblichkeit hinter Schwesterntracht und Arztkitteln verbergen. Die Kumpelfrau schließlich bedeutet keine Gefahr, da man sie ohnehin nur auf den zweiten Blick oder nur nach längerem Grübeln als Frau wahrnimmt. Solche Frauen gefährden die männliche Macht nicht, weil der Nachschub stets begrenzt bleibt und weil sie die männliche Missgunst internalisieren. Sie sind leicht an zwei Bemerkungen zu erkennen, die ihnen leicht bei passender Gelegenheit über die Lippen gehen: erstens, den Frauen den beruflichen Aufstieg gegenüber den Männern zu erleichtern, sei eine Beleidigung des weiblichen Geschlechtes; zweitens, sie selber hätten ihres Geschlechtes wegen nie Schwierigkeiten gehabt.

Man sieht daran, dass die feinste Art der Missgunst diejenige ist, die in die Seelen der Benachteiligten fortgezeugt werden kann. Wäre es anders, wie hätten dann Rassismus, Sexismus und Klassismus (Klassenherrschaft) eine solche Überlebenskunst unter ungünstigen Bedingungen entfalten können, so dass man sich heute noch auf ihr Funktionieren beruhigt verlassen kann?

Aber wir wollen uns ja nicht mit so groben und auf feinere Bosheit nur degoutant wirkenden Formen der Missgunst beschäftigen. Der eigentliche Ort der Unmoral ist der Alltag, die Wiege jener Missgeburten, in welcher man sich noch wohlig räkeln kann, während man im Großen und Groben doch stets die Gräuel um die Ohren geschlagen bekommt. Da ist z. B. die Missgunst des Beamten in gehobenem Dienst gegenüber dem Facharbeiter, der mit Überstunden zuzeiten gar auf einen höheren Monatsverdienst kommen kann, viel interessanter. Hier muss sofort das feierliche Wort „Besitzstandswahrung" eingeführt werden, damit nicht die allzeit vom Neid zerfressenen Roten den Vergleich zwischen Maloche und „Sesselfurzen" anstellen und dabei die höherwertige geistige Verantwortung des Amtsträgers vergessen. Schließlich ist ja der Kommunismus an solchen Verhältnissen gescheitert: dass der Busfahrer mehr Gehalt erhielt als der Professor, dessen Tätigkeit dann nur noch von ihrem Sinn in sich selbst zehren konnte. Ein unerträglicher Zustand, der beweist, dass die „sozialistischen Errungenschaften" ein Ergebnis der Soziologie des Neides sind, während der Kapitalismus auf der Soziologie der Missgunst beruht. Da aber der Sozialismus eine Behörde, eine Parteibürokratie und eine neue Klasse hervorgebracht hatte, die Nomenklatur, muss man die Unterschiede nicht ernst nehmen: wenn einen der Neid nach oben gebracht hat, kann man ihn wie das Kleid der Armut ablegen und sich stattdessen den eleganten Anzug der Missgunst leisten, einer kultivierten Missgunst freilich, die sich die Anleitung zur Verfeinerung gefallen lässt.

Zur Verfeinerung der Missgunst gehört die Kunst der Übertragung von der Ursache auf die Wirkung. Es ist immer wichtig, Ursache und Wirkung gegeneinander auszutauschen. Nehmen wir einmal an, jemandem geschähe ein Unrecht. Er erhält z. B. einen Posten nicht, für den er qualifiziert ist, etwa eine Professur, und die Gründe gehören nicht jenem Bereich an, der einschlägig wäre. Es ist klar, dass, wenn der Getroffene schreit, dies eine Wirkung ist und keine Ursache. Da aber Schreien auffällt und etwas Misstönendes an sich hat, zudem ein Misserfolg der Aufstrebenden für die „beati possidentes", die glücklichen Besitzenden, immer etwas Befriedigendes an sich hat, wird über der Wirkung leicht die Ursache vergessen. Durch eine leichte Betonung der Misstöne im Protest lässt sich das Schreien in „Geschrei" verwandeln, seine Degoutanz verstärken, der Lauf der Welt betonen usw., so dass schließlich der oder die Betroffene alles sich selbst zuzuschreiben hat. Dabei könnten noch die Untergebenen der Ungeduld, der mangelnden Belastbarkeit und der kollegialen Unverträglichkeit beschuldigt werden. So lassen sich Wiederholungsfälle programmieren, und mit dieser Kunst vollendeter Missgunst kann man sich stärkere Konkurrenz dauerhaft vom Leibe halten.

Diese Übung hat noch etwas Gutes: So Getretene geraten in die richtige Mühle der Sozialisation der Missgunst, welche für höhere Positionen auf die Dauer geeignet macht. Denn wenn sie dann mal oben sind, werden sie empfangene Unbill nach unten weitergeben.

Dennoch wäre es falsch, die Kunst der Missgunst einfach mit dem Phänomen des Radfahrens (nach oben buckeln, nach unten treten) gleichzusetzen, denn der Missgünstige tritt nicht: Er lässt treten. Deshalb muss er auch eine Unterdrückungsmaßnahme oder einen Ausschaltungsvorgang als Förderungsverhalten erscheinen lassen. Dazu gehören folgende Redewendungen: „Ich habe ja alles versucht." – „Man stößt doch immer nur auf Undankbarkeit." – „Man wird doch immer nur ausgenützt." – „Das haben Sie sich alles selbst zuzuschreiben." Und so weiter ...

Missgunst als geheimes Sozialisationsprinzip beginnt in der Schule und setzt sich bis in die Hochschule fort. Sie ist die eigentliche Ursache für das „Drama des begabten Kindes" (Alice Miller). Denn es ist doch klar, dass Lehrer und Lehrerinnen die Kinder nicht höher bewerten können als sich selbst und dass die Anerkennung geistiger Leistungen sich auf ihren Horizont beschränkt. In diesem System schlagen sich Intelligenz und Phantasie stets unter Wert, im Gegensatz zu dem mit einer gewissen Beschränkung versehenen Fleiß und der Ausdauer, deren Hartnäckigkeit beruhigend wirkt und den Horizont der Lehrenden nie gefährdet. Man kann sicher sein, dass ein missgünstiger Lehrer seine Noten kleinlich vergibt und mit zierlicher Schrift niedriger hängt. In jedem Fall wird er nicht von Kindern erwarten, dass sie ihm etwas beibringen oder dass er etwas bei ihnen lernen kann. Ebensowenig wird ein Hochschullehrer dieser Fraktion durch Schüler seinen geistigen Horizont überschreiten lassen.

Das alles ist aber mehr Realität als Planung, mehr Faktum als System, mehr Schwäche als Stärke. Hier werden ja nur empfangene

Wunden weitergegeben oder das, was einem selbst versagt ist, wird auch anderen versagt. Es kommt nicht darauf an, die Realität bloß zu kopieren („Die Welt ist hart und ungerecht"); es kommt darauf an, die Realität zu korrumpieren. Dazu müssen solche Vorgänge erst einmal ins Bewusstsein gehoben werden und die dabei möglicherweise als lästige Begleiterscheinung auftretende Gewissensregung muss im Namen höherer Notwendigkeiten beseitigt werden. Dazu ist es notwendig, dass es um den Einsatz für eine höhere Sache geht, z. B. in der Politik um die Erhaltung von Mehrheiten, Akzeptanzen, Regierungsfähigkeit etc. Oder in der Religion geht es um die Ehre Gottes, um das Glaubensbekenntniss oder die Kirche. Erst die höheren Sachen machen die notwendigen Bosheiten edel: der Zweck vergoldet die Mittel. In unseren Breitengraden geht es ja auch längst nicht mehr um den Kopf. Sterben muss niemand mehr für das Volk oder für die Religion. Es genügt, wenn er oder sie genügend verbogen wird, damit der unerträglich aufrechte Gang Schaden leidet. Wo keine Biegung gelingt, mag eine Brechung notwendig sein, aber diese vollzieht sich ganz ohne Blut.

So ist die Kunst der Missgunst die Kunst der inneren Korruption. Es mag ja sein, dass damit der Verfall von Institutionen befördert wird, aber Hand aufs Herz, ist das so schlimm? Schließlich kann man ja auch einmal auf die Nachteile des universellen Wohlwollens verweisen. Bekanntlich ist Wohlwollen das Gegenstück zu Missgunst. Im christlichen Glauben finden wir dies religiös überhöht: „Ich gönne, wenn ich gönne" (Röm 9,18), sagt der Gott, der es zudem „regnen lässt und die Sonne scheinen über Gerechte und Ungerechte" (Mt 5,45). Der große Wohlwollende kümmert sich rührend um Zu-kurz-Gekommene, um Versager und um Spätlinge. Er hat nichts übrig für ältere Söhne, die sich mit Fleiß und Ausdauer gegenüber Versagern und Verschwendern in die Position der Missgunst gebracht haben. Er akzeptiert die Missgunst der Arbeiter im Weinberg nicht, die die Hitze des Tages ertragen haben und belohnt die Spätlinge, die am Abend nicht mehr ins Schwitzen gekommen sind, gleich viel. Welche Sozialisationsprinzipien! Welch ständiger Umsturz mühsam erstellter Ordnung! Die war schon immer so, da könnte ja jeder kommen, wo kommen wir da hin? Ein Glück, dass die Stellvertreter und die

Stellvertreter der Stellvertreter nicht nach diesem Vorbild handeln. So gesehen ist die Missgunst eine echte Stütze des Systems, Hierarchie bildend, staatstragend. Sie hilft dazu, Kompetenzordnungen in folgendem Sinne zu erstellen: Die Stühle entscheiden über die Fähigkeiten. So ist die Kunst der Missgunst letztlich die Befestigung des eigenen Hinterns auf dem richtigen Stuhl.

4. Warum das Lügen so schön und doch so verwerflich ist[11]

Keine Erzählung ohne Lüge, keine Wahrheit ohne Dichtung?

Es gibt Menschen, die lügen, weil es schöner und feiner ist, als die Wahrheit zu sagen. Das sind die Erzähler und die Rhetoriker. Die platte Realität bietet uns die Effekte nicht, die wir brauchen. Außerdem sind wir oft im Nachhineien schlagfertiger als im jeweiligen Augenblick. Die ausgeschmückte Erzählung, die durch viele Münder und Ohren geht, ist allemal spannender als ein lakonischer Bericht.

Auch die kindliche Phantasie, die mit Bildern arbeitet, die wie die Wirklichkeit erscheinen, bringt eine reizvolle Welt hervor, der die Erwachsenen mit Nachsicht zusehen, wenn sie gelernt haben, zwischen Unwahrhaftigkeit und Einfallsreichtum zu unterscheiden. Zu alten Zeiten war die Welt in diesem Sinne kindlicher und dabei reicher: denn die Wahrheit einer gedichteten Geschichte reicht oft weiter als die Wirklichkeit, die mit ihr verglichen wird. Möglicherweise ist die ganze Wirklichkeit ohnehin nicht die Realität zum Anfassen, sind die Bilder in unserem Kopf oder in unserem Herzen eine notwendige Ergänzung dessen, was wir mit unseren Sinnen prüfen können.

Lüge zwischen Verwerfen und Rechtfertigen
Für die Frommen bietet die Tradition zur Wahl: die böse Lüge, die den Teufel zum Vater hat (vgl. Jo 8,44), oder die fromme Lüge, die dem Wirken der göttlichen Mächte durch eigene Einfälle weiter-

---

[11] Eine ausführliche Betrachtung der Lüge findet sich bei E. Schockenhoff, Zur Lüge verdammt?, Freiburg i. Br. 2000.

hilft. Bei den Moralisten wird die Lüge auch als berechtigte Falsch-aussage, die keine Lüge ist, untersucht. Habe ich nicht das Recht oder gar die Pflicht, aus Menschenliebe zu lügen, etwa um den Freund vor Verfolgung zu schützen? Habe ich nicht das Recht oder sogar die Pflicht, aus Selbstachtung die Wahrheit zu verschweigen? Und gibt es nicht kunstvolle Methoden, mit der Wahrheit zu lügen, indem man z. B. diese in einer Weise vorbringt, dass alle das Gegen-teil für richtig halten?

Die Lüge ohne moralischen Zeigefinger

Also nehmen wir zunächst das Gewicht der bösen Welt und der gu-ten Sonntagspredigten aus der Lüge heraus. Wir können ihr immer noch den moralischen Felsblock an die Füße bzw. der Katze die mo-ralische Schelle umhängen. Denn erst, wenn man erkennt, wo das Lügen kunstvoll ist, erkennt man, wo es verderblich ist. Wenn wir das Gewicht der bösen Welt nicht zunächst aus der Lüge heraus-nehmen, führt das nur zur Verdrängung: weil niemand als Lügner ertappt werden will. Vor fünfzig Jahren wurde das Lügen der Kin-der schwer bestraft. Rigorose Erziehung arbeitete mit Sprichwör-tern wie: „Wer einmal lügt, dem glaubt man nicht, und wenn er auch die Wahrheit spricht." Oder „Lügen haben kurze Beine." Oder: „Ehrlich währt am längsten." Man kann sich nicht sicher sein, ob diese rigorose Verbotsmoral nicht nur bewirkte, dass man lernte: Wenn du lügst, darfst du dich dabei nicht erwischen lassen. Als wie-viel ehrenwerter erschien es doch, „brutal" zu sein! Je mehr die Kin-der darauf getrimmt wurden, dass die bewusste Falschaussage eine Todsünde sei; je mehr Elterngenerationen sich dadurch selbst belü-gen, dass sie die Lüge bei ihren Kindern bekämpfen, umso mehr kehrt „Beelzebub" ein, wo man den bösen Geist hinauskehrt. Man kann sich auch fragen: Gibt es mehr Verlogenheit als in jenen Ge-nerationen, die mit den genannten Sprichwörtern großgezogen wurden? Selbstverständlich sind diese Sprichwörter alle irgendwie richtig und ergeben einen guten Sinn – wenn man sie nicht auf jede Lüge anwendet und damit zur Korruption ermuntert. Korruption blüht dort besonders, wo weiße Westen verlangt und Fehltritte kleinlich bemessen werden.

Die Abwägung unter dem Anspruch der Wahrhaftigkeit
Soll das rechte Gewicht hinein, muss erst einmal das falsche Gewicht
von der Waage herunter, mit der die Lüge gewogen wird. Geben wir
erst einmal der narrativen, der gut erzählten Lüge, und der rhetorischen, der Lüge für den guten Effekt, die ästhetische Ehre – für die
Moral ist immer noch Platz und Zeit. Und ehren wir den Reichtum
der Wirklichkeit und der Sprache, in der sie mehr zum Ausdruck
bringen kann als die platte Beobachtung.

Kinder als Linguisten der Lüge
Kinder gelten mit Recht als die unschuldigsten Poeten und Linguisten der Lüge, und: „Wenn ihr nicht werdet wie die Kinder ..." Dieser biblische Satz ist hier auch anwendbar. Kinder sind keine Rhetoriker, die sich ins rechte Licht setzen, keine Poeten zweiter Hand, die
bloß vor Freund, Frau oder Mann nicht als graue Maus oder blaues
Mauerblümchen erscheinen wollen. Kinder sind vieles (noch)
nicht, aber gerade darum lernen sie die Dimensionen der Zeit durch
Erzählen. Wenn sie selber erzählen, verraten die Unwahrheiten ihre
Ängste und Hoffnungen. Die Phantasie hat mehr Herzensgründe,
als der Verstand an Vernunftgründen nachvollziehen kann (frei
nach Pascal). Oder: die Lüge in der Erzählung eines Kindes trägt in
sich mehr Wahrheit als das platte „So war es!"

Die Notlüge
Als ich als Kind auf dem Wege zur Erstkommunion war, fragte mich
die eine Honoration, ob ich eine andere Honoration gegrüßt hätte.
Wenn ich mich recht erinnere, floh ich von dem einen Verbrechen
(eine Honoration nicht grüßen) in das andere (zu behaupten, was
nicht der Wirklichkeit entsprach), aus anerzogener Angst. In der
Dschehenna sollen sie braten, die solchen Fluch über die Kindheit
gebracht haben, oder christlicher: Möge Gott mit ihnen ein besseres
Herz haben als sie für die Kinder. Noch immer macht mir Lügen
keinen richtigen Spaß, und ich muss mich mit dem intellektuellen
Vergnügen am Lügen anderer begnügen, seitdem ich zu unterscheiden weiß, was richtig und was falsch ist an dem, was man uns über
Gut und Böse gelehrt hat.

Bei der Lüge aus Not gilt es zu unterscheiden. Auf der einen Seite ist es evident, dass man auch unter Stresssituationen so handeln soll, wie man es moralisch für richtig hält. Dies bedeutet, dass man zur Wahrheit steht, auch wenn dies unbequem ist. Man müsste sich ja sonst für feige halten. Wahrheit macht Mut, aber sie bedarf auch des Mutes. Zivilcourage und Wahrhaftigkeit sind gute Geschwister.

Andererseits ist nicht jeder einfach berechtigt, einem soviel Angst und Not zu machen, dass man mit der Wahrheit unter Druck gerät. Nicht jeder kann jede Wahrheit von einem erwarten. Vor Gericht wird z. B. nicht erwartet, dass man sich selbst schädigt. Deshalb kann man die Aussage verweigern. In anderen Verhältnissen kann es sein, dass diese Verweigerung einen Verdacht bestätigt und verstärkt – gerade weil man die Situation sozusagen mit Möglichkeiten angeht, die für gerichtliche Fälle vorgesehen sind.

Also ist zu fragen, wo man eine Anfrage zurückweisen muss, weil sie keine Berechtigung hat, und wo man zur Wahrheit stehen muss, weil die Auskunft zu Recht erwartet wird. Manche mögen hier an den bekannten Fall des Altbundeskanzlers Kohl denken, der über die Herkunft von Spenden keine Auskunft gibt. Die Begründung, er habe den Spendern versprochen, ihre Identität zu verschweigen, hat den Verdacht verstärkt, es gebe noch andere Gründe und die Berechtigung der Auskunftssuche werde missachtet.

Mit der Wahrheit lügen?

Jenen Generationen, die, ohne nennenswerten Bruch durch zwei Kriege, im letzten Jahrhundert die gleichen (Un)werte eingetrimmt bekamen, ist es geläufig, dass man die Kunst des Lügens sehr verfeinern muss, um von den anderen, und – das ist der absolute Höhepunkt! – von sich selbst nicht mehr dabei erwischt zu werden. Ein besonderer Trick dabei ist es, die Wahrheit zu sagen, um damit zu lügen, d. h. im Bewusstsein, dass dadurch beim Adressaten der gewünschte falsche Eindruck entsteht. Noch geschickter ist es, den Partner falsche Schlussfolgerungen aus richtigen Details ziehen zu lassen, was durch die simple Kunst des Verschweigens leicht zu erreichen ist. Und ist nicht Reden Silber, aber Schweigen Gold? Der raffinierte Umgang mit der Weisheit des Alltags gleicht dem einfachen Kleid, dem kleinen Schwarzen, das das Raffinement der übrigen Ausschmückungen so richtig zur Geltung bringt.

Die Lüge als Heuchelei
In dem Augenblick, wo mancher die Teil- oder Unwahrheit sagt, erfüllt ihn auch schon das Bewusstsein der Wahrheit. Die Glaubwürdigkeit der Politik ist wegen dieses Phänomens bedroht. Es gibt zwei Steigerungsformen des folgenlosen Lügens, die einem so richtig bewusst machen, wie man trotz der Lüge ein wahrheitsliebender Mensch bleibt. Die erste Form besteht darin, dass man lügt, ohne dass es einer nachweisen kann. Dies verlangt eine Umsicht, der schon die meisten Kinder in der Schule nicht gewachsen sind, wohl aber die intelligenteren unter ihnen, die deshalb in den Geruch der Ehrlichkeit geraten und daraus lernen, dass nur diejenigen Lügner/Lügnerinnen sind, die ausgesprochen dumm lügen. Die armen Menschen, die einfach aus Angst und nicht aus der souveränen Bemühung um den eigenen Vorteil lügen, machen Fehler dabei, und deshalb lügen meistens die Schwächeren. Deshalb wird ja gesagt, dass Lügen kurze Beine haben. Gilt das auch für die Lügen, die als Ausdruck sozialer Intelligenz gewertet werden?

Oder, anders gesagt, es war schon immer üblich, dass die Stärkeren die Schwächeren der Lüge bezichtigten oder wenigstens des weitherzigen Umgangs mit der Wahrheit: die Männer die Frauen („weibliche Logik" – welch charmant-unverschämte Umschreibung!), die Preußen die Rheinländer, die Bayern die Franken. Die zweite Form der Lüge ohne Verlust des ehrlichen Rufes kommt nur Honoratioren zu, die der Lüge zu beschuldigen schlimmer ist als deren Lüge selber. Die Kunst des Lügens ist hier von jener raffinierten Einfachheit, die die Zunge des Kenners schnalzen lässt: Gelogen wird ganz offensichtlich, aber mit dem Bewusstsein, dass die Adressaten es nicht wagen werden, dies zu sagen. Es ist wie mit des Kaisers neuen Kleidern, nur Kinder rufen die Nacktheit aus, Höflinge verschweigen sie.

Ehrlichkeit oder Aufrichtigkeit?
Alles sei verziehen, lernten die Kinder der Ehrlichkeit, nur das offene Bekenntnis zur Lüge nicht. Also lernten sie, dass man sich beim

Lügen nicht erwischen lassen darf und dass man sich selbst auch besser nicht beim Lügen erwischt. Kinder lernten so die Ehrlichkeit als Wohlanständigkeit, als Prestige und als Kreditwürdigkeit; Aufrichtigkeit lernten sie auf diese Weise kaum.

Das ist heute anders: Das Urteil über die gewichtige Lüge hat nichts an Schärfe verloren. Aber jemand, der aus Not lügt, kann sich eher dazu bekennen. Aufrichtigkeit des ganzen Menschen ist gefragt, nicht jene Ehrlichkeit, die in den Verdacht gerät, die Fassade für wichtiger zu halten als den Ort, wo die Seele wohnt.

Wenn alles zu verzeihen ist, Aufrichtigkeit im Bekenntnis zur Unehrlichkeit jedoch nicht, dann haben Kaskaden von seelischen Ängsten hier ihren Ursprung. Denn die seelische Verbiegung, die man erfolgreich weitergibt, und zwar im Namen des Höchsten, kann doch keine Verbiegung gewesen sein. Warum sieht man häufiger die Demut des Heuchlers als das aufrechte Einstehen für das Versagen gegenüber dem Anspruch der Wahrheit?

Lüge aus Selbstachtung?
Dietrich Bonhoeffer erzählt von einem Lehrer, der einen Schüler morgens fragt: „Ist dein Vater gestern Abend wieder betrunken nach Hause gekommen?", und er verteidigt den Schüler, der den Lehrer für diese Wahrheit nicht als zuständig erachtet und ihn belügt. Der Lehrer sei schuld an der Lüge, nicht der Schüler.

Sind wir schuld an der Lüge der Antwort, wenn wir unberechtigt fragen und drängen? Und haben wir das Recht, uns selbst so hoch zu achten, dass wir mit einer Lüge der Missachtung widerstehen? Man kann leicht nachvollziehen, dass die Grenzen hier fließend werden, wenn man sie nicht scharf genug zieht, etwa zwischen Selbstachtung und feiger Ausrede.

Kant war der Meinung, aus Menschenliebe dürfe man nicht lügen, aber er hat die Selbstachtung höher eingeschätzt als die Verpflichtung zur Auskunft. Das mag zu denken geben, auch wenn Kants Beispiel, dass man den verfolgten Freund um der Wahrheit willen verraten müsse, zu Recht keine Schule gemacht hat.

Lügen aus Menschenliebe?

Das Beispiel, das den Menschen eher Probleme macht, ist die Wahrheit gegenüber einem Todkranken und Sterbenden, der Auskunft über seine Aussichten verlangt. Verlangt hier die Liebe oder, beim Arzt, die Konzentration auf das Patientenwohl und das Gebot der Nichtschädigung, dass in Fällen gelogen oder nicht die ganze Wahrheit gesagt wird, in denen man meint, Schaden abwehren zu müssen? Über diese Frage ist viel geschrieben worden. Aber letztlich wird jeder damit einverstanden sein, dass man die Motive dessen, der von der Wahrheit abweicht, sehr genau prüfen muss: Ist es Bequemlichkeit, ist es Gewohnheit, ist es Ungewissheit, glaubt man zu wissen, dass die Frage nicht gestellt ist, um eine präzise Auskunft zu erhalten und dergleichen mehr? Wohl und Wahrheit auseinanderzureißen, ist eine große Versuchung. Aber eine ebenso große Versuchung wäre es, wenn man sich mit der Wahrheit entlastet, um brutal und direkt auf die Menschen zuzugehen. Letztlich ist in solchen Normkonflikten das Gewissen (vgl. Kap. VII) gefragt.

Vorteilslüge oder Schadenslüge?

Wer will beim Kauf eines Gebrauchtwagens belogen werden? Ist der Kunde schuld, wenn der beauftragte Händler oder auch ein Handwerker lügt? Deutlich ist zu sehen, dass die so genannte „Vorteilslüge" dem einen vielleicht einen Vorteil, dem anderen aber einen Schaden bringt. Kann es eine Vorteilslüge geben, die keine Schadenslüge ist? Die hohe Akzeptanz der Vorteilslüge in unserer Gesellschaft (nach Umfragen bis zu 80 Prozent) scheint darauf hinzudeuten. Andererseits wissen die Menschen sehr wohl, dass die Vorteilslüge eine Lüge ist. Sie halten sie nur unter Umständen für verständlich und verzeihlich, sei es bei sich selbst, sei es bei anderen. Was sind solche Umstände? Ist es die Ausrede, der andere möge für sich selber sorgen und die Ware selber prüfen? Wenn er seine Rechte und seine Sorgfaltspflicht nicht wahrnimmt, ist der zu seinem Vorteil Lügende entlastet? Eine solche Ausrede ist gefährlich. Sie bringt auf die schiefe Bahn und bringt weitere Ausreden hervor: Die anderen tun es auch; wenn ich nicht mithalte bei dem, was leider üblich ist, bin ich mehr konkurrenzfähig; so schlimm wie Konkurrent X treibe ich es ja nicht, und so weiter …

Wo immer die Achtung des anderen Menschen und seiner Rechte, wo Gerechtigkeit und Fairness gegenüber berechtigten Ansprüchen verletzt werden, wird die Lüge, die eigentlich nur ins rechte – gemeint ist: ins falsche – Licht setzen soll, zur Schadenslüge. Der Volksmund mit seinem Ausdruck „sich in die eigene Tasche lügen" bringt sehr genau zum Ausdruck, wie die Vorteilslüge zu entlarven ist.

Man sieht daran, welche Bedeutung ein sensibles Gewissen in der Frage der Aufrichtigkeit hat. Ein solches Gewissen muss nicht skrupulös sein und jedes Wort wie einen Stein herumdrehen, unter dem ein Skorpion versteckt sein könnte. Die Subtilität der Moral des Alltags und der bedeutsamen Entscheidungen liegt gerade darin, dass es bereichsspezifische Richtigkeiten gibt, deren Gültigkeit ich nicht überstrapazieren darf. Ich darf mich nicht bei der Lüge auf das berüchtigte „business as usual" (das übliche Geschäftsgebaren) zurückziehen.

Das Dementi

Wenn ich einen Politiker frage, wie es sich um eine Sache verhält, deren Kenntnis zuzugeben ihn dem Risiko einer unvorteilhaften Aufrichtigkeit aussetzen würde, wird er mir ausweichen oder gar glatt eine nicht vorhandene Unkenntnis behaupten. Das heißt in diplomatischer Sprache ungefähr: Wenn du nicht weißt, was ich weiß, kann ich dir nicht sagen, was ich weiß, denn sonst macht es dich heiß, und ich bin dafür verantwortlich. Unter diesem Vorzeichen sind subtile Spielchen möglich: Wer vorgibt, dass er weiß, erfährt manchmal gar mehr, als er wissen will …

In der Diplomatie gibt es die schöne Kunst des „Dementi". Ein Dementi einer Äußerung oder einer Handlung bedeutet nicht, so erklärt man dies, dass es diese Äußerung oder Handlung nicht gegeben hat, sondern nur, dass der/diejenigen, die dafür verantwortlich sind, angesichts gewisser Sachlagen nicht die Absicht haben, zu diesen Äußerungen oder Handlungen zu stehen. Wer weiß dann noch, ob jemand, der dementiert, nun wirklich in Annäherung an die

Wirklichkeit die Wahrheit sagt oder bloß noch ein Ritual einer speziellen diplomatischen Konvention unter Wissenden vollzieht? Und welcher Mensch des öffentlichen Interesses würde es wagen, in „Dichtung und Wahrheit" seiner autobiographischen Bilanzen gar wenigstens im Nachhinein den Adressaten die Gewissheit über seine Lügen zu geben?

Lügen als Widerstand der Schwachen

Lügen, sagte ich anfangs, ist eine schöne Sache, damit sich die Erzählung rundet und damit sich der rhetorische Effekt ergibt. Wer aber zu den feineren Formen der Unmoral aufsteigt, der erkennt, dass Lügen eine Frage unbewältigter Ängste und unbefriedigter Machtgelüste ist. Insofern steckt im Lügen Dämonie und Teufelei. Die Lügen der Mächtigen sind schlimmer als die Notlügen der Schwachen, so wie ihre Missgunst schlimmer ist als deren Neid (vgl. Kap. II, 3).

Lügen ist gewissermaßen die Neurose des Unterdrückten, ein Ausdruck von falschen Herrschaftsverhältnissen. Im doppelten Sinne: Die da oben kümmern sich zu wenig um die Wahrheit, die da unten können sich diese nicht leisten. Denn Wahrhaftigkeit und aufrechter Gang gehören zusammen. Wo das eine erschwert ist, ist das andere erschwert. Deshalb hat Wahrhaftigkeit auch etwas mit dem Widerstand zu tun, der der Unterdrückung nicht mehr durch Manipulation der Aussage ausweicht, sondern sie als Grund für die Unaufrichtigkeit benennt.

Kein Lügen über das Lügen!

Wer Schluss mit der Lügerei fordert, ist sich des allgemeinen Beifalls und zugleich der allgemeinen Folgenlosigkeit seiner Moralpredigt sicher. Viel wichtiger wäre es, Schluss mit dem Lügen über das Lügen zu fordern.

Im Urteil über das Lügen ist, wie wir an vielen Stellen gesehen haben, kluges Unterscheiden erforderlich. Einerseits ist Lügen verwerflich und als eine der schlimmsten Quellen von Fehlverhalten, Unrecht und Terror einzuordnen. Andererseits ist Lügen ein Umgang mit Sprache, der dieser neue Wirklichkeit und neue Kommunikationsmöglichkeiten erschließt. Eine „Unterscheidung der Geister" ist hier am Platz: Was respektiert die Rechte anderer wie z. B. das Recht auf persönliche Integrität? Man erkennt sehr schnell, dass auch die lieblose Wahrheit eine gefährliche Angelegenheit ist.

Man erkennt aber auch, dass wir eine höhere Norm brauchen, um zwischen den Formen und Folgen der Lüge zu unterscheiden. Wenn diese Norm in einer Wechselseitigkeit von Pflichten und Rechten besteht, dann wird sie zwar viele Varianten ihrer Anwendung brauchen, aber im Kern wird sie unentbehrlich sein.[12]

5. Interessen bestimmen die Moral

Es ist eine allgemeine moralische Einstellung, dass behinderte Kinder gefördert werden müssen. Dies gilt auch in einer Situation unterschwelliger Behindertenfeindlichkeit, die z. B. werdende Eltern von behinderten Kindern deutlich spüren. Zwischen der Option, behinderte Kinder nicht haben zu wollen, und der Option, wenn man sie schon habe, mit diesen auf die bestmögliche Weise umzugehen, besteht eine merkwürdige Schere. Die Gesellschaft scheint nicht in der Lage, diese Spannung aufzuheben. Dafür gibt es mancherlei Gründe, mehr oder weniger nachvollziehbar.

Eine Zeit lang ging man davon aus, die Förderung von Behinderten könne am besten allein durch besonders geeignete Fachkräfte an dafür besonders geeigneten Orten geschehen. So wurden u. a. Sonderschulen eingerichtet. Man lernte dann aus Untersuchungen, dass die Förderung etwa mental behinderter Kinder bessere Erfolge aufweisen kann, wenn diese mit anderen Kindern zusammen sind. An die Stelle des Sonderraumes sollte daher die integrierte Bildung treten. Die Einrichtung geeigneter gemischter Klassen sollte entsprechend gefördert werden. Die gesetzliche Grundlage sieht freilich vor, dass solche Förderungen mit anderen

---

[12] Vgl. D. Mieth, The Basic Norm of Truthfulness, in: C. Christians / M. Traber (eds.), Communication Ethics and Universal Values. Thousand Oakes, London / New Delhi 1997, 87–104.

einschlägigen Gesichtspunkten der schulischen Bildung abgewogen werden müssen.

Abwägungsprozesse sind eine Herausforderung besonderer Art. Dies wird an einem konkreten Beispiel deutlich. In einer mittleren Stadt gibt es fünf Gymnasien. Alle sehen sich mit einer hohen Zahl von Neuanmeldungen konfrontiert und zugleich mit der Frage, ob eine gemischte Klasse mit einer kleinen Anzahl von mental behinderten Kindern, die an diese Situation bereits herangeführt sind, begründet werden soll. Dies bedeutet, dass an dieser Schule eine dafür geeignete kleinere Klasse eingerichtet werden muss. Dies wiederum bedeutet den Verzicht darauf, alle Anmeldungen für die Schule anzunehmen. In diesem Fall bekommt man es dann mit unterschwelligen Einstellungen in der Elternschaft zu tun: mein Kind ist wegen der Behinderten zurückgewiesen worden und muss an eine andere Schule gehen. Die Situation wäre dadurch zu bereinigen, dass die Schule, die für eine gemischte kleinere Klasse optiert und damit dem Konzept der gesetzlich zu fördernden Behindertenintegration entsprechen will, eine weitere Klasse zusätzlich einrichten kann.

Das Einrichten weiterer zusätzlicher Klassen kostet freilich zusätzliches Geld. Es müssten dafür 1,5 Stellen eigens vorgesehen werden. Nun hat man aber bereits einer Schule für einen besonderen Ausbildungszweig im Bereich Kunsterziehung eine solche weitere Klasse versprochen und damit das Ende der Fahnenstange in den haushälterischen Möglichkeiten erreicht. Würde man dies wieder ändern, träten die Eltern der zukünftigen Künstler und Künstlerinnen auf den Plan. Es scheint auch keine weitere Ressource mehr zu geben, sondern nur noch eine Alternative: ein Sonderzweig für Behinderte oder ein Sonderzweig für Kunst.

Jeder wäre damit einverstanden, wenn beides ginge. Dies bedeutet aber für alle Beteiligten unter Zeitdruck ein schwieriges Problem: Ob die Haushaltschwelle durch Ressourcenerweiterung überschritten werden kann, ist sehr unsicher. Die Quellen sind ausgetrocknet, keine der beteiligten Institutionen wird auch so mit ihren Engpässen fertig. Gerade hat man es mit Mühe erreicht, dass wenigstens für die Kinder, die nicht über ausreichende Kenntnis der deutschen Sprache verfügen, einige Sonderlehrkräfte finanzierbar sind.

Dies ist eine Situation, in der jeder angesichts einer moralischen Forderung auf berechtigte Interessen pocht, die durch die Erfüllung dieser Forderung verletzt werden würden. Oder sind nicht alle Interessen berechtigt? Und in welcher Reihenfolge stehen sie? Wie spiegelt die Hierarchie der Interessen, die sich durchsetzen, dann doch die Wertehierarchie wieder, die die Optionen der Betroffenen bestimmt?

Man sieht daran, dass moralische Ziele oft bloße Lippenbekenntnisse sind, die sich sofort aufspalten, wenn sie in ihrer Einlösung mit einer Hürde verbunden werden, über die man erst springen müsste. Oder mit verschiedenen Hürden, über deren Abräumen man sich gemeinsam, und zwar zügig, verständigen müsste. Was ist meine Option wert, wenn ich sie nur dann einlösen möchte, wenn keinerlei Einschränkung anderer Optionen erfolgt? Im Grunde müssen sich das in einer solchen Situation alle Beteiligten fragen. Aber tun sie das? Es ist leicht vorhersehbar, dass es eher zum Hauen und Stechen kommt. Denn die Überzeugung, dass die eigenen Interessen besonders wichtig und besonders berechtigt sind, schlägt sich in Gründen nieder, die sich nicht mehr in einem übergreifenden Diskurs vereinbaren lassen.

Das Bewusstsein, dass die Nachdenklichkeit über strittige Moral, die wir Ethik nannten, erst da einsetzt, wo Interessen durch moralische Prinzipien und Urteile kontrolliert werden dürfen und können, ist im alltäglichen Geschäft nicht weit verbreitet. Angesichts knapper Ressourcen in den Haushalten wird die soziale Luft daher immer kälter, und der stets vorhandene Virus „Interesse" findet keine Abwehrkräfte, die eine Infektion verhindern. Die ethisch reflektierte Moral stellt jedoch so etwas wie das Immunsystem der Gesellschaft gegen den Kampf der Interessen dar. Ist das Immunsystem schwach, wird die Gesellschaft krank.

Das genannte Beispiel ließe sich leicht durch andere, z. B. im Bereich des Gesundheitswesens oder der Altenpflege ergänzen. Da ist unsere Gesellschaft schon infiziert. Merkwürdigerweise spielen bei der so genannten „Allokation" (eine Kurzformel für Verteilung und Ansiedlung von Leistungen) von Gesundheits- und Pflegeleistungen bisher ethische Überlegungen nur eine deklamatorische Rolle („Solidarität und Menschenwürde").

Je höher diese Deklamationen angesiedelt sind, je rhetorischer und je abstrakter sie gemeint sind, umso mehr steckt die Moral nur noch in der Form der Entrüstung im Einzelfalle im Systemzwang, etwa dann, wenn chronisch Kranke für ihre Behandlung zuzahlen müssen. Mit dieser Art von Moral ist aber kein Sozialstaat zu machen, der die Rechte der Kranken und Behinderten achtet. Entrüstung kostet den sich Entrüstenden nichts. In dem folgenreichen Kampf der Interessen von Haushaltsexperten, Krankenkassen, Gesundheitsökonomen, lokalen Systemen, politischen Innovationspredigern, Interessenverbänden u. a. m. kann man mehr aus der Bereitschaft zur ständigen Reduktion der Moral lernen. Der „unmoralische" Lernprozess befördert die Kontrasterfahrung: das schmerzhafte Fehlen eines gemeinsamen Nachdenkens über Ethik. (Solche Überlegungen spielen sicherlich auch eine Rolle für das Nachdenken über Politik und Moral, vgl. Kap. VI.)

III Gute Grundsätze, richtiges Argumentieren, kluge Entscheidungen

1. Verantwortung übernehmen und gestalten[13]

Elternsorgen

Eltern machen sich viele Sorgen wegen der Verantwortung für ihre Kinder. Sie tragen die Verantwortung dafür, dass ihre Kinder überleben und gesund bleiben. Sie tragen die Verantwortung dafür, dass sie richtig erzogen und gut ausgebildet werden. Und oft lesen sie das Ergebnis ihrer Verantwortung zu früh ab, dann nämlich, wenn die sich von den Eltern ablösenden Kinder auch abweichende Formen des Verhaltens zeigen. Für sich verantwortlich Fühlende ist es jedoch schwer, Geduld aufzubringen. Sind Großeltern da, werden sie umso beliebter, je mehr sie, selber von ihren erwachsenen Kindern abgelöst, diese Geduld und Gelassenheit aufbringen. Aber es ist ja auch bekannt und in vielen Erzählungen und Filmen geschildert, dass Mütter es besser wissen als ihre Töchter und Väter besser als ihre Söhne. Weil das Resultat der Elternverantwortung Eltern oft nicht befriedigt, nehmen sie ihre Verantwortung weiter wahr, und dies erscheint den von der Verantwortung Betroffenen als Erschwernis.

Dazu erzählte mir ein alter Pfarrer folgende Geschichte: Eltern fragen gern, wie sie sich, wenn sie einmal vor der Himmelstür stehen, rechtfertigen sollen, wenn Petrus, der Türwächter, danach fragt, was denn aus ihren Kindern geworden ist. Ich sage dann immer, meinte der weise Pfarrer, dass Petrus antworten wird: Danach werde ich diese selber fragen, wenn sie hier ankommen.

---

[13] Vgl. P. Kaufmann, Freiheit, Wille, Verantwortung, in: J. P. Wils / D. Mieth, Grundbegriffe der christlichen Ethik, Paderborn u.a. 1991, 9–30; Holderegger, A., Verantwortung, a.a.O., 199–208; H. Lenk, Verantwortung in, für, durch Technik, in: W. Baumgart / H. Lenk (Hg.), Technikbewertung, Frankfurt/M. 1988, 58–78; H. Lenk / G. Ropohl (Hg.), Technik und Ethik, 2. Auflage, Stuttgart 1989.

Überbeanspruchung und Unterforderung

Diese Geschichte macht deutlich, dass wir nicht für alles und jedes verantwortlich sind. Andererseits sind wir aber auch nicht für niemand und für nichts verantwortlich. Verantwortung hält hier die Mitte zwischen Überbeanspruchung in ihrer Ausdehnung auf Raum, Zeit und Personenkreis und ihrer Unterforderung. Unterforderung liegt zum Beispiel vor, wenn Wissenschaftler sich nicht fragen lassen wollen, was aus der technischen Anwendung ihrer Forschung wird. Sie behaupten dann, sie seien nur für die Genauigkeit und Redlichkeit des Forschens, nicht aber für dessen Ergebnisse verantwortlich. Daran mag richtig sein, dass man nicht alles vorhersehen und voraussagen kann. Das Argument reicht freilich nicht aus, um jede Folgenverantwortung abzulehnen. Folgenverantwortung gehört nämlich zu jedem Typus und zu jedem Bereich von Verantwortung.

Verantwortung aus Vernunft

Der Mensch trägt Verantwortung, weil er Vernunft hat, weil er frei ist und weil er stets sozial angewiesen bleibt. Vernunft, Freiheit und soziale Angewiesenheit machen den Menschen zum Menschen. Wenn er menschlich handeln will, ist er auf diese seine Vernunftnatur, die sein spezifisches Wesen ausmacht, verpflichtet. Wer Verantwortung trägt, steht unter einem Anspruch, auf den er „Antwort" gibt. Dieser Anspruch ist in einem sehr allgemeinen Sinne die Wirklichkeit selbst, freilich nicht im Sinne einer von vornherein als Idealtypus festgelegten Zielgestalt, von der man nicht abweichen darf. Das glaubten die Naturrechtler, nach denen alles sein immanentes Ziel hat, dem wir in unserem Handeln zu folgen verpflichtet sind. Wirklichkeit ist vielmehr das Spektrum der in ihr wirkenden Kräfte. Sie stellt eine Herausforderung dar, da sie aufgrund der Gegensätzlichkeit dieser Kräfte immer in Spannung ist. Diese Spannung wird als Kontrasterfahrung in uns wirksam (vgl. Kap. I, 5 und 6).

Materiale, soziale und individuelle Aspekte unserer Verantwortung

Die Antwort, die die Verantwortung gibt, stammt aus unserem Menschenbild und aus der Anerkennung der Menschenwürde (vgl. das nächste Kapitel). Der Menschenwürde zugeordnet sind die Werte und Güter, nach denen wir uns richten, z. B. Werte wie Wahrheit, Gerechtigkeit, Solidarität; ferner Güter wie Leben, Eigentum, Sicherheit.

In diesen Werten und Gütern zeigen sich auch die sozialen Bindungen des Menschen. Die Beziehung auf die Gemeinschaft ist jedoch nicht die einzige vorgegebene Bindung des Menschen. Der Mensch ist Körper, und daher ist sein Leben von Materie bestimmt; bis in die Neurowissenschaft hinein ist es möglich, mit Hilfe eines methodologischen Materialismus ein „Ebenbild" des Menschen als Maschine zu bilden. Ist aber Körper gleich Maschine?

Dies alles, der personale, der soziale und der materielle Aspekt unseres Lebens, macht die ganze Wirklichkeit des Menschen aus. Der Anspruch, auf den wir zu antworten haben, wird von einer spannungsreichen Wirklichkeit an uns gestellt. „Wirklichkeit" ist weder idealtypisch noch als Summe der Fakten zu verstehen. Sonst hätte die reine Faktizität, die wir in Statistiken erheben, normative Kraft. Weil fast alle Menschen ein wenig betrügen, wären wir dann auch dazu ermächtigt. Wirklichkeit beansprucht uns im Hinblick auf das, was wir vernünftigerweise mit ihr wollen. Sie gibt uns die Herausforderungen, weil das, was ist, nicht einfach verbindlich sein kann und mit Recht als negativ erfahren wird. Sie gibt uns Bedingungen, unter denen wir unsere Verantwortung wahrnehmen können und müssen. Sie lässt uns zugleich unsere Verantwortung für diese Bedingungen wahrnehmen. Denn wir können sie vielleicht zugunsten der besseren Wahrnehmung von Verantwortung verbessern.

Der Sinn für das Ganze
Weil unsere Vernunft erkennen kann, was der Wirklichkeit Sinn gibt, müssen wir diesen Sinn in unsere Verantwortung nehmen. Dies ist keineswegs einfach. Je mehr uns das Bewusstsein für den Sinn unseres Lebens, unseres Handelns, unseres Berufes, unserer Tätigkeit usw. schwindet, umso schwerer fällt uns die Option für die moralisch mögliche Wirklichkeit und umso mehr verlieren wir den Glauben, dass verantwortliches – und das heißt moralisches – Handeln überhaupt noch Sinn machen kann. Wir erleben dieses Problem heute in der Zersplitterung der Sinnmomente im alltäglichen Leben. Viele verstehen nicht mehr, wo unsere Wirklichkeit im Gan-

zen Sinn hergibt und haben nur noch ironische Reminiszenzen für die Suche nach dem Ganzen übrig. Andererseits gilt: Je mehr Verantwortung im Ganzen erfahrbar wird, umso mehr Sinn wird sie im Einzelnen erschließen können. Verantwortung im Ganzen heißt, wie wir sahen, durchaus nicht, dass sie grenzenlos ist. Die Freiheit des anderen, die wir auch dann respektieren müssen, wenn sie sich unseres Erachtens noch nicht voll herausgebildet hat oder wenn sie von diesem verfehlt wird, setzt auch unserer Verantwortung eine Grenze: nicht im Denken, aber im Handeln.

Guter Wille und praktische Klugheit

Die Anerkennung der menschlichen Verantwortung bedeutet nichts anderes als anzuerkennen, dass der Mensch Träger einer moralischen Verpflichtung ist. Verantwortung ist bekanntlich mehr als die Gesinnung, die sich auf das *Gute* richtet. Der gute Wille ohne praktische Klugheit ist blind; die praktische Klugheit ohne guten Willen ist leer. Die praktische Klugheit können wir durch ethische Bildung erreichen, die Ergänzung des guten Willens durch die gemeinsame Reflexion über das Gute und Richtige in angemessenen Diskursen.

Ziele und Mittel

In einer Verantwortungsethik kommt es nicht nur auf gute Ziele, sondern auch auf die richtigen Mittel an, diese Ziele zu erreichen. Ein Teil der Verantwortung richtet sich auf Ziele, seien es Werte wie Wahrheit, Gerechtigkeit, Freiheit; seien es Güter wie Leben, Eigentum und Sicherheit; ein anderer Teil richtet sich auf die angemessenen Mittel, mit denen diese Werte und Güter zu erreichen sind. Ziele und Mittel sind nach den gleichen Maßstäben zu beurteilen. Sonst gerät man leicht in die moralische Falle, dass der Zweck die Mittel heiligt. Das heißt, Mittel, die wir ablehnen würden, wenn sie Ziele wären, gebrauchen wir, um Ziele zu erreichen, die wir für gut halten. Wie aber kann man eine moralische Verantwortung spalten: sie dispensieren, wenn es um Mittel geht und sie aufrechterhalten, wenn es um Ziele geht? Mittel, die scheinbar bloß in Kauf nehmen, werden bald zu Zwecken, denen gegenüber unser ursprüngliches Urteil über ihre Verwerflichkeit abgestumpft ist.

Der Rahmen der Verantwortung

Jedes verantwortliche Handeln erfordert nicht nur die Kompetenz der verantwortlichen Person, sondern auch einen institutionellen Rahmen, ein Set von Regeln, die Fähigkeit zu deren Interpretation und den persönlich klugen Umgang mit ihrer Anwendung. Sachverhalte müssen dabei auf sinngebende Werte und Güter bezogen werden.

Dies gilt in besonderer Weise für ein Handeln, das Folgen für andere betroffene Menschen hat, ohne dass diese sich diesen Folgen durch ihre freie Entscheidung einfach entziehen können. Dieses Handeln ist dort unausweichlich, wo Verantwortung delegiert wird. Die ausdifferenzierte Gesellschaft kann nur funktionieren, wenn Verantwortung arbeitsteilig wahrgenommen wird. Auf der einen Seite müssen die Menschen Vertrauen investieren, um sich in komplexen Verhältnissen orientieren zu können. Sie delegieren daher freiwillig Verantwortung: an Experten. Das ist einerseits erforderlich und verständlich in einer ausdifferenzierten und arbeitsteiligen Gesellschaft. Es hat aber seine Grenze darin, dass man Verantwortung zu leicht abschiebt. Das Expertenwissen widerspricht sich häufig. Das kluge Urteil, etwa im politischen Handeln, ist weiterhin erforderlich und nicht durch Expertenwissen ersetzbar. Das heute übliche Auslagern von Orientierung in Räte und Kommissionen ist oft nur ein Alibi: Man will es nicht gewesen sein, besetzt aber die Kommissionen so, dass sie den Erwartungen entsprechen.

Menschen gebrauchen?

Ein Direktor eines großen deutschen Konzerns hat vor einem Menschenalter einmal gesagt, er betrachte die Menschen als Nummern, als Zeitgenossen und als Brüder: als Nummern im Betrieb, als Zeitgenossen auf der Straße und als Brüder in der Kirche. Hier werden diskriminierende Unterscheidungen für den Umgang mit Menschen vorgenommen. Andererseits ist an diesen Unterscheidungen auch etwas Richtiges.

Richtig ist die Beobachtung, dass wir mit unseren Mitmenschen zumeist ausschließlich funktional umgehen, d. h. wir gebrauchen sie für irgendein Sachziel. Von dieser Art ist unser geschäftlicher Umgang. Falsch wird diese Betrachtung dann, wenn wir die anderen Kontexte betrachten müssen, in denen diese Menschen leben: Beziehungskontexte, existentielle Nöte, aber auch Verantwortungsfragen hängen nicht unmittelbar mit dem zusammen, was wir „Funktionalität des Umgangs" nennen können. Deswegen ist es zwar richtig, verschiedene Begegnungsformen von Menschen zu unterscheiden, falsch aber, sie voneinander zu trennen und die Menschen dann, wie dies heutzutage beliebt ist, bereichsspezifisch zu behandeln. Es ist ja eine beliebte Redeweise zu sagen, in diesem Bereich gelte jenes und in jenem eben etwas anderes. Danach wird stets die bereichsspezifische Sachgerechtigkeit ins Feld geführt, um zu begründen, welches denn nun die Grenzen, die Möglichkeiten und die Chancen eines mitmenschlichen Umgangs sind. Dem setze ich die Tatsache entgegen, dass sich die Lebensbereiche, in denen Menschen stehen, gegenseitig überschneiden. Die Menschen haben Rechte und Pflichten, die alle diese Lebensbereiche in gleicher Weise durchdringen und die für all diese Lebensbereiche einen Kontext darstellen.

Verantwortung in Kontexten

Jeder Bereich des menschlichen Lebens bildet also für alle anderen einen Kontext; so durchdringen sie sich gegenseitig. Es ist daher notwendig, sich auf mancherlei Gebieten sachkundig zu machen, um in einem bestimmten Bereich effizient sein zu können, und diese Sachkunde mit dem Anliegen zu verbinden, um den beteiligten Menschen gerecht zu werden. Wie wichtig es ist, den sozialen Kontext zu studieren, wird überall da deutlich, wo wir Aggressionen und Vorurteilen begegnen. Es gibt letztlich keine zureichend bereichsspezifische Kompetenz ohne einen Rückgriff auf das Gesamt der Kontexte menschlichen Lebens. Das heißt, es gibt keine spezifische Verantwortung ohne eine allgemeine Grundverantwortung.

Befähigung zur Autonomie

Wer diese Grundverantwortung übernehmen will, braucht einen Raum der Freiheit. Das ethische Prinzip der Autonomie meint die Möglichkeit der freien Selbstverpflichtung. Autonomie aber muss geübt werden – in der Eigenverantwortung, in der Verantwortung im Familien- und Freundeskreis, in der beruflichen und in der gesellschaftlichen Teilhabe an Verantwortung. Aus der frühen Einübung der Mitsprachefähigkeit ist hier eine gewisse Kultur der Autonomie, der Konflikt- und der Kooperationsfähigkeit zu entwickeln. Mündigkeit muss z. B. in der Erziehung dort bereits vorausgesetzt und geübt werden, wo sie nur anfanghaft vorhanden ist.

Persönliche Initiative muss die freie Selbstverpflichtung einschließen; Verantwortung ist auch dann zu übernehmen, wenn etwas nicht klappt, wenn etwas scheitert, wenn etwas nicht effizient und in dieser Hinsicht aufzuarbeiten ist. Dann gilt es, erneut Energie aufzubringen. So ist die freie Selbstverpflichtung eine Grundvoraussetzung dafür, Verantwortung tragen zu können. Denn sonst wäre diese allein von den Instruktionen abhängig, die gegeben werden. Überall dort, wo Instruktionen zu rigoros gestaltet, zu normativ durchgeplant sind, nimmt die Fähigkeit zur Eigenverantwortung ab. Gleiches gilt auch für die Fähigkeit zu einer Mitwirkung an der Veränderung von Rahmenbedingungen.

Eine Regel für die Grundverantwortung

Der amerikanische Sozialphilosoph Alan Gewirth hat eine Regel für die Grundverantwortung einsichtig entwickelt.[14] Dieses Prinzip lautet folgendermaßen: „Handle stets in Übereinstimmung mit den Rechten und Pflichten sowohl der eigenen Person als auch aller anderen von deiner Handlung betroffenen Akteure."[15] Auch wenn ich ein solches Prinzip hier nicht im Einzelnen begründen kann, so denke ich doch, dass man seine Notwendigkeit einsichtig machen kann.

Festzuhalten ist, dass eine solche Regel zunächst einmal jene Grundverantwortung bezeichnet, die die Trennung in Nummern,

---

[14] Vgl. A. Gewirth, Reason and Morality, Chicago 1978 und dazu K. Steigleder, Die Begründung der normativen Ethik. Der Ansatz von Alan Gewirth, Freiburg i. Br. 1999. Ich teile die Beweisführung dieses Ansatzes nicht völlig, bin aber der Meinung, dass man mit zusätzlichen anthropologischen Überlegungen über die Intersubjektivität des Menschen zu diesem Ergebnis kommen muss.

[15] Vgl. K. Steigleder, a. a. O. 210–227.

Zeitgenossen, in Brüder und Schwestern wieder aufhebt und zeigt, dass jeder Mensch, wo immer er ist, ein in seiner Menschenwürde anerkannter Mensch bleiben soll. Dies gilt sowohl für den Beratenden wie für den Beratenen.

Diskursregeln für verantwortliche Personen und Gruppen:[16]
1. Man sollte mit sich selbst nicht in Widerspruch geraten, weder in der Rede noch in den Handlungen.
2. Tragende Begriffe sollten in ihrer Anwendung gleiche Phänomene immer gleich auszudrücken versuchen.
3. Man sollte sich auf die gleichen Ausdrucksformen zu verständigen versuchen, damit eine gemeinsame sprachliche Basis entsteht.
4. Man sollte mit seinen Überzeugungen identisch sein, sowohl in Behauptungen als auch in Handlungen.
5. Man sollte seine Auffassungen begründen können.
6. Jeder/jede sollte den Diskurs mitgestalten und dabei sein/ihr eigener „Anwalt" sein.
7. Es darf kein Zwang herrschen, der nicht selbst auferlegt und zwischen den Beteiligten abgestimmt ist.

Im Folgenden untersuche ich die inhaltliche Orientierung der Verantwortung an der wechselseitigen Achtung der Menschenwürde genauer und betrachte die daraus ableitbaren Rechte und Pflichten.

2. Perspektiven der Menschenwürde und des Menschenbildes[17]

Wenn die Menschenwürde der Orientierungsrahmen für Verantwortung ist, dann müssen wir klären, was wir darunter verstehen. Mit Würde verbinden wir zunächst das Verbot, den Menschen total

---

[16] Vgl. J. Habermas, Diskursethik – Notizen zu einem Begründungsprogramm, in: ders. (Hg.), Moralbewusstsein und kommunikatives Handeln, Frankfurt/M. 1983, 53–125. Dazu: B. Skorupinski / K. Ott, Technikfolgenabschätzung und Ethik, Zürich 2000, 198.
[17] Vgl. R. J. Lorenz / D. Mieth, L. Müller (Hg.), Die Würde des Menschen – beim Wort genommen, Tübingen 2003.

zu instrumentalisieren, seine Selbstzwecklichkeit und in diesem Sinne seine Unverfügbarkeit nicht mehr zu respektieren. Oft sprechen wir aber auch von „Würde", wenn wir nicht diesen Zentralbegriff, sondern einzelne Rechte meinen, die wir daraus ableiten und die letztlich auch ihren Sinn darin haben, dass der Mensch den anderen Menschen menschenwürdig behandeln soll und dass Gesetze die Würde des Menschen im Sinne eines absoluten Wertes zu respektieren haben.

Wenn wir im spontanen, noch vormoralischen Alltagsverständnis von „Würde" sprechen, dann haben wir etwas anderes vor Augen. Die „Würde" ist hier dem Gebrauch des Adjektivs „würdig" sehr nahe. Der würdige Mensch ist der Mensch, der Ansehen hat, der ansehnlich ist. Dies hängt damit zusammen, dass wir entsprechend dem Attribut „würdig" Vorstellungen davon entfalten, welche Qualitäten für unser Ansehen und unser Selbstgefühl erforderlich sind. Dies entspricht einer alten Tradition, wonach Würde viel mit „Ehre" zu tun hat. Oder lateinisch: „dignitas" mit „honor"; man spricht ja auch gern von Würdenträgern. Das sind diejenigen, die Ehrungen empfangen haben. Wenn man davon ausgeht, dass „Ehre" noch im 19. Jahrhundert ein wesentliches Wort für männliche Satisfaktionsfähigkeit und weibliche Unberührtheit war, dann wird einem bewusst, dass diese Ehre oder Würde ein Ausdruck einer vergangenen „Klassengesellschaft" gewesen ist. Seitdem die Klassen zumindest ideologisch verschwunden sind, kann man eher von der Würde als „Prestige" sprechen, das ich vor anderen und vor mir selbst gewinnen kann. Je mehr Prestige, desto mehr Würde.

Wenn aber mit „Prestige" Vorstellungen des Ansehens verbunden sind, dann kann von einem „unwürdigen" Leben in dem Sinne gesprochen werden, dass das Leben eines Menschen unansehnlich und schwer belastet geworden ist. Wenn dann in diesem Sinne kein „würdiges" Leben mehr möglich ist, spricht man von der Sehnsucht nach einem (menschen)würdigen Sterben. Diese Sehnsucht kann aber nur im Horizont eines bestimmten, an Ehre und Prestige gebundenen Würdebegriffs entstehen. Denn man spricht zwar von „Menschenwürde", d. h. von einer Würde, die jedem Menschen unabhängig von seiner Zuständen und Qualitäten eigen ist, aber man meint das eigene Ansehen, die eigene Funktionsfähigkeit und Lebensqualität, das eigene Selbstgefühl und die Abwesenheit von größeren Einschränkungen, wie sie etwa schwere Leidenszustände mit sich bringen würden. Man kann leicht sehen, dass dieser subjektiv zu ermessende Würdebegriff nicht der gleiche ist wie der Begriff des absoluten Wertes eines jeden Menschen.

Ein zweiter Würdebegriff bindet sich an Freiheit und Handlungsfähigkeit als Inbegriff der Fähigkeit des Menschen, moralisch zu sein. Es ist klar, dass unsere Vorstellungen von Freiheit und Handlungsfähigkeit an ein Bewusstsein des Menschen gebunden sind, das sich frei artikulieren und seine eigenen Wünsche bekunden kann. Nun sind wir nicht immer bewusst und wir artikulieren uns nicht immer zielführend. Also muss man in dieses Würdeverständnis auch Zustände einschließen, die „davor", „dazwischen" oder „danach" liegen. Der auf bewusste Wahrnehmung der Freiheit konzentrierte Mensch ist gleichsam der Mensch von der Spitze des Eisberges her verstanden. Alles, was mit dieser Spitze in unlösbarem Kontakt und in Einheit mit ihr ist, „erbt" gleichsam von dieser Spitze auch die Würde. Der Mensch ist frei und deshalb Träger von Würde. Würde in diesem Sinne ist also eine Spitzenaussage über die Möglichkeit des Menschseins, nicht schlicht über seine Realität. Diese Spitzenmöglichkeit färbt aber so auf die Realität des Menschen ab, dass auch defizitäre Zustände des Menschen darunter fallen. Freilich versuchen manche Ethiker, das Kriterium des aktuellen und interessensfähigen Bewusstseins so stark zu machen, dass bestimmte Zustände des Menschen – frühe Entwicklungsstadien, Koma- und demente Zustände – nicht mehr im Vollsinne unter den Würdebegriff fallen.

Will man die Bewusstseinsfalle der Würde vermeiden, dann muss man die Würde mit der bloßen Existenz des Menschen, mit seinem Dasein, ohne Bewertung seines Soseins, verbinden. Ein Mensch hat Würde, weil er an der „Würde der Menschheit" (Kant) teilhat. Freiheit und Handlungsfähigkeit werden hier als Spitzenaussagen über die Gattung Mensch gesehen, an der jeder insofern voll beteiligt ist, als er als menschliches Lebewesen zu dieser Gattung gehört. Dieser dritte Würdebegriff ist in seiner Anwendung deutlich restriktiver, vor allem in Fragen des Lebensschutzes am Anfang und am Ende des menschlichen Lebens. Er kann freilich mit dem zweiten Würdebegriff insofern zusammenfallen, als dieser nicht eine Bewusstseinsgrenze für die Würde zieht. Er kann sich vom zweiten Würdebegriff insofern unterscheiden, als dieser mit Abstufungen der Würde, also des absoluten Wertes rechnet. Das ist jedoch ein Widerspruch in sich: Kann man einen absoluten Wert teilweise besitzen? Ich halte das nicht für möglich. Freilich können die Rechte, die wir aus der Würde ableiten, im Konfliktfall miteinander abgewogen werden. Und dabei kann sich eine Auseinandersetzung darüber ergeben, ob alle Rechte aller Einzelnen in gleicher Weise unter allen verschiedenen Umständen unterschiedslos geltend gemacht werden können. Diese Frage wird unsere Gesellschaft gewiss noch intensiver weiter beschäftigen. Denn da es ein Prinzip der Gerechtigkeit ist, Gleiches gleich und Ungleiches ungleich zu behandeln, kann nicht einfach alles gleichgestellt werden, weil es unter die Menschenwürde fällt. Auf der anderen Seite ist aber darauf zu achten, dass dieses Argument nicht zur wohlfeilen Verminderung von Recht dort führt, wo Menschen unausweichlich auf sie angewiesen sind. Ohne das Lebensrecht kann niemand existieren. Deshalb ist es schwer, hier Ungleichheiten zu konstruieren.

Ungleichheiten gibt es freilich, z.B. die Ungleichheit von Mann und Frau im Reproduktionsgeschehen. Im eigenen Leibe kriegen nur die Frauen Kinder. Die Menschwerdung ist voll von Beziehung: zwischen den Geschlechtern, zwischen Eltern und Kind. Wer die Beziehung aus dem Dasein des Einzelnen herausnimmt, setzt ihn gleichsam schutzlos aus. Der Schutz der Menschenwürde kommt ihm oder ihr dann zu, als seien er oder sie isolierte Substanzen im Dasein. Das sind Menschen nicht und dazu sollten sie aufgrund ihrer Würde auch nicht gemacht werden.

Wenn Würde in Beziehung ihre richtige „Stelle" hat, weil der Mensch keine Ansammlung von Zellen und kein einsamer Klotz ist, es sei denn, man schafft diese Situation von außen, dann ist eine isolierte Situation der Menschwerdung im Reagenzglas nur dann gerade noch auszuhalten, wenn sie, wie man etwas distanziert sagt, in ein elterliches Projekt eingebettet ist.

Der „verfügbare" Embryo im Reagenzglas ist ein Widerspruch zur Menschwerdung des Menschen. Auch die Eltern dürfen außerhalb der erwünschten und eingegangenen Beziehung nicht über ihn oder sie verfügen. Das ist – auch nach deutschem Verfassungsrecht – kein Elternrecht.

Wenn Menschen nur in Beziehung sie selbst sind, wenn ihre Freiheit oder Autonomie nur in Beziehung gedeiht, dann ist die Würde nicht etwas, was einer isolierten „Zellkultur" „verliehen" werden kann, wohl aber etwas, was ebenso wie die Beziehung und zusammen mit ihr versagt werden kann – ein Problem von Auswegslosigkeit, Scheitern oder Schuld. Das Problem, das wir mit der „Zuerkennung" von Menschenwürde haben – auch dies schon ein falscher und verräterischer Ausdruck – liegt gerade darin, dass wir Situationen schaffen, in welchen sich diese falsche Frage stellt, als sei ein Mensch nicht ein Mensch und damit an sich Würde. So wie man jedoch auch einem Außenseiter oder Strafgefangenen die Würde verweigern kann, freilich mit bleibendem, reduziertem Lebensrecht, so kann man Situationen schaffen, in welchem die Würdegarantie zum Problem wird. Geht es aber um den „Schutz der Menschwerdung", wie Christiane Kohler-Weiß in ihrem lesenswerten Buch[18] aufzeigt, dann ist eine beziehungslose oder beziehungsarme Objektivierung des menschlichen Anfangs unerträglich. Das wird in einem Zirkelschluss oft übersehen. Dieser besteht darin, dass man eine Situation ohne „Würde" (das Wesen im Reagenzglas) schafft, um dann die Würde angesichts des beziehungslosen Bestandes erst zu problematisieren und dann abzusprechen.

Die Objektivierung des Menschen in einen abgespaltenen Zustand – ein Problem, das man auch in der Sorge um die Isolierung von alten Menschen formulieren kann – ist gegen eine tiefe Erkenntnis gerichtet, die es verbietet, sich vom Menschen ein „Bild" zu machen, um dann an diesem herumzuoperieren. Bertolt Brecht hat darauf aufmerksam gemacht, dass wir uns von Menschen Bilder machen, um sie nach diesen Bildern auszurichten, statt uns an ihnen selbst zu orientieren. Mit einem Bilderverbot gegenüber einem Menschen ist

---

[18] C. Kohler-Weiß, Schutz der Menschwerdung, München 2003.

das Gleiche gemeint wie mit seiner beziehungslosen Isolierung: erst kommt die Fixierung, dann die Verfügung.

So wie der Mensch keine Summe von Werten ist, sondern als Mensch mit Menschen inmitten der „Würde der Menschheit" (Immanuel Kant)[19], so ist er auch nicht in biologischen Äquivalenten auszudrücken, denn er ist in Beziehung zu anderen mit ihnen Träger eines unsichtbaren Bildes, das wir nicht fixieren, sondern annehmen und verehren. Das Ebenbildliche entzieht sich seiner Sichtbarkeit. Auch ein – im äußerlichen Sinne – entwürdigter Mensch wäre immer noch Träger der Menschenwürde.

Man sieht nur mit dem Herzen gut, diese Weisheit des inneren Sehens, des inneren Bildes, zeigt etwas von dem Respekt, den wir so leicht verlieren, wenn wir den Menschen in eine isolierte, versachlichte Rolle drängen. Menschenbild im Sinne des Fixierungsverbotes und Menschenwürde halten sich die Waage. Die mit dem „Bild" verbundene Vorstellung und der Begriff „Würde" als absoluter Wert reinigen sich wechselseitig. Der Begriff „Würde" ist erst deutlich, wenn man die Würde von den Bewertungen und Zuerkennungen unterscheidet. Die Vorstellung, das „Bild", ist erst gereinigt, wenn man die fixierten Bilder durch andere Bilder korrigiert.

Wir müssen darauf achten, unsere Welt nicht so zu gestalten, dass wir den Menschen mit der reduzierten wissenschaftlichen Wahrnehmung als eine Ansammlung von bearbeitbaren Bauteilen wahrnehmen. Und wir müssen darauf achten, dass wir ihm nicht die Würde durch Isolierung erst nehmen, um dann darüber zu diskutieren, ob er sie an sich hat!

Würde hat nach alter Tradition nicht nur, wie ich zu zeigen versuchte, mit Beziehung, sondern auch mit Freiheit zu tun. Die Befähigung des Menschen zur Freiheit dehnt sich auf die Würde des Menschengeschlechtes aus. Sie dehnt sich nicht zuletzt aus, weil der Mensch ein Beziehungswesen ist und seine Freiheit in der Idee einer ursprünglichen Solidarität ermöglicht ist. Denn niemand hat sich

---

[19] Vgl. R. Bruch, Person und Menschenwürde. Ethik im lehrgeschichtlichen Rückblick, Münster 1998, 33.

aus sich selbst. Aber indem ich mir meiner Freiheit aus einer solidarischen Befreiung bewusst werde, beginne ich neu mit der Frage: „Wie frei bin ich wirklich?"

3. Wie frei bin ich wirklich?

Nach einer wichtigen Entscheidung hört man Leute oft sagen: Ich hatte gar keine Wahl. Sie betrachten ihre Entscheidung als durch die Umstände erzwungen. Wenn dies bei Lebensentscheidungen der Fall ist – in welcher Lebensgemeinschaft man lebt, welche Arbeit man ausübt, wofür man sich kontinuierlich einsetzt –, dann würden wir danach fragen, ob diese Bestimmung des Weges durch Umstände und Menschen uns die Freiheit gelassen hat.

Auf der anderen Seite kann es sein, dass wir ein Mehr an Freiheit gar nicht wollen, etwa eine Freiheit aus Lebensbindungen. „Ich war frei, wirklich frei", sagt Erica Jong in ihrem Roman „Angst vorm Fliegen" nach dem Ende einer Beziehung, „es war der schrecklichste Augenblick meines Lebens." Offensichtlich kann man auch mit Entscheidungen, die durch Umstände und Menschen bestimmt sind, einverstanden sein. Freiheit ist nicht nur Loslösung von Bestimmungen, sondern auch Einfügung und Einverständnis.

Aber nehmen uns die neueren Erkenntnisse der Neurobiologie nicht unsere Freiheit, indem sie unser Verhalten als gesteuert betrachten, ohne dass wir über eine Kommandobrücke verfügen, die die Bewegungen unseres Lebensschiffes kontrolliert?

Wir wissen immer mehr darüber, wie unser Gehirn funktioniert. Fast scheint es so, als gebe es eine Entsprechung zwischen der Struktur unseres Gehirns, seiner Regionen, seiner Teile, ihres Netzwerkes und dem, was unser Verhalten ausmacht. Wir weinen nicht mehr, weil wir traurig sind – wir sind traurig, weil wir weinen, so hat es der bekannte Hirnforscher Niels Birbaumer zum Ausdruck gebracht. Gemeint ist damit: In unserer Einbildung kehren wir die Ursache unseres Verhaltens um: der Körper reagiert auf unsere seelischen Zustände, während wir doch in Wirklichkeit durch und durch Körper sind, so dass die Zustände unseres Bewusstseins nur Zustände unseres im Gehirn gespiegelten und gesteuerten Körpers sind.

Sind wir dann noch frei oder nur von den Determinanten gesteuert, die sich, gleichsam unabhängig von unserer Stellungnahme, als ein System der Selbststeuerung herausgebildet haben? Ist das Individuum als kybernetisches System zu sehen, das zwar seine individuellen Besonderheiten hat, die aber gleichsam unkontrolliert aus dem entstehen, was der gehirnliche Reflex unseres Daseins mit den genetischen Vorgaben anrichtet.

Der Mediziner und Ethiker Rudolf Kauzky formuliert das so: „Eine durchgehende Determination allen menschlichen Verhaltens, natürlich nicht nur durch Vererbung, sondern auch durch Umwelteinflüsse, durch Information, Programmierung, Motivation wird … verständlicherweise vielfach als Antithese zur Willensfreiheit verstanden. Der Willensfreiheit wird aber gerade in unserer Zeit von allen geistigen Strömungen ein besonderer Rang als Grundelement menschlicher Würde eingeräumt. Käme sie ins Wanken, würden Verantwortung, Schuld, Strafe, Vergebung fragwürdig."[20]

Man wird zwei Annahmen schwer bestreiten können: erstens, dass der Mensch determiniert ist, und zweitens, dass er dies nicht völlig durchschauen kann. Die Freiheit kann also nicht in einem Punkt außerhalb aller Determination liegen, sondern sie ist in diese eingelagert. Dann wäre der Mensch dazu determiniert, in subjektiver Freiheit zu entscheiden, auch wenn diese Freiheit objektiv eingebunden ist. Wir sind dann Ursprung unserer Entscheidungen und unserer Handlungen, sind es jedoch wiederum nicht.

Es gibt zwei Lösungsmöglichkeiten für diese Schwierigkeit. Die eine besteht darin, dass wir uns im gesellschaftlichen Leben mit subjektiven Antrieben begnügen, um Verantwortung und Zurechenbarkeit zu unterstellen. Gleich, ob determiniert oder nicht: Wir müssen doch entscheiden. Die andere geht davon aus, dass wir die Fähigkeit haben, Determinanten zu erkennen und uns zu ihnen zu verhalten. Freiheit ist dann die Fähigkeit, Determinanten zu erschließen und sich zu ihnen bestätigend oder ablehnend zu verhal-

---

[20] R. Kautzky, Euthanasie und Gottesfrage, Stuttgart 2003, 105.

ten. Dies setzt eine Schulung des Bewusstseins voraus, um möglichst viele Einflüsse transparent zu machen. Die Grenze, an die man dabei gelangt und deren Verschiebung ganze Wissenschaftszweige beschäftigt, hebt die Zuständigkeit für mein Handeln nicht auf. Der Grund dafür ist, dass die Spontaneität meines Willens nicht durch die auf mich einwirkenden Kräfte gefesselt ist. Ist dies dennoch der Fall, reden wir von Krankheit: Es gelingt nicht, die von einem selbst angestrebte Handlungsfähigkeit zu erreichen oder zu erhalten. Wir sprechen dann z. B. von Triebtätern, von schwer depressiven Menschen oder von krankhaften Abhängigkeiten.

Der spontane freie Wille kann zu mir selbst Stellung nehmen und selbst dann, wenn die Willenskraft schwer umsetzbar erscheint, ist der Wille doch erst dann „krank", wenn z. B. eine physische Abhängigkeit von Drogen oder Ähnlichem entsteht. Dass wir von Krankheit mit den Betroffenen sprechen, setzt voraus, dass diese über den spontanen Willen darin verfügen, zwischen Abhängigkeiten und Unabhängigkeiten unterscheiden zu können.

Das Handeln ist eine Schule des Willens. Im Handeln sehe ich, wo die Quelle meines Entschlusses ist. Von daher lerne ich, dass dem Handeln im zielstrebigen und prägnanten Sinne mein Wille vorausgeht. Handlungen dieser Art sind also nicht „unwillkürlich" wie vieles, das wir, unseren Bedürfnissen gehorchend, tun. Handlungen, in denen sich der Wille und sein Entschluss spontan entfalten, sind eigentlich erst ethisch relevante Handlungen. Umgekehrt ist der Wille erst eigentlich ethisch, wenn er sich im Handeln zeigt, denn sonst könnte man von bloßen Anwandlungen des Willens reden, die im Unverbindlichen bleiben.

„Wie sich im Wollen die Gesamtheit der Seelenkräfte zusammenfasst, kann die Selbstbeobachtung zeigen. Um zu wollen und zu handeln, müssen wir uns ‚zusammennehmen', alles, was das Selbst in sich fasst, muss mitwirken; ein Willensentschluss zieht gleich einem in den Wasserspiegel geworfenen Steine seine Kreise durch das ganze Innenleben. Beim Vorstellungslaufe, beim Begehren, bei Gewohnheitshandlungen sind wir partiell, oft sogar mehr leidentlich (passiv) beteiligt, Einfälle kommen, Begierden wandeln uns an, regen sich in uns usw.; in keinem Sinne aber kann man sagen: es will in mir, eine Willensentscheidung kommt mir, vielmehr ist der Träger des Willens der ganze Mensch als selbsttätiger."[21]

Das Selbst als Quelle des Handelns habe ich mit dem Wort „spontan" umschrieben. Denn da in der Freiheit des Willens das Handeln als mit uns selbst identisch zu betrachten ist, ist diese Freiheit auf nichts, das in uns wirkt, zurückzuführen außer auf uns selbst. Wir können hier nicht ausweichen, oder es wirkt so lächerlich wie Adams Rechtfertigung unter dem Paradiesbaum: „Eva gab mir den Apfel."

Damit werden die Antriebe des Menschen nicht geleugnet; vielmehr wird damit gerechnet, dass er so mit ihnen umgehen kann, dass er Determinanten verstärkt oder abschwächt. Ist das Motiv meines Handelns spontan und frei, dann habe ich Antriebe erst zu einem Motiv erhoben. Ich habe sie profiliert, mich mit ihnen identifiziert oder sie abgewehrt und mich von ihnen distanziert.

Freiheit hat keinen anderen Urheber als uns selbst: die Naturgesetze oder die durch Sozialisation internalisierten Zwänge sind nur „Material" der Freiheit. Das heißt nicht, dass sie Wachs in den Händen der Freiheit sind, das sich beliebig formen lässt. Das „Material" setzt der Form Grenzen, aber es dominiert sie nicht. Ethik als Nachdenken über strittige Moral ist möglich, weil wir Gedanken haben können, die zwar von körperlichen Erscheinungen, vor allem im Gehirn, begleitet werden, die aber nicht mit diesen Erscheinungen identisch sind. Das Lösen einer Rechenaufgabe ist nicht mit den Reflexen des Gehirns identisch, die es begleiten. Es gibt nicht nur ein bloßes Reiz-Reaktion-System, in dem wir an Schnüren wie die Marionetten zappeln. Denn wir sind fähig, diese Abhängigkeiten zu reflektieren. Diese Fähigkeit, uns selbst zum Ausdruck zu bringen, reicht über die Summe der Funktionsabläufe hinaus. Wir überschreiten oder „transzendieren" es.

Wir sind jedoch nicht in der Lage, Freiheit zu beweisen. Wir können sie nur plausibel machen. Der Kern der Plausibilität liegt in der völligen Auflösung unseres Selbst, wenn wir es ohne die Konzentration auf Freiheit zu denken versuchen. Dieses Experiment muss scheitern.

---

[21] O. Willmann, Abriss der Philosophie, Freiburg i. Br. 1959, 278.

Um das Eingangsmotiv wieder aufzugreifen: Wenn wir etwa sagen „Ich bin traurig", verstehen wir dies nicht bloß als Stimmung, die über uns kommt. Wir können vielmehr diese Stimmung zum bewussten und von uns frei gestalteten Motiv unseres Handelns machen. Dann erst kann „Trauerarbeit", d.h. Trauer als verantwortliche Handlung, entstehen.

Die Frage „Wie frei bin ich wirklich?" ist daher eigentlich nicht präzise gestellt. Denn sie geht davon aus, dass es ein Ausmaß von Freiheit gäbe, das zwar beschränkt ist, aber doch eine gewisse Reichweite hat. Freiheit ist aber kein unbesetzter Raum in unserem Selbst, sondern eben die Konzentrationsfähigkeit unseres Selbst, in der wir mit den Spielräumen, Antrieben und Auseinandersetzungen in unserem Selbst umgehen. Die eigentliche Frage: „Bin ich wirklich frei?" ist dagegen sinnvoll, weil sie uns dazu verhilft, unsere Motive oder Beweggründe zu reinigen und in dem, was wir wollen und tun, ganz wir selbst zu sein.

4. Beweggründe und Beweisgründe

Mit der britischen Embryonalbiologin Dame Anne McLaren kam ich einmal in den Disput, wann unser menschliches Leben angefangen hat. Ich war der Meinung, mein eigener Anfang sei die vollzogene Befruchtung zwischen Ei- und Samenzelle gewesen, also der Embryo, der Einlass in die Gebärmutter sucht. Meine Gesprächspartnerin war der Meinung, sie habe erst angefangen, als sich in der Gebärmutter nach der Einnistung des Embryos dieser von der Placenta löste. Wir hatten unterschiedliche Beweisgründe für unsere Meinung, blieben freilich resistent gegenüber der Beweisführung des anderen. Für mich ist Menschsein von Anfang an unteilbar und nicht durch eine Entwicklungsstufe zu definieren. Für McLaren hingegen ist der Augenblick entscheidend, wo der Anfang nichts anderes mehr als das daraus entstehende Selbst enthält. Es ist offensichtlich, dass die Einsicht hier von der Gewichtung des Argumentes, nicht allein von seiner Richtigkeit abhängt. Gäbe es ein beide

Argumente zusammenschließendes Drittes, könnte man sich einigen. Das ist hier nicht der Fall.

Daher kommt an der Seite des Beweisgrundes der Beweggrund oder das zureichende Motiv ins Spiel: Warum hat mein Argument für mich dieses Gewicht? Ich sprach hier auch schon von der *Motivationserfahrung*, in der mich etwas unausweichlich erfasst. In einem Gespräch, das über Strittiges geht, aber an der Meinung des anderen interessiert ist, möchte man nicht nur den Beweisgrund des anderen, sondern auch den Beweggrund kennen, warum er ein bestimmtes Argument für so gewichtig hält. In meinem Fall ist der Beweggrund, mit dem menschlichen Lebewesen grundsätzlich vorsichtig umzugehen, um sicher zu sein, dass wir nicht töten; im anderen Falle ist der Beweggrund, die Chancen wahrzunehmen, welche die Forschung bereitstellt, indem man den Anfang des menschlichen Lebewesens mit der Beweislast versieht, ob schon wirklich untrennbare Individualität vorliege.

Ähnliche Gespräche kann es geben, wenn es um gewichtige Überzeugungen geht. Liebe kann man nicht objektiv beweisen. Gott kann man nicht mit Argumenten existent machen. Wieweit Religion in der Politik ins Spiel kommen darf, ist umstritten. Man könnte sich leicht ein Gespräch über die europäische Verfassung vorstellen, in dem der eine Gesprächspartner Gott gerne einbringen würde, der andere jedoch die Grundstrukturen der Politik ohne Religion befestigen möchte. Solche Gespräche laufen oft nach dem Muster ab, dass man die Argumente wechselseitig nicht außer Kraft setzen kann, dass man sie aber unterschiedlich gewichtet. Man hat z. B. auch in den Monaten, in denen ich dies schreibe, oft gehört, dass sich Paare über das muslimische Kopftuch streiten: die Männer für Toleranz, die Frauen gegen ein Unterdrückungssymbol. Offensichtlich hilft es hier der Verständigung, wenn man gemeinsam die unterschiedlichen Motive aufklärt, aus denen heraus man die Argumente, für deren Einsicht es ja kein Hindernis gibt, doch verschieden gewichtet. Die Einsicht in die Argumente ist gemeinsam, das Motiv gewichtet sie verschieden. Oder: Die Motivationserfahrung ist der Schlüssel zur Überzeugung.

Insofern wir in einer freiheitlichen Gesellschaft leben wollen, ist

Freiheit zugleich ein Beweggrund und ein Ziel unseres Handelns. Denn auf der einen Seite haben wir ein wirklich menschliches Motiv: aus Freiheit entscheiden und handeln. Auf der anderen Seite haben wir ein wirklich menschliches Ziel: unsere Freiheit zu erhalten und zu entfalten. Eine freie Handlung darf uns nicht in die Zwänge und Alternativlosigkeiten führen: Sie muss uns durch ihr Ergebnis helfen, auch weiterhin frei zu bleiben. Freiheit will Freiheit. Insofern ist Freiheit auch eine Verpflichtung, sie ist nicht einfach „liberal" im Sinne dessen, dass meine Wahl indifferent gegenüber Normen und Werten ist: Ich kann tun, was ich will und mich kümmert nicht, was am Ziel oder Ergebnis zu kritisieren wäre.

Dieses Missverständnis der Freiheit als ein Motiv, das auch in die Unfreiheit und Abhängigkeit führen kann, wird an einem Beispiel deutlich: Menschen nehmen Drogen, obwohl sie wissen, dass sie von ihnen abhängig werden, dieser Weg also in die Unfreiheit führt. Der Handlungsfähige hingegen versucht, seine Handlungen so auszurichten, dass er handlungsfähig bleibt.

Dass eine Handlung zugleich für sich selbst spricht und andere einschließt, macht die Fähigkeit zur Autonomie aus. Autonomie als freie Selbstverpflichtung heißt, für sich und andere zugleich zu denken: Ich will, was nicht nur mir, sondern allgemein zuträglich ist. Damit öffne ich mich nicht nur für innere Überlegungen, sondern auch für gemeinsame, herrschaftsfreie Diskurse, in denen das Motiv der Freiheit und die Folgen der Freiheit erörtert werden, ohne dass jemand dem anderen seine Macht aufzwingt.

Der Beweggrund und der Beweisgrund der Freiheit kann auch als „Handlungsfähigkeit" verstanden werden. Dieses Motiv und dieses Ziel widerspricht nicht der menschlichen Abhängigkeit von anderen Menschen, z.B. in frei angenommenen oder frei gewählten Lebensgemeinschaften. Denn diese Bindung kann auch als Quelle der Steigerung von Handlungsfähigkeit erfahren werden. Oft ist sie gerade das Kriterium dafür, ob Selbstwerdung und Gemeinschaft miteinander verträglich, ja sogar füreinander produktiv sind.

Nun ist dieses Grundmotiv noch nicht ein Beweisgrund der Richtigkeit meines Handelns.

Mein Motiv kann noch nicht verbürgen, dass das Richtige getan

wird. Das Motiv bestimmt meine Intention, meine „Gesinnung".
„Verantwortung" ist zwar nicht davon zu trennen, aber zu unterscheiden: Verantwortung ohne Gesinnung ist leer, Gesinnung ohne Verantwortung ist blind. Denn Verantwortung ergänzt das Motiv um die Einsicht in die Zusammenhänge, in denen es sich verwirklichen soll.

Ein reines Motiv enthielte noch nicht die Analyse der Wirklichkeit, in welche die Handlung eingebettet ist. In dieser Wirklichkeit sind Kräfte wirksam, die unsere guten Absichten instrumentalisieren und unsere Handlungen benutzen. Haben Handlungen also Folgen, die sie nicht intendiert haben, ist das Bessere der Feind des Guten usw. Dies haben wir schon am Begriff der Verantwortung erörtert. Richtig handeln ist also nicht bloß eine Frage nach den guten Wurzeln und Absichten unseres Handelns, obwohl diese Frage nicht vergessen werden darf, denn der Verzicht auf sie wäre der Verzicht auf die spezifische freie und damit ethische Konzentration des Menschen. Vielmehr ist die Kontrolle der Richtigkeit unseres Handelns eine Kontrolle dessen, was dieses Handeln bewirkt, also seiner Folgen. Dabei brauchen die Folgen auch ein Kriterium der Bewertung, damit wir wissen, ob sie gut oder schlecht, annehmbar oder unannehmbar sind.

Bevor wir uns mit der Frage der eigenen Abwägung des Guten und Richtigen beschäftigen, müssen wir danach fragen, wie in moralischen Diskursen argumentiert wird. Zwischen der inhaltlichen eigenen Entscheidung, die auf dieses Argumentieren selbstverständlich zurückgreift, und der intersubjektiven Argumentation besteht ein Zusammenhang. Dennoch müssen wir beide Aspekte unterschiedlich sehen.

5. Moralisches Argumentieren

Wir hatten das vorige Unterkapitel mit einem Blick auf das moralische Gespräch begonnen und dabei gezeigt, dass die Argumente, die Beweisgründe, nicht alles sind. Aber ohne sie ist alles in der Ethik nichts. Denn man darf sich nicht auf die Beweggründe zurückziehen und sich die Beweisgründe ersparen. Auch in einer Zeit des Pluralismus haben wir viele Gründe, uns über moralische Gesichtspunkte argumentativ zu verständigen, sie zusammenzuführen und ihre Konvergenz zu nutzen. Dies gilt vor allem, wenn Regeln für die Gemeinschaft oder Gesetze für die Gesellschaft aufgestellt werden müssen. Die moralische Gewalt beschränkt sich in einer demokratischen Gesellschaft auf die Erziehung, die mit dieser Gewalt zugleich die Kunst ihrer Rückführung erprobt, um Autonomie möglich zu machen, ferner auf das rechtliche Gewaltmonopol des Staates und auf den Einfluss, den freie und frei gewählte Kräfte ausüben können.

Schließlich gibt es noch die Gewalt der Vernunft, die sich aus der Kunst des Argumentierens und dem Gebrauch einsichtiger Argumente nährt. Diese „Gewalt" ist aber nicht gewalttätig, da sie eine Überzeugung nur dauerhaft verändern kann, wenn sich aus der Vernunft auch der eigene, autonome Veränderungswille ergibt.

An das moralische Argumentieren werden moralische und logische Ansprüche gestellt. Die moralischen Ansprüche lassen sich am besten in der Fairness zusammenfassen. Die Fairness des Argumentierens wird durch Offenlegung der Interessen, durch die Transparenz des Vorgehens, durch die Einsicht in die Umstände, durch den Verzicht auf Finten und Tricks und durch die Bereitschaft erreicht, die Argumente des anderen so aufzugreifen und zu beschreiben, dass sich der andere darin wiedererkennt. Wir alle haben die Vorstellung von einer idealen, sachbezogenen und die beteiligten Personen respektierenden Auseinandersetzung. Diese Vorstellung speist sich oft aus der Kontrasterfahrung, dass die konkreten Diskussionen nicht so ablaufen. Man braucht nur die Polit-Talkshow-Veranstaltungen im Fernsehen einzuschalten, um zu wissen, dass „fair" hier nicht die Vorfahrt hat.

Aber auch in der Verletzung der Regeln des fairen Argumentierens wird uns die Notwendigkeit bewusst, bei der öffentlichen Stärkung der eigenen Moralargumente die gleichen Regeln an die Methode, sie vorzubringen, anzulegen, die wir für richtig halten, um diese Argumente für moralisch gewichtig zu halten. Die Entsprechung zwischen moralischen Werten im Argument und moralischer Bewertung des Argumentes ist die faire moralische Macht: die Macht persönlicher moralischer Integrität. Das damit gewonnene Vertrauen kann freilich durch Nachlässigkeit im Anspruch schnell verspielt werden, zumal, wenn man es einsetzt, um ein zweifelhaftes Manöver zu fahren.

Neben dem moralischen Anspruch an das moralische Argumentieren ist der logische Anspruch wichtig. Für die Logik der Moral gilt Wahrung ihrer Besonderheit: Sie hat es mit dem zu tun, was wir sollen, nicht mit dem, was faktisch ist. Die normative Kraft des Faktischen ist kein moralisches Argument. Das, was ist, hat nicht bewiesen, dass es auch so sein soll. Wäre mit dem „ist" auch das „soll" bewiesen, bräuchte man ja keine Ethik als Nachdenklichkeit über Moral – man könnte sie an die empirischen Wissenschaften abtreten. Diese sind auch für die Moral gewichtig, weil, um zu wissen, was man soll, es notwendig ist, zu wissen, was der Fall ist, sonst bleibt die moralische Norm im Elfenbeinturm der Gedanken.

Es wäre aber auch nicht sinnvoll, moralische Argumente danach zu werten, wo sie herkommen und wer sie vorbringt. Man darf nicht von der Entstehung eines Argumentes auf seine Gültigkeit oder Ungültigkeit schließen. Die Neigung, ein Argument über die Diffamierung des Gegners abzuschießen, gehört zu den Erfahrungen, die wir in den „unmoralischen" Lernprozessen beschrieben haben. Sie hat etwas mit Macht und Durchsetzung, nicht aber mit moralischer Kompetenz zu tun.

Dies setzt sich darin fort, dass man auch nicht aus den Motiven, die man hinter einem Argument vermutet, auf dessen Gültigkeit schließen sollte. Motive zu verdächtigen ist zwar sehr üblich (und oft auch zutreffend), aber von den guten oder bösen Motiven kann man nicht auf die logische Richtigkeit eines Argumentes schließen. Wenn man dies tut, begeht man einen Fehlschluss. (Ich nenne ihn den motivationalen Fehlschluss.) Wenn wir auf das Eingangsbeispiel des vorigen Unterkapitels zurückblicken: das Argument, ich sei von der Vereinigung der Ei- mit der Samenzelle an ein Mensch gewesen, verliert nicht durch das Motiv, ich wolle das Leben schützen, seine Beweisgründe. Denn ich kann ja solche Gründe anführen, etwa dass meine genetisch bedingten Vorzüge und Schwächen bereits in dem Embryo vor seiner Einnistung in die Gebärmutter vorhanden waren. Das Motiv bestimmt nur, welches Argument gern gebraucht wird und wie es gewichtet wird. Aber es klärt nicht darüber auf, ob ein Argument falsch ist. Der Beweggrund ist, wie wir bereits dargestellt haben, vom Beweisgrund zu unterscheiden. Dadurch verliert er nicht an Bedeutung: Es kann auch einen Austausch und einen Dialog über Beweggründe geben, die ebenso wichtig sind. Dieser Austausch geschieht freilich dadurch, dass man einander erzählt, aus welchen Gründen man besonderen Zugang zu welchen Argumenten hat. Die Argumente als solche werden dadurch jedoch weder richtig noch falsch. Die beliebte Diskriminierung eines Argumentes aufgrund unterstellter Motive oder der Verdächtigung seiner Herkunft wird damit entlarvt.

Die Diskriminierung eines Argumentes aufgrund seiner Herkunft („Genese") nennen wir den genetischen Fehlschluss. Napoleon hat ein Gesetzbuch geschaffen, das ein Meilenstein der bürgerlichen Freiheit war. Aber Napoleon war ein Tyrann. Also kann sein Gesetzbuch nichts taugen. Solche Fehlschlüsse sind im engagierten Gespräch häufig. Vom Argument kommt man auf die Kompetenz dessen, der es vorbringt. Indem man diese zersetzt, meint man, das Argument widerlegt zu haben („Du hast ja keine Ahnung").

Wir haben schon darauf hingewiesen (vgl. Kap. I, 2), dass der Zweck nicht die Mittel heiligt. Die Gewohnheit, abscheuliche Methoden mit hehren Zielen zu rechtfertigen, ist so alt wie die geschriebene Kultur. Dieses Problem tritt auch dort auf, wo über der Höhe eines Zieles oder Wertes die Dringlichkeit eines anderen Zieles oder Wertes übersehen wird, der vielleicht nicht so gewichtig wäre, stünde man nicht vor dem Problem, dass es ohne nicht weitergeht. So sind menschenrechtliche Ziele gewiss gewichtiger als wirtschaftliche Ziele und Werte, aber es kann sein, dass die wirtschaftliche Verbindung der dringlichere Weg ist, um zu höheren Zielen zu gelangen, als die abstrakte Anprangerung des Mangels an Menschenrechten, welche die Situation verhärtet. Oft ist es gerade das Bündnis zwischen hehren Zielen (z.B. Aufhebung der Sklaverei) und neuer Wirtschaft (z.B. der Industriekultur), das das moralische Ziel erreicht, das man vorher für unerreichbar hielt.

Gewiss muss man mit solchen Gedanken abgewogen, d.h. mit moralischer Klugheit umgehen, damit sie einen nicht in einen übelriechenden Sumpf ziehen, wo man nur noch die Dringlichkeit sieht, Untiefen und Gestank zu überwinden. Wer tief im Dreck steckt, dem schwindet die Erhabenheit des Höheren. Dafür darf man Verständnis, aber nicht zu viel Verständnis aufbringen. Die Höhe der Vision ist ebenso wichtig wie die Dringlichkeit der Strategie (vgl. Kap. VI).

Um die Fehlschlüsse und Irrtümer zu rekapitulieren: Es gibt den empirischen Fehlschluss vom „Ist" auf das „Soll", den genetischen Fehlschluss vom „Woher" auf richtig oder falsch, den motivationalen Fehlschluss vom Beweggrund auf die Richtigkeit des Beweisgrundes, den Fehlschluss von der Höhe auf die Dringlichkeit eines Wertes (umgekehrt wäre die Verwechselung der Dringlichkeit mit der Höhe eines Wertes problematisch) und schließlich den Fehlschluss, man müsse an die Mittel nicht die gleichen Kriterien anlegen wie an die Ziele.

Darüber hinaus kann man auch das moralisch Wünschenswerte dazu benutzen, die Wirklichkeit so wiederzugeben, dass sie sich diesem Wunsche anpasst. Z. B. ist es moralisch wünschenswert, dass kein Arzt einen Patienten tötet. Entnimmt er ihm also ein lebenswichtiges Organ, muss der Patient tot sein. Muss dann der Tod an der Stelle eintreten, wo man ihn braucht? Auf der anderen Seite gibt es aber durchaus die Situation, in der ein Arzt tötet: Beim so genannten „Fetozid" wird ein Foetus im Mutterleib getötet, um einen Abbruch zu ermöglichen, weil es sonst zu einer Geburt käme, oder bei der Mehrlingsreduktion im Mutterleib, etwa bei einer zu gut geglückten In-vitro-Fertilisation, geht es auch um Tötung usw. Man fragt sich, inwiefern es moralisch kohärent ist, dass man in einem Fall das Tötungsverbot so hoch, im anderen so niedrig hängt.

Wertungswidersprüche sind im moralischen Argumentieren nicht selten, da sie de facto etabliert sind. Die faktische Welt ist nicht die Welt der moralischen Logik. Ebensowenig sollte eine fiktive Welt die alles entscheidende normative Kraft sein.

Man darf auch nicht damit rechnen, dass unsere faktischen Rechtszustände in ihrer moralischen Logik einheitlich und kohärent sind. Man sollte dementsprechend versuchen, daraus nachträglich eine Kohärenz zu konstruieren, statt sie an der Stelle zu korrigieren, wo ein

Wertungswiderspruch oder ein Widerspruch zu Verfassungsgrundsätzen zum ersten Mal aufgetreten ist. Korrigiert man mit Hilfe des Wertungswiderspruchs zu ungunsten bisher behaupteter Werte, handelt man wie jemand, der behauptet: Wer A sagt, muss auch B sagen! Damit wird die Frage nach der Richtigkeit von A aus dem Verkehr gezogen. Dies ist die beste Methode, um auf die schiefe Bahn zu geraten.

Moralisches Argumentieren hilft weiter, wenn es um gemeinsame Herausforderungen und Lösungen geht. Es entspricht dem fairen und offenen gesellschaftlichen Diskurs. Aber manche moralischen Fragen müssen wir mit uns selbst abmachen. Wir müssen uns entscheiden. Wir müssen fallweise urteilen, je nach den Umständen, nach der Situation und nach der Einsicht.

6. Was ist eigentlich richtig? – Kasuistik, Situationsethik, moralische Entscheidung

Auf dem Bahnsteig der Berliner U-Bahn verkauft ein junger Mann Fahrscheine, die schon gebraucht, aber noch gültig sind. Er lässt sich diese Fahrscheine von Fahrgästen schenken, die für eine bestimmte Zeit, mit bestimmter Reichweite und mit bestimmter Umsteigequote mit diesem Fahrschein unterwegs sein können, dies aber nicht ausnutzen. Gegen die Zahlung von einem Euro verkauft er Fahrscheine, die ursprünglich 2,20 Euro gekostet haben, für ihn aber kostenlos sind. Ähnliches kann man auch in anderen Städten bei U- und S-Bahnen beobachten.

Würden Sie Ihren Fahrschein dem jungen Mann abgeben, statt ihn wegzuwerfen? Würden Sie 1,20 Euro durch den Kauf bei dem jungen Mann einsparen?

Vermutlich wissen viele Passagiere rechtlich nicht Bescheid. Wenn sie sich erkundigen, werden sie erfahren, dass ein solcher Fahrschein nicht übertragbar ist. Wer also damit handelt, so oder so, macht sich strafbar. Nun kann man auf verschiedene Weise darüber nachdenken und eine begründete Position suchen:

A sagt vielleicht, dass er grundsätzlich nichts Rechtswidriges tue und deshalb den Fahrschein nicht kaufe, den Vorteil für sich nicht in Anspruch nehme und dem jungen Mann den Verdienst nicht geben könne. Damit ist die Sache für ihn erledigt. Gesetze muss man einhalten. Man könnte noch fragen, ob sein Motiv Angst vor äußeren Sanktionen oder innere moralische Überzeugung ist.

B sagt vielleicht, das sei doch eine Bagatelle. Es sei, wie wenn die Ampel an einer unbefahrenen Kreuzung auf „Hellrot" stehe – da gehe man doch hinüber. Gesetze müsse man zwar generell einhalten, aber eine Schwalbe mache noch keinen Sommer und eine Abweichung noch keinen Bruch mit Gesetz und Ordnung.

C meint vielleicht, alles hänge von den Umständen ab und davon z. B., ob einem der junge Mann sympathisch sei oder Mitleid erwecke. Schließlich handle man spontan, aus dem Gefühl heraus, und man müsse nicht alles moralisch berechnen.

Darüber kann man eine Diskussion anfangen. Doch würden B und C sicher zugestehen, wenn man halt erwischt werde, dann müsse man das in Kauf nehmen. Nicht alles, was gegen die Ordnung sei, sei jedoch gegen die persönliche Moral.

In der Tat, hier muss man eine Bandbreite von Einstellungen zugestehen, solange sich an der Option, Gesetze einzuhalten, nichts ändert. Der Weg in diese Richtung ist jedoch möglicherweise mit vielen kleinen Entscheidungen gepflastert, die für sich genommen noch moralisch tolerabel erscheinen, deren Häufung jedoch eine positive Einstellung zum Gesetz unglaubwürdig macht.

Man könnte hier weitere Geschichten einbringen. So erzählte der amerikanische Situationsethiker Fletcher die Geschichte von dem Mann, der abends seinen Hund ausführt und dem seine Frau einen eiligen Brief mitgibt, um ihn bei der Post einzuwerfen. Der Mann spaziert, verliert sich in Gedanken und vergisst den Brief. An der Haustür empfängt ihn seine Frau mit der Frage, ob er den Brief eingeworfen habe. Er antwortet „Ja" mit dem festen Entschluss, den Brief am Morgen beim Weg zur Arbeit einzuwerfen oder etwa nochmals mit dem Hund herauszugehen, sich Zigaretten zu besorgen oder Ähnliches. Er vermeidet damit eine häusliche Szene (andernfalls würde er sein Vergessen eingestehen können). Die Liebe, meint hier Fletcher, der Situationsethiker, sei wichtiger als die reine Wahrheit. Nun ist das eine Einstellung, die sich überprüfen lässt, z. B. bei der Frage, ob man

Todkranken die Wahrheit sagen soll. Oft wird man sich nach den Folgen fragen müssen: Wird es zur Gewohnheit, zur Notlüge, zur Teilwahrheit, zum Verschweigen der nachgefragten Wahrheit zu greifen, dann wird aus der einzelnen Problemlösung eine Haltung. Situationsethiker rechnen nicht mit schlechten Angewohnheiten und übersehen gern, z. B. im Briefbeispiel, dass schon etwas faul ist, wenn man in einer Beziehung nicht riskiert, die Wahrheit zu sagen.

Einzelfallbezogen („kasuistisch" von „Casus", lat. der Einzelfall), situationsbezogen und „aus dem Bauch heraus" zu urteilen und zu entscheiden, kann jedenfalls nicht genügen. Und doch ist es sinnvoll, den Einzelfall nicht einfach unter die Regel zu stellen. Das können wir auch in den Extremfällen unserer Grammatik nicht tun – die Ausnahmen bestätigen die Regel. Man darf jedoch, um es noch einmal warnend zu sagen, nicht aus der Ausnahme eine Regel machen. Eine ehrliche Selbstüberprüfung wird einem schnell zeigen, ob man nur gelegentlich mit einem guten Grund trinkt oder ob man bereits ein Alkoholiker ist.

Manche moralischen Fragen sind in der Tat schwierig zu beantworten, wie z. B. die Frage der Wahrheit in Extremsituationen, die wir bereits gestellt haben (vgl. Kap. II, 4). Hier wird deutlich, dass wir Räume für konkrete Entscheidungen brauchen, die nicht total durch Regeln präjudiziert sind, die wir aber ohne Einsicht in diese Regeln nicht fällen können.

Ein anderes Beispiel aus dem Alltag kann dies deutlich machen: In einer Familie werden nacheinander alle grippekrank. Nun stellt sich die Frage, wie man mit der ansteckenden Grippe umgeht. Natürlich will man den Virus nicht ausbreiten. Aber wenn er einen nicht mit Gewalt ans Bett fesselt, wohin man möglicherweise aus vernünftigen medizinischen Gründen gehört, bestehen die Aufgaben weiter, die man sich gestellt hat oder deren Erledigung andere von einem erwarten. Das hat früher dazu geführt, dass aktive Hausfrauen, von deren zentraler Familienrolle alles abhing, nie einen Tag im Bett verbrachten. Man musste sie schon in die Klinik einliefern.

Aber man muss als Lehrerin in die Schule, als Wissenschaftlerin zu einem Vortrag, mit dem Flugzeug zu einer wichtigen Sitzung … Schon stellt sich die Frage: Darf ich das Risiko eingehen, u. U. mich selbst zu schädigen und dann noch andere anzustecken, im Raum, im Zug, im Flugzeug oder muss ich es in Kauf nehmen, um eine Aufgabe zu erledigen, von der ich überzeugt bin, dass sie für andere Menschen wichtig ist? An diesem Beispiel sieht man deutlich, dass es darauf keine übergreifende Antwort gibt, sondern dass man die Kunst der Abwägung beherrschen muss.

Das Problem besteht aber darin, dass man das Ergebnis einer Abwägung im Nachhinein falsch finden kann, weil das eingetreten ist, was man vorher so nicht berechnet oder in seiner Wirkung eingeschätzt hat. Jedem Menschen sind solche Situationen bekannt. Sie erzeugen Ärger und schlechtes Gewissen. Wie kann man sich da helfen? Es erscheint als einsichtig, dass man entlastet ist, wenn man vorher gute Gründe aufführen konnte, die nach der Rationalisierung der Alternativen zu der Priorität führten, nach der man gehandelt hat. Dass man sich getäuscht hat, ist keine subjektive Schuld, wenn auch unter Umständen eine objektive Fehlleistung. Schuld und Urteilsfehler sind jedoch nicht das Gleiche.

Deshalb genügt es, nach bestem Wissen und Gewissen zu handeln und sich mit seinem eigenen, fehlerfähigen und endlichen Wesen zu versöhnen (vgl. Kap. VII).

7. Phantasie – Ausweg aus moralischen Engpässen

Die Hauptarbeit einer Tiefbaufirma besteht in Grundwasserabsenkungen für Wohngebiete und Geschäftsbauten. Nachdem aus ökologischen Gründen immer weniger Grundwasserabsenkungen genehmigt werden, werden Aufträge im Ausland gesucht. Ein Scheich in der Wüste meldet sich und möchte eine Grundwasserabsenkung für sein Wohngelände. Natürlich ist ein solcher Auftrag sinnlos. Man wird kaum ein Motiv dafür finden außer der absurden Idee, letzte technische Errungenschaften auszuprobieren. Ist es richtig, einen solchen sinnwidrigen Auftrag anzunehmen, weil er Einkommen, Produktivität und Arbeitsplätze sichert?

Der Ausweg liegt auf der Hand: Die Firma versteht sich auch auf Grundwasserhebungen – das ist dann das Angebot, das dem Scheich einleuchten soll. Man könnte meinen, dieses Beispiel sei erfunden. Ich habe es aber von der Firma selbst gehört.

Es kommt also oft darauf an, dass man einen Einfall hat, der aus einem Dilemma herausführt. Er liegt nicht immer auf der Hand. Dazu braucht man Phantasie und sollte sie üben. Man spricht auch von „lateralem" Denken, wenn es darum geht, nicht bloß auf ausgetretenen Pfaden zu gehen, sondern Seiten-, Umwege und Abkürzungen zu erkunden. Es gibt Talente und Kompetenzen, die nicht unmittelbar mit Moral zu tun haben, aber der Moral sehr dienlich sein können. Einfallsreichtum gehört dazu: Z.B. jemanden dazu zu bringen, die Frage nicht zu stellen, die man ungern beantworten würde, aber deren Beantwortung man sich kaum entziehen könnte. Einfallsreichtum erspart unbequeme Wahrheiten und unangenehme Lügen. Phantasie hilft der moralischen Klugheit ebenso wie die Klarheit des Denkens. Die alte Tugend der Klugheit kommt hier zum Einsatz. Weil es sich um die Fähigkeit handelt, nicht nur vorwärts und rückwärts zu blicken, spricht man auch von Umsicht. Der Umsichtige hat keine Scheuklappen angelegt und ist sensibel für Kontexte, Nebentöne und Farbschattierungen.

Dazu eine Geschichte aus der Zeit der Schuldgefängnisse:

Ein Kaufmann ist bei einem Wucherer tief verschuldet. Dieser möchte ihn ins Schuldgefängnis werfen lassen, wenn er ihm nicht seine hübsche Tochter zur Frau gibt. Diese ist in dem Dilemma, dass sie ihrem Vater helfen, aber den Wucherer nicht heiraten will. Während der Verhandlung schreiten die drei über einen Parkweg, der mit weißen und schwarzen Kieseln belegt ist. Der Wucherer bückt sich, nimmt zwei Steine, einen in jede Hand, und sagt, das Mädchen solle eine Hand wählen: enthalte sie den weißen Stein, sei der Vater schuldfrei und sie ledig, enthalte sie aber den schwarzen, dann müsse sie ihn heiraten. Das Mädchen, durch die Not scharfsichtig gemacht, hat gesehen, dass der Wucherer zwei schwarze Steine aufnahm. Den Betrug aufzudecken, würde wenig bringen, und nur den Ausgangsdruck wiederherstellen. So lässt sich das Mädchen einen Stein geben, stellt sich tollpatschig, so dass dieser zu Boden fällt.

Aber, so sagt sie, an der Farbe des Steins in der anderen Hand sei ja leicht zu erkennen, welche Farbe ihr Stein gehabt habe.[22]

Das Mädchen hat einen Ausweg gefunden, indem es den Wucherer in seine eigene Falle tappen ließ. Diese Methode gegenüber Gewalt und Betrug wird körperlich im Sport dort geübt, wo die Wucht eines Angriffes, wie bei Judo und ähnlichen Sportarten, dazu benutzt wird, den Angreifer zu Fall zu bringen. Das ist auch die Schule des moralischen Auswegs, wenn es sich um Zwänge handelt, die einem scheinbar wenig Handlungsspielraum geben.

Solche Zwänge gibt es in einer Gesellschaft oft, wenn die Ressourcen knapp werden und notwendige (Sozial-)Leistungen nicht mehr als bezahlbar erscheinen. Der Verstand versucht dann, die knappen Ressourcen zum Maßstab aller Regeln zu machen. Die Leistungen müssen verringert werden. Da gibt es verschiedene Möglichkeiten: Alle bekommen weniger; nur wenige bekommen, was sie brauchen; man sucht danach, wie man eine Skala aufstellen kann, an deren Spitze das Notwendige für alle steht, die entsprechend bedürftig sind. Jeder wird einsehen, dass diese Priorisierung der einfallsreichere, aber auch der moralischere Weg ist. Doch man kann noch einen Schritt darüber hinausgehen, indem man über den Engpass selbst nachdenkt. Das bedeutet, dass man die Ressourcen zu verbessern oder zu erweitern versucht.

Sind Beiträge die Ressourcen und eine Beitragserhöhung wäre eine unangemessene Last, müssen z. B. günstige Dienstleistungen in Anspruch genommen werden, etwa über Praktika und Ehrenämter. Dabei muss man zugleich versuchen, möglichst viel Professionalität zu erhalten. Unter Umständen kann man durch Umlagen vor Ort erreichen, dass die Allgemeinheit von größeren Auslagen teilweise befreit wird. Die Kunst der Verteilung begrenzter Mittel ist eine phantasievolle, aber auch intelligente Aufgabe, um mit Engpässen

---

[22] Vgl. E. de Bono, Das spielerische Denken, Bern / München 1968, 9 f. Und dazu: D. Mieth / I. Mieth, Vorbild oder Modell. Geschichten und Überlegungen zur narrativen Ethik, in: Dietmar Mieth (Hg.), Moral und Erfahrung I, Freiburg/Schw./Freiburg i. Br. 1999, 110–119.

umzugehen, die sonst zu moralischen Absurditäten führen, z. B. indem man das Alter und nicht die medizinische Erfolgsaussicht zum Kriterium von Therapien macht.

Die Phantasie ist auch dort besonders gefragt, wo das Dilemma darin besteht, den richtigen Kompromiss, d. h. die Teilverwirklichung der eigenen, berechtigten Interessen auf zwei oder mehr Seiten zu finden. Denn hier handelt es sich um einen Tausch: Einschränkung wird gegen Einschränkung und Teilerfolg wird gegen Teilerfolg getauscht. So kann z. B. der Handel um die Sicherheit des Arbeitsplatzes einerseits und um das Einstellungsrisiko des Arbeitgebers andererseits gehen. Der Arbeitslose wird eher bereit sein, eine geringere Sicherheit in Kauf zu nehmen, damit er eingestellt wird. Derjenige, der einen Arbeitsplatz hat, wird diesen auf die beste Weise sicherstellen wollen. Freilich muss die Voraussetzung des Tausches ebenfalls untersucht werden: Wie berechtigt ist der Arbeitgeberwunsch nach leichter kündbaren Arbeitsplätzen bzw. danach, das Risiko des Betriebes durch Flexibilität der Einstellung abzufedern? Angesichts des großen Drucks der globalisierten Wirtschaft, d. h. in diesem Fall vor allem Deregulierungsdruck, ist der politische Handlungsspielraum oft nicht viel größer als der des Mädchens bei dem Wucherer. Umso mehr ist nach der Ausweitung der Handlungsspielräume gefragt und nach phantasievollen Lösungen, die sich nicht nur auf eingefahrenen Wegen aufhalten.

Nicht immer geht es aber um die Lösung des Einzelfalles. Vieles, was wir erleben und worin wir uns moralisch behaupten oder ändern müssen, hängt nicht von unseren Einfällen, sondern von der Stabilität unserer Haltungen ab. Mit diesen Haltungen, in der Ethik auch Tugenden genannt, gehen wir gleichartige Herausforderungen auf die gleiche Weise an. Diese Haltungen haben eine große allgemeine Reichweite, und sie führen in den Bereich dessen, was wir für selbstverständlich halten, obwohl es keineswegs immer selbstverständlich ist.

IV. Modelle des guten Lebens[23]

Wer ethisch ansprechbar ist, der will gut und richtig leben: für sich selbst, in seinen Beziehungen und in seinen beruflichen sowie bürgerlichen Verantwortungsbereichen.

Diese Optionen sind unterscheidbar, aber oft nicht trennbar. Die Wege zwischen privater und öffentlicher Verantwortung kreuzen sich schließlich in einer Person. Deshalb fragt diese Person nach ihrer eigenen moralischen Identität im Schnittpunkt der Anforderungen, die sie anerkennen muss, weil sie sonst nur schwer Lebensziele, welche auch immer, verwirklichen könnte. Diese moralische Identität entfaltet sich in Haltungen, die unsere Einstellung verbindlich bestimmen, d.h. in Tugenden, in Formen der Lebenskunst und in der Suche nach den spezifischen Wegen, auf denen das eigene Leben gelingen und glücken kann.

1. Tugenden: verbindliche Einstellungen zum guten Leben[24]

Je mehr die Frage nach dem guten Leben durch die technische Herstellung von Gütern kompensiert zu sein scheint, umso weniger

---

[23] Vgl. P. Ricoeur, Über das Selbst als ein Anderer. Fragen und Antworten, in: A. Breitling / S. Orth / B. Schaaf (Hg.), Das herausgeforderte Selbst, Würzburg 1999, 203–207. T. Laubach, Lebensführung, Frankfurt/M. 1999; ders. (Hg.), Ethik und Identität, Tübingen / Basel 1998; H. Haker, Moralische Identität, Tübingen 1999; A. van Harskamp / A. W. Musschenga (eds.), The Many Faces of Individualism, Leuven / Paris u. a. 2001.

[24] Vgl. A. MacIntyre, Der Verlust der Tugend („After Virtue"), Frankfurt/M. 1987; D. Mieth, Die neuen Tugenden. Ein ethischer Entwurf, Düsseldorf 1984. Entgegen H. Krämer, Integrative Ethik, Frankfurt/M. 1992, bin ich der Meinung, dass man nicht erst das individuell Ethische vom Sozialmoralischen abtrennen und dann die Tugendlehre der Sozialmoral zuordnen kann. Obwohl die Tugend durchaus auch den Charakter des sozialen Musters hat, steht sie doch im Raum der individuellen Eigenheit in der Suche nach dem guten Leben.

scheint eine moralische Initiative nötig, um sein eigenes Glück zu finden. Das Vertrauen in den Fortschritt, in die Planbarkeit der Befriedigung von Wünschen, in die Leistungsfähigkeit des ökonomischen Wachstums scheint solche Initiativen eher zu lähmen. Aber wenn dieses Vertrauen erschüttert ist, keimt die Frage nach dem eigenen moralischen Beitrag zum menschlichen Glücken wieder auf.

Diese Frage begegnet der Orientierungssuche für die besten Wege in unserem eigenen Leben.

Menschen brauchen „Haltungsbilder" (Ernst Bloch), um sich daran orientieren zu können. Das sind nicht einfach Vorbilder, die eins zu eins nachzuahmen sind. Das geht auch nicht auf Kommando. Solche Einstellungen muss man selbst entwickeln können, so, wie man wählt, für was man sich im Leben einsetzt und wie man werden will. Haltungsbilder sind deshalb keine Abziehbilder, sondern aufregende Wegweiser dafür, den eigenen Weg in produktiver und konstruktiver Auseinandersetzung mit Modellen des guten Lebens zu finden.

Für solche Haltungsbilder oder verbindliche Einstellungen zum guten Leben gibt es eine Tradition, die Tradition der Tugendlehren. Denn sie bilden sich nicht nur in Biographien heraus, sondern auch in Sozialgeschichten, nicht nur in einzelnen Größen, sondern auch in Gesellschaften. Tugenden sind nicht nur innere Antriebskräfte in den betroffenen Menschen, sondern sie entfalten auch ihre Anziehungskraft aus dem sozialen Druck, mit dem sie vermittelt werden. Sie sind in der Geschichte nicht beliebig. Deshalb verfestigen sie sich zu einem „Set" von Haltungen, die zusammengehören und gemeinsam auftreten. Dieses Set wird durch Erziehung weitergegeben. Ideologien, Religionen und Morallehren arbeiten daran, den Alltag damit zu durchwirken und Stresssituationen damit zu meistern. Es ist oft wichtig zu wissen, woher sie stammen, wer sie vorgibt und was damit bezweckt wird. Das heißt, man muss mit Haltungsbildern kritisch umgehen und soll darüber mit anderen streiten können.

Die Überlieferung spricht von „Kardinaltugenden" (von „cardo", die Türangel), d.h. von Klugheit, Gerechtigkeit, Tapferkeit und Maß als entscheidenden Grundgestalten. Sie hält dafür verschiedene Auslegungen bereit. Denn es bleibt strittig, was wirklich klug, was wirklich gerecht, tapfer und maßvoll ist. Aber man war der

Meinung, dass dieser Streit sich lohnt. Von Thomas von Aquin bis Immanuel Kant sprach man von den Tugenden als einem Gliederungssystem dessen, was moralisch gut und richtig ist. Thomas meinte damit geübte moralische Gewohnheiten; Kant meinte Einsichten in die grundsätzlichen Pflichten.

Das System der Kardinaltugenden galt als ein allgemeines System der Humanität. Dieses System lässt sich für die heutige Zeit übersetzen: von der praktischen Klugheit etwa als Verbindung von intellektueller Einsicht, Übersicht und Umsicht sprachen wir schon. Gerechtigkeit hat derzeit als Thema der richtigen Einrichtung des Staates, der Völkergemeinschaft, aber auch der Sozialleistungen und Verteilungsstrategien einen wahren Boom in der philosophischen Literatur. Tapferkeit trat im letzten Jahrhundert eine neue Karriere als Zivilcourage an. Und die Politiker reden gern vom Augenmaß, mit dem sie ihre Entscheidungen zu treffen haben. Hier hat sich die Bedeutung vom maßvollen Leben, vor allem im Bereich der Bedürfnisse, Wünsche und Leidenschaften, auf die Balance verschoben, die es zwischen verschiedenen Extremen zu finden gilt.

Daneben gab es Tugendsysteme, die sich aufgrund besonderer Aufgaben für so genannte Stände herausbildeten: das ritterliche Tugendsystem (Ehre, Maß, Großzügigkeit, Treue), das bürgerliche Tugendsystem (Leistung, Prestige, Redlichkeit, Verlässlichkeit), das Arbeiterethos (insbesondere die Solidarität), die besonderen christlichen Tugenden: Glaube, Liebe und Hoffnung.[25]

Die individuelle Seite der Tugenden, d. h. die Schwerpunkte, für die ich mich für mich selbst entscheide und die ich lebe, ist stets durch sozial präformierte Haltungsbilder beeinflusst. Vor fünfzig Jahren galten als Schülertugenden – ich erinnere mich gut – „Anstand, Ordnung und Sauberkeit". Vermutlich würden Pädagogen heute andere Muster wählen. Ein Vorschlag wäre dabei „Autonomie, Kooperationsfähigkeit und Konfliktfähigkeit". Denn die Gesellschaft braucht selbstbestimmte Menschen, die miteinander kooperieren und Konflikte durchstehen können.

Tugenden, die der Einzelne für sein Leben wählt, sollen aber,

---

[25] Vgl. M. Ossowska, Gesellschaft und Moral, Düsseldorf 1971.

trotz aller sozialen Vermittlung, eine individuelle Angelegenheit sein. Aber auch das Recht und die Gesetze sollen klug, gerecht, mutig und maßvoll gemacht werden. Deshalb sind die Tugenden auch Brücken zwischen dem Individuellen und dem Sozialen. Der Gerechtigkeitstheoretiker John Rawls nennt daher Gerechtigkeit auch „eine Tugend sozialer Institutionen". Auch die „Werte", die wir annehmen und hochhalten, betreffen nicht nur unsere persönliche Lebensführung, sondern auch das soziale Leben. Werte, die allgemein anerkannt sind, sollen den Gesetzen, die wir machen, einen Sitz im Leben der Menschen verschaffen. Ohne diese Verankerung sind sie zwar auch gültig, aber nicht in Geltung; die Menschen weichen ihnen aus, wo sie können.

Tugenden bedürfen der zeitgemäßen Erneuerung. Ist in den Kardinaltugenden alles umfasst, was wir unter heutigen Voraussetzungen ins Zentrum stellen würden? Man muss sie nicht nur neu verstehen, sondern sie auch ergänzen: z. B. um Friedensbereitschaft, um Einfühlungsvermögen in das Leid anderer (Compassion) und um Nachhaltigkeit im Umgang mit der ökologischen Welt. Compassion ist hier im Sinne der Solidarität mit den Benachteiligten, Leidenden (und auch den Schuldigen!) zu verstehen (vgl. Kap. VI, 3). Sie darf nicht auf eine „Gefühlssache" („Mitleid" in diesem Sinne) abgeschoben werden. Wir sprechen von der Solidarität und von einer solidarischen Gesellschaft – könnten wir das, ohne dass Haltungsbilder damit verbunden sind, die den Menschen in einer starken sozialen Beziehung und in einer starken Verantwortung für andere sehen?

Tugenden sind keine Normen, auch wenn Normen auf dem Grund der moralischen Einstellungen besonders gut gedeihen können. Werte, die in Haltungsbildern oder Tugenden oder in Modellen des guten Lebens ausgedrückt sind, sind der Nährboden für die Gesetze der Gesellschaft: auf diesem Boden entstehen sie, darauf gedeihen sie, mit der Erschöpfung dieser Werte gehen sie zugrunde.

Man kann darüber streiten, ob verbindliche Einstellungen oder Tugenden die soziale Verankerung des individuellen Lebens darstellen oder ob sie die individuelle Note im sozialen Gefüge sein können. Ich meine freilich: Sie sind beides. Es gibt keinen individuellen moralischen Lebensstil, keine eigene moralische Identität, die nicht mit anderen Mustern verwoben wäre. Auf der anderen Seite gibt es durchaus authentische und originelle Formen, individuelle Moral zu entwickeln. Denn man kann den Schwerpunkt nicht bei allen plausiblen Tugenden zugleich setzen. Die Eignung spielt auch eine Rolle. Zugleich spielt es eine Rolle, welche Züge der eigenen Eignung man verändern möchte.

Da Tugenden ein offenes Gelände sind, das in keinem Tugendsystem vollwertig widergespiegelt werden kann, kann der einzelne sein individuelles Profil darin suchen, was ihm moralisch besonders wichtig ist und was seine Identität ausmachen soll. Da nämlich auf der anderen Seite die guten und richtigen Modelle des Lebens aufeinander zu führen, muss man Einseitigkeit nicht fürchten.

Ein Beispiel für ein Profil, das zugleich sehr individuell sein kann und doch eine Art Querverbindung zwischen den Tugenden darstellt, ist der „aufrechte Gang": das Stehen zu seinen Grundsätzen, auch wenn man unter Druck gerät. Josef Pieper hat deshalb die Tapferkeit einmal als die Widerstandshaltung des an Macht Unterlegenen gekennzeichnet.

Das gilt auch für die Zivilcourage. Gewiss gibt es auch einen Starrsinn, der sich nichts sagen lässt, sich stets überlegen dünkt und darum auf andere Meinungen nicht hört. Aber es gibt auch die Biegsamkeit und Wendigkeit dessen, der wie eine Katze immer auf die Füße an der Stelle fällt, an der sich gerade die Plattform für die Mehrheit oder für den Machtapparat gebildet hat. Der aufrechte Gang macht nicht den doppelten krummen Buckel, den Paul Klee unter dem Titel „Zwei Männer, einander jeweils in höherer Stellung vermutend, begrüßen sich", gezeichnet hat. Er enthält Selbstachtung, aber nicht Selbstgefälligkeit. Er achtet die Auffassung des anderen, aber er unterdrückt nicht den Widerspruch, auf den der andere ein Recht hat. Er macht den Menschen in dem Sinne „echt", dass zwischen seinen Worten und seinen Handlungen kein Widerspruch auftaucht.

Ein solches Profil braucht sein Maß, da es, wie alle Tugenden, die Balance zwischen den Extremen suchen muss. Es bedarf des Gerechtigkeitssinnes ebenso wie der Klugheit. Diese beiden Tugenden gelten in der Tradition als die höchsten. Die christliche Tradition hat sie durch die Liebe als allgemeine Formgebung für alle Tugenden ergänzt. An den erweiterten und erneuerten Kardinaltugenden lässt sich zeigen – Josef Pieper hat das in einem beindruckenden Lebenswerk über die Tugenden getan –, wie sehr die Tugenden miteinander verknüpft sind, so dass, wenn man das eigene Profil darin sucht, man die anderen um dieses Profils willen in sich aufnimmt.

Die Suche nach dem eigenen Profil ist immer zugleich auch die Suche nach allgemeingültigen Bildern des Guten und Richtigen, die für mich eine Ausstrahlungs- und Anziehungskraft besitzen. Solche Bilder können wir auch „Modelle" nennen, Einsatzzeichen für unser individuelles moralisches Profil, die eine allgemeine Einsichtigkeit hervorrufen können.

2. Ethische Modelle in Geschichten

Wenn wir von „Modellen" reden, dann individualisieren wir die allgemeine, soziale Verbindlichkeit der kulturgeprägten Ensembles von Haltungsbildern, Werten und Tugenden (z. B. „american values"). Das heißt, wir suchen die persönliche, unauswechselbare Note, die am Anfang dieser Überlegungen gleich mitschwang. Denn Haltungsbilder, Werte, Tugenden und dergleichen gibt es viele. Niemand kann sie alle in gleicher Weise und in gleicher Stärke verwirklichen. Will ich Modelle für mein Leben in ganz persönlicher Hinsicht, muss ich noch einmal wählen. Diese ganz individuelle Wahl betrifft gleichsam die moralischen Einsatzzeichen für mein eigenes Leben. Ich muss fragen, wofür ich mich eigne, wofür ich zuständig und kompetent bin und woraufhin ich mein Leben wage und einsetze. Ich muss fragen, was der andere, mit dem ich zusammenlebe, für mich bedeutet und welche Haltungen ich auch für ihn, nicht nur für mich selbst will. Ich muss die Ebene meines sozialen Engagements finden. Ich muss meine Grenzen kennen und mein Gewissen ausbilden. All das fällt nicht vom Himmel, bedarf meiner Bemühung, aber auch der Erziehung, der Beratung und der Begleitung. Letztlich geht es um meine „Autonomie", um meine Selbstverpflichtung in Freiheit und um meine moralische Identität, aber ohne die Illusion, als lebte ich für mich alleine und alle anderen seien für mich nur gelegentlich und peripher interessant. Ich muss mich als Individuum und als Beziehungswesen begreifen, und ich muss wissen, dass ich auch durch meine Körperlichkeit bestimmt bin und damit umgehen muss.

„Modelle" leben in Geschichten, die wir einander erzählen und die wir auch in der Literatur finden. Das Erzählen hilft bei der Konzentrierung, Vermittlung und Weitergabe von Lebenserfahrung. Auch literarische Erzählungen können uns helfen, ethisch relevante Einsichten herauszufinden und zu erschließen. Diese sind entweder ein Schritt zur Ausformung von Tugenden oder ein Schritt zu den Möglichkeiten, solche Werterfahrungen auf konkrete Probleme der praktischen Verantwortung anzuwenden.

Erzählen ist ein Prozess, der Autor und Leser auf spezifische Weise umfasst. Meine eigene Leidens- und Mitleidensgeschichte kann z. B. eine Rekonstruktion meiner eigenen Person sein: Ich rette mein Leben, indem ich in der Geschichte „sterbe", sei es schreibend oder lesend. Erzählen kann durch Anamnese therapeutisch sein. Die Erinnerung erzählt sich aus, und das erinnernde Subjekt wird frei.

Die Erzählenden bedürfen, wenn sie ethisch relevante Einsichten ermöglichen, ohne sie vorzuschreiben oder zu insinuieren, einer gewissen Kompetenz (Sprachfähigkeit, Gespür für Erfahrung und Metaphorik …). Die Entsprechungen zwischen Ästhetik und Ethik, zwischen Form und Absicht, sind bei der Übertragung auf den Leser oder die Leserin behilflich, damit diese sich zugleich besser selbst verstehen. Ethisch relevantes Erzählen versucht nicht, zu überreden, etwas zu suggerieren, einen rhetorischen Erfolg zu erzielen oder eine ideologische Indoktrination zu betreiben. Dies mag zwar auch als Absicht des Erzählens in Einzelfällen nachweisbar sein (meist zum Schaden der Qualität).

Erzählen kann ein „Kunsthandwerk" sein, eine Alltagsform der Kommunikation – aber selbst dann muss die/der Erzählende schon nach Horaz versuchen, sowohl zu erfreuen als auch zu nützen. Wenn es keine Freude an der Unterhaltung gibt, gibt es auch keinen Gewinn.

Wenn das Erzählen so etwas wie ein „Sprachkunstwerk" ist,

dann ist der Kunstgenuss die Vorbedingung für Aufmerksamkeit und Entspannung.

Das Erzählen und die Interpretation seiner immanenten moralischen Möglichkeiten fasse ich als „narrative Ethik" auf. Sie leitet dazu an, über das Richtige und das Falsche, über das Gute und Böse unseres Handelns, über die Qualität der Personen und der Institutionen, die wir haben, nachzudenken.[26]

Es geht also um

— die ethisch relevanten Einsichten (wegen ihres erschließenden Charakters und ihrer Fähigkeit, etwas – z.B. Werte – weiterzugeben), die uns zu Werteinsichten führen können.

— die erfahrungsmäßigen Vorbedingungen für die Einführung von Werteinsichten in Konfliktsituationen und für die Tugendbildung.

Die Erschließung und die Weitergabe von Werten und Tugenden geschieht nicht nur durch Befehle und Autoritäten, sondern durch die Umwandlung und Übertragung der Erfahrungsgrundlage von ethischem Wissen und durch die Übersetzung eines Erzählvorgangs, in dem das hörende Subjekt respektiert wird. Der Vater befiehlt, der Großvater erzählt, und ich bin sicher, dass das Kind dem Großvater folgen wird. Möglicherweise ist diese Art von Paradigmenwechsel ethischer Weitergabe auch für das Auftreten Jesu wichtig. Jesus gibt keine Befehle, sondern Einsatzzeichen, verheißungsvolle Metaphern, und er erzählt Geschichten. Das berühmte Gleichnis vom Barmherzigen Samariter zeigt die Umwandlung einer eher kasuistischen Frage „Wer ist mein Nächster?" in die eher auf konkrete Erfahrung bezogene Frage „Wem bin ich der Nächste?" Es wird keine allgemeingültige Antwort im Sinne eines überall anwendbaren Imperativs gegeben, selbst wenn es auch um Normen geht wie z.B: „Mache keinen Unterschied zwischen den Menschen!"

---

[26] Vgl. allgemein zur Narrativen Ethik: R. Ammicht-Quinn, Versuch über die Blindheit, in: A. Holderegger / J. P. Wils (Hg.), Interdisziplinäre Ethik, Freiburg / Wien 2001; W. Haug, Das Böse und die Moral. Erzählen unter dem Aspekt einer narrativen Ethik, a.a.O., 243–268; D. Mieth (Hg.), Erzählen und Moral, Tübingen 2000.

Der Rest an erfahrungsmäßigem Subjektivismus wird nicht unterdrückt. Neue und alte Erfahrungen können vielleicht aufgedeckt werden. Sie können zwar nicht ganz und gar auf dem Weg der Argumentation überprüft werden, aber sie können weitererzählt und so von Zeugen weitergegeben werden.

Geschichten über unsere Geschichte werden oft in praktischer Absicht erzählt. Geschichtliche Kontinuität und Betroffenheit ist die Voraussetzung für die Weitergabe von Werten und Tugenden. Diese Kontinuität muss nicht konservativ sein und auf Erhaltung zielen. Aber in einem guten Sinne mag sie auch dies sein. Weil wir oft mit Geschichtskonflikten leben, leben wir zugleich in den Spannungen verschiedener Geschichten, die diese Konflikte spiegeln. Erzählen erhöht die Möglichkeit des Verstehens von Konflikten und die Möglichkeit, Erlebnisse in Erfahrungen zu verwandeln. Diese sind dann, wie wir gezeigt haben, als Kontrasterfahrungen (so geht es nicht), als Sinnerfahrungen (es leuchtet mir ein) und als Motivationserfahrungen (es geht mich unausweichlich an) moralisch bedeutsam.

Narrative Ethik eröffnet das, was man „Querdenken" oder „laterales" Denken nennt. Man folgt nicht nur einer Spur, sondern mehreren zugleich. Dabei zeigt sich, dass es Situationen oder Fälle gibt, in denen die Lösung nicht durch die Alternativen, die vorgeschrieben zu sein scheinen, gegeben wird, sondern, wie wir bereits gesehen haben, durch „Querdenken" und Phantasie. Narrative Ethik bietet dafür Modelle an.

Ein ethisches Modell bedeutet:
- eine Form, die auf eine ethisch exponierte Situation aufmerksam macht, uns veranlasst über sie nachzudenken und uns zu ihr einzustellen;
- eine Kontrasterfahrung, d.h. eine Erfahrung, welche den Kontrast zwischen Option und Realität offenkundig werden lässt.
- Das Modell ist der Kurzname für eine Erzählung bzw. ihre Form (wie z.B. der erwähnte Samariter). Modell heißt, was nicht nur in Konzepten und Begriffen erklärt werden kann, ohne dabei irrational zu werden;

- ein Modell ist offen für miteinander in Konflikt stehende Interpretationen;
- ein Modell ist nicht normativ, weil es die Autonomie, die persönliche Wahl und Entscheidung respektiert und weil es nicht moralisch verwirft, sondern Lebensmöglichkeiten anbietet.

Narrative Ethik bevorzugt ein Konzept der Erinnerung und der Therapie des gestörten Lebens durch das erinnernde Erschließen verschütteter Quellen. Dieses Konzept richtet sich jedoch nicht gegen die Anstrengungen der normativen Ethik, Kriterien für gutes und richtiges Handeln zu finden. Es beansprucht lediglich eine notwendige Ergänzungsfunktion. Unsere Überzeugungen und unsere Beweggründe bilden sich auch reflexiv eher an Modellen als an Begriffen.

Im selben Sinne sprechen wir von einem Konzept des Umgangs mit dem unerklärlichen Leid und mit den Schattenseiten des Lebens. Warum gibt es überhaupt das Böse und das Übel? Warum ist es unserem Handeln entzogen? Warum können wir die Folgen unseres Handelns nicht kontrollieren? Obwohl nur bruchstückhafte Erfahrungen, z.B. im Leben mit dem Glauben, und eine Haltung zwischen „Widerstand und Ergebung" (Dietrich Bonhoeffer) als Antwortmöglichkeiten auf diese Frage aufgezeigt werden können, ist eine fragmentarische Antwort im Erzählen des Umgangs mit dieser Frage präsent: das biblische Modell Hiob, ein Vorbild für viele literarische Erzählungen.

Der Philosoph Paul Ricoeur hat den Begriff der „narrativen Identität" sowohl für Gemeinschaften als auch für Individuen gebildet.[27] Erzählen erzeugt eine Freiheit, die aus dem Spiel der Bewertungsexperimente in den Figurationen des Erzählens hervorgeht, die sich aber zugleich auf die in ihr liegende Verbindlichkeit besinnt, diese Freiheit zu erhalten und zu gestalten. Daraus entsteht eine „Verbindlichkeit des Unverbindlichen", wie Richard Brinkmann an Theodor Fontane gezeigt hat. Dieser Verbindlichkeit kann man sich nicht entziehen, weil in ihr die eigene moralische Identität und zu-

---

[27] Vgl. dazu H. Haker, Moralische Identität, Tübingen 1999, 35 ff.

gleich für andere die eigene moralische Identifizierbarkeit zum Vorschein kommt. Diese Art der Verbindlichkeit ist besonders in Beziehungsfragen präsent. Das wird deutlich, wenn wir uns im Folgenden mit Fragen der Beziehungsethik beschäftigen.

3. Endlich lieben – die Kunst der Beziehung

Endlich lieben – das kann ein Ausdruck der Sehnsucht sein, endlich die Erfüllung zu finden, die das Durchdrungensein von Liebe und die Erfahrung des Geliebtseins gewähren. Ein Brunnen der Liebe, aus dem unendlich zu schöpfen wäre. Unendlich? In einem anderen Sinne bedeutet das „endlich lieben" das Bewusstsein um die Einschränkung alles Irdischen im Allgemeinen und der Liebe in den Zeiten der Postmoderne im Besonderen. „Es gibt kein wahres Glück hinieden – auf Wiedersehn, ich war zufrieden", schrieb Friedrich Dürrenmatt in ein Gästebuch. Das gläserne Glück ist ein beliebter Topos der Dichter in der Beschreibung der Zerbrechlichkeit der Hoch-Zeiten unseres Lebens. Viele sammeln die Scherben ein, werfen sie weg oder kleben sie neu – die Risse fühlen sie dann.

Von Endlichkeit ist unser Leben geprägt. Einen solchen Satz kann man mit Defätismus, Wehmut, Anklage, Bitterkeit oder frommer Ergebung aussprechen. Aber damit würde man die Chancen übersehen, die uns gerade die Grenzen unserer Lebenszeit und unserer Lebenshöhe ermöglichen. Man würde auch die Sache der „Endlichkeit", d.h. das Wissen um Eingeschränktheit und Fehlerfähigkeit insbesondere den älteren Menschen zuweisen, obwohl doch auch junge Menschen diese Erfahrung machen und sich an ihr reiben.

Dafür gibt es z.B. ein neues Wort im schnellen Wortwechsel unserer Zeit: „Quarter Life Crisis". Die über Zwanzigjährigen seien, so heißt es, „früh von sich selbst erschöpft" (Lars Jensen). Der Sinn hinter den Dingen, die Frage, wie es weitergehen soll, die Empfindung, es sei überall das Gleiche, die Kurzlebigkeit des Spaßes in der Spaßgesellschaft, die paradoxe Festlegung durch die Überfülle des Angebotes auf die Gleichförmigkeit der eigenen Wünsche, zu denen man immer mehr in Abhängigkeit gerät oder aber auf den ständigen

Wechsel der Wünsche, die Wiederkehr der Langeweile der Existenzneurotiker, die Angst vor den von anderen als Angebot ertüftelten Ansprüchen, z.B. der Ausbildungsmacher, zu versagen und durch das Sieb der Konkurrenzgesellschaft zu fallen, der Mangel an Reibung angesichts liberaler Eltern und Lehrer.

Dazu kommt die Überflutung durch Versprechungen, Ansagen, Reize und Bilder. Sie werden gesucht, aber auch verordnet. Bilder haben aber nichts Bleibendes, weil sie immer schneller laufen und einander verdrängen. Es ist wie mit zu vielem und zu schnellem Essen: die Verdauung macht Probleme. Was man nicht verarbeiten kann, beschwert uns. Oder wir müssen alles außen vor lassen, nicht an uns und unser Inneres heranlassen. Weil es zudem so viel Wofür und Wogegen in dem endlosen Talking über Lebens- und andere Probleme gibt, zählt das „Wie" mehr als das „Was". Alle Probleme werden in Prozeduren gesteckt, von denen man eine Lösung erhofft, die bisher unbekannt ist, weil man auf bisherige Lösungen nicht zurückgreifen kann: sie sind längst der psychologischen Mülltrennung zum Opfer gefallen, die alles entsorgt.

Wer nicht so recht weiß, was er will, der weiß auch nicht, was er soll, sagt die Philosophie der Lebenskunst. Darum nimmt die Lebensberatung auf philosophischer Basis (d.h. auf der Basis von Weisheitstraditionen) ebenso zu wie die Frage nach religiöser Lebenskunst (auf der Basis von so genannter neuer Religiosität). In beidem geht es um meine unauswechselbare „Identität", d.h. um die Hoffnung, aus der Konsistenz und Kontinuität meiner Biographie etwas über meinen authentischen Weg zu lernen. Was die Gesellschaft mir nicht garantiert, was die Institution, der ich angehöre, mir als ihrem Mitglied nicht mehr garantieren kann, muss ich aus mir selbst herausholen. Damit bin ich aber ganz schön beschäftigt, insbesondere mit mir selbst. Dies teile ich mit meinem Freundeskreis, in dem sich alles endlos bequasseln lässt, aber die Verbindlichkeit nur auf dem persönlichen Wohlgefallen beruht. Oder vielleicht doch nicht? Vielleicht ist Freundschaft da eine Rettung, wo die Verbindlichkeit der Gemeinschaften abnimmt?

Die Liebe hat nicht nur ihre Zeit oder ihre Zeiten; die Zeiten bestimmen auch, was unter Liebe erfasst wird. „Liebe in den Zeiten der

Cholera" ist eine andere Liebe als Liebe in den Zeiten der Aidstests, Liebe in den Zeiten von Viagra, Liebe in den Zeiten der In-vitro-Techniken, Liebe in den Zeiten der Bildüberflutung, Liebe in den Zeiten ohne rechtes Wofür und Wogegen – die Reihe der Zeitmerkmale ließe sich fortsetzen.

Und doch ist die Liebe für junge Menschen in vieler Hinsicht ganz konventionell. Ich habe jungen Menschen, die auf der Suche nach ihrem sexuellen Selbst waren, die Fragen gestellt: Wollt ihr euch sexuell selbst verwirklichen? Oder wollt ihr ein erotisches Abenteuer, endlos erneuerbar zwischen zwei Menschen? Oder wollt ihr eine Familie gründen, heiraten und Kinder haben? Das ist doch keine Alternative, war die Antwort, das wollen wir alles. Nun ist „alles" nicht einfach als Anhäufung von jedem zu haben. Die Bedingungen des Glückens sind nicht unter der Voraussetzung der Unendlichkeit und der Unerschöpflichkeit, sondern unter der Voraussetzung der Endlichkeit gegeben. Manche postmodernen Philosophen verstehen Endlichkeit als „Kontingenz" im Sinne der Zufälligkeit. Damit ist gemeint: Nicht alles ist berechenbar, voraussehbar, machbar, einfach logisch im Ablauf. Man wird das nicht bestreiten können. Über die Ungerechtigkeit der Liebe ist viel geredet worden. Oder ist es nicht doch nur die Ungerechtigkeit des Angebotes? Liebe läuft nicht schlicht nach dem Gesetz der Tauschgerechtigkeit in der Wirtschaft ab. Die beiden Liebenden bilden kein Pareto-Optimum. (Das ist das Optimum, das zwei Tauschende erreichen, wenn jeder genügend vom Tauschgut des anderen bekommt.) Denn jeder, der abgibt, kann verlieren oder gewinnen. Und jeder, der nimmt, kann verlieren oder gewinnen. Dies hängt nicht von Tauschwerten ab, sondern von der Art der Begegnung, von ihrem erotischen und moralischen Tiefgang.

Aber ist die Kontingenz, die Zufälligkeit, kein Hemmnis für die Liebe? Jedenfalls kein entscheidendes. Und so ist es auch mit der Endlichkeit unserer Zeit, mit unseren Einschränkungen und mit unserer Fehlerfähigkeit. Im endlichen Lieben sind sie auf eine liebenswürdige Weise geborgen. Kann man davon überzeugend reden in einer Zeit des Normenwandels, der Nivellierung der Ideale, der Gleichstellung aller Liebesverhältnisse, der Verspätung der Verbindlichkeit aufgrund der langen Mobilität zwischen sexueller Reife und dem ausgereiften Lebensmodell? Die Antwort darauf lautet: Andere Zeiten hatten andere, aber nicht geringere Probleme, andere Ängste, andere Rollenmuster, andere Formen der Unterdrückung und Gleichschaltung. Heute erscheinen diese Probleme im Gewand bzw. in der Verkleidung der Originalität und Authentizität, die durch die Werbung von allem und jedem versprochen wird. In der Zeit der Individualisierung wird der „Typ" prämiert, und der ist nun gerade nicht das unauswechselbare Individuum. Hat, wer einen „Typ hat", etwas Unauswechselbares? Ist die Annahme, die zwei Menschen sich zuteil werden lassen, eine unbedingt unauswechselbare und damit eine individuelle?

Wo liegt also die Weisheit der endlichen Liebe?

Milan Kundera lässt in seinem Roman „Die Identität"[28], der von der zerbrechlichen Liebe handelt, das Gefühl sprechen, das sich von der bloßen sachlichen Wahrnehmung ebenso unterscheidet wie von der bloßen Abfolge logischer Gedanken. Das Symbol, das er dafür benutzt, ist der Blick in das Auge des anderen:

„Das Auge: das Fenster der Seele; das Zentrum der Schönheit des Gesichts; der Punkt, in dem sich die Identität eines Individuums konzentriert; aber gleichzeitig ein Sehwerkzeug, das ständig gesäubert, befeuchtet, mit einer speziellen Flüssigkeit, mit einer Prise Salz gepflegt werden muss. Der Blick, das größte Wunder, das der Mensch besitzt, wird zum Säubern also regelmäßig von einer mechanischen Bewegung unterbrochen. Wie eine vom Scheibenwischer gereinigte Windschutzscheibe."[29] Kundera macht hier deutlich, dass der Blick, der sich auf den Menschen in seiner Ganzheit richtet und der im wechselseitigen Anschauen kulminiert – die Bibel spricht hier von der „Erkenntnis" des anderen – den Körper nicht auf seine Funktionalität und auf seine Gegebenheit als Organismus reduziert, sondern ihn als eine Erscheinung eines Wesens

---

[28] Vgl. M. Kundera, Die Identität, München 1998 und dazu D. Mieth, Identität – wie wird sie erzählt?, in: ders. (Hg.), Erzählen und Moral, Tübingen 2000, 67–82.

[29] A.a.O. Nr. 21,1.

des anderen erfasst. Die Reaktion auf die organismischen Funktionen würde nämlich eher Abstand und Befremdung erzeugen, während der liebende Blick anders sieht: „In dem Scheibenwischer von Chantals (der Geliebten) Lid sah er den Flügel ihrer Seele, den Flügel, der zitterte, der panisch flatterte." Der Liebende sucht das Bild des anderen als Korrespondenz seines Selbstgefühls. Seine Körperlichkeit wird durch die Beziehung verwandelt: Sie ist nicht mehr eine Quersumme von nachfragefähigen Angeboten auf dem Markt der Eitelkeiten, sondern sie ist er/sie selbst. Vergeblich bemüht sich im Roman Kunderas die Werbung durch ihre Fachleute darum, diesen Blick nachzuahmen: „Worauf es ankommt", sagt der Fachmann, „ist, Bilder zu finden, die einen erotischen Reiz ausüben, ohne die Frustrationen zu verstärken." Das Ergebnis sind aber bloß „Maskenbilder der Jämmerlichkeit". Der Gegensatz zwischen dem Versuch der Werbung, die Innerlichkeit des persönlichen Blickes äußerlich zu vergegenständlichen und damit ein Angebot zu machen, ein Versprechen, das nicht eingehalten werden kann und damit Frustration erzeugen muss, einerseits und dem Blick der Liebe, der durch die anatomische Äußerlichkeit hindurch hineinsehen kann, andererseits, kann nicht größer gedacht werden. Und die Liebe beginnt erst damit, dass die Entscheidung für die menschliche Seite fällt. Sie ist daran erkennbar, dass man den anderen mit dem einsehenden und ergänzenden Blick erfasst, dass man ihm so begegnet, statt dass er ein bloßes Mittel eines Konsum-Modus wird.

Liebe unterscheidet sich vom Modus des „Habens". Aber wenn sie so frei ist, dass niemand an ihr der Besitzer sein kann, ist es dann nicht gerade diese Freiheit, die sie zum „Austausch von Launen und Gelegenheiten" (Botho Strauß) werden lässt? Der Liebende bei Kundera hat zu Recht „Angst" vor der Sekunde, „in der mein Blick erlischt". Oder gilt, was die Liebenden in ihrer Irrfahrt bei Kundera „lernen", nämlich dass der Blick der Liebe einem „Vertrag" entspricht, den „Gott selbst … uns auferlegt" hat? Bei Kundera bleibt dies eine zögernde Frage, eine experimentelle Hypothese, gibt es auf diese Frage eine Antwort?

Oder gilt die Antwort, die Tania Blixen, bekannt durch den Roman und Film „Jenseits von Afrika", in ihrer Streitschrift „Die moderne Ehe" gegeben hat: „Die moderne Ehe ist zu einem Feigenblatt geworden, über das man ästhetisch streiten kann, das man aber moralisch als ein Nichts ansehen muss." Tania Blixen meint damit: Alle sind doch einverstanden, „dass Recht hat, wer liebt". Eine alte Liebe muss eben der neuen weichen. Die Tatsache, dass Lieben uns als Menschen gut macht und zur Güte befähigt, erscheint als Rechtfertigung des Guten in der jeweils jüngsten Liebe – und man übersieht, dass die Frage des gelingenden Lebens auch eine Frage nach seiner Richtigkeit und Gerechtigkeit, nicht nur eine Frage nach (derzeit) guten Gefühlen ist.

Das ist die Frage nach dem Verhältnis von Eros und Ethos in der Liebe. Es ist eine ziemlich simple Sicht, wenn man meint, weil der Eros gut mache – im Fühlen, in der Bereitschaft zur Güte aus dem Liebesdrang – garantiere er auch das Richtige. Liebe ohne Gerechtigkeit ist blind, Gerechtigkeit ohne Liebe ist leer, so lautet meine These. Das Bild von der Blindheit zeigt, dass mein Auge auch eine Verantwortung dafür übernehmen muss, wie es sieht. Man kann lernen, den anderen im Guten zu sehen, auch wenn man – realistisch „gesehen" – auch seine bedenklichen Eigenschaften und nicht nur seine guten kennen lernt. Was ich erotisch sehe, muss ich ethisch sehen lernen. Der Eros des Blickes, der mein Ethos zugunsten des anderen motiviert, wird zum Ethos des Blickes, der die erotischen Möglichkeiten erhält und verlängert: endlos verlängert, wenn auch im Banne der Endlichkeit. Denn „endlich lieben" heißt hier, ohne Ende lieben. Von der Liebe heißt es ja auch in religiöser Sprache, dass sie „bleibt", dass von ihr nichts verloren geht.

Weil die Liebe also in diesem Sinne nicht „endlich" ist – wenn auch eingeschränkt durch unsere Fehlerfähigkeit, die zu unserer menschlichen Endlichkeit und zur Endlichkeit unserer Kultur gehört – stellt die ethische Beratung eine Hilfe zur Verlebendigung des Eros dar. Wer in der Liebe sucht, dass sie dauert – und welcher ernsthaft Liebende würde dies nicht suchen? – der muss sich eine ethische Aufgabe stellen. Dabei lernt auch das Ethos vom Eros. Dass ich den anderen mit erotischer Aufwertung sehe, dass mein Blick in das Auge des anderen aus erotischen Gründen die Diskretion des Übersehens der empirischen Eigenheiten der Einheit aus Scheibenwischer, befeuchteter Scheibe und Tränensack hat – das habe ich schon aus dem erotischen Blick gelernt. Aber ich erfasse damit auch, dass diese Eigenheiten des Blickes mir eine Hilfe sind, in der Endlichkeit des Körpers die Unendlichkeit der Seele zu erblicken, ohne freilich diese von ihm zu trennen.

Diese Diskretion hat auch etwas mit meiner Identität zu tun. Denn „endlich lieben" mit unendlicher Perspektive setzt auch voraus, dass meine Selbstliebe heil ist. Dafür gibt es eine Hilfe in der religiösen Überzeugung, von Gott speziell geliebt zu sein.

Wer ethisch von der Liebe redet und damit Treue und Gerechtigkeit in sie einschließt, redet nicht unangemessen von den Gefühlen. Denn viele junge Menschen machen die unausweichliche Erfahrung, mit der sie anfangs, befangen in den Üblichkeiten unserer Tauschgesellschaft, nicht gerechnet haben, dass sie ethische Ansprüche stellen, wenn sie geborgen im Arm des Eros liegen wollen. Ihr Wollen ist zugleich ihr Fühlen. Wir wollen nämlich beurteilen, wie sich unser Fühlen für uns anfühlt. Dieses Fühlen des Fühlens ist durch moralisch relevante Erfahrungen unterlegt. Gefühle sind nicht – im Gegensatz zu der Welt, die uns die Werbung vormacht – eine Spontaneität, die aus dem Nichts kommt. Gewiss ist das Gefühl der unmittelbaren Anziehung aus dem Blick, aus der Kontraktion des Herzens und „aus dem Bauch heraus", wie manche sagen, präsent geworden. Aber es trägt in sich unsere Hoffnungen, unsere Erfahrungen, unser gewachsenes Selbst, d.h. unsere Identität, die wir nicht verleugnen können (oder nicht verleugnen sollten). Dieses Fühlen trägt in sich auch die Selbstverpflichtungen, in welchen die spontane Güte des Eros verlängert werden kann. Wir sind verantwortlich für das, was wir uns vertraut gemacht haben (Saint-Exupéry). Dies gilt nicht paterna- oder materialistisch, gleichsam in der „Betreuung" des anderen, sondern es gilt auch für uns selbst und unsere Geschichte, die wir mit uns selbst haben.

Mancher wird hier einwenden, dass mein Blick auf die Wirklichkeit der Liebe und auf ihre Möglichkeiten etwas rosafarben ausfalle. In der Realität herrscht doch der Scheibenwischer und nicht der erotisch-ethische Lidschlag, um im Bild des Auges zu bleiben. Das wird man nicht bestreiten können, obwohl man sich auch fragen muss, warum, in einer Zeit der leichteren Lösung, so viele Menschen in ihren Ehen dauerhaft zusammenbleiben. Ich habe ja nicht ohne Grund von unseren Einschränkungen und unserer Fehlerfähigkeit gesprochen. Die Krisenzeiten der Liebe sind häufig genug besprochen worden, und sie füllen die Boulevard-Programme. Früher lebte man aus der großen Liebe auf dem Theater – heute ergötzt man sich am Seelenstrip. Darin spiegelt sich auch ein positiver Lernprozess, der heute – im Gegensatz zu früher – das Gespräch zwischen Eltern und erwachsen werdenden Kindern erleichtert – nämlich das Eingestehen der Endlichkeit im Sinne unserer Eingeschränktheit und Fehlerfähigkeit. Am Ende einer Beziehung weiß man oft nicht, ob es Fehlentwicklungen oder Fehlentscheidungen waren, die sich summiert haben. Man weiß nur, dass die Endlichkeit hier zu einem Ende geführt hat. Dies zu verstehen ist menschlich und neue Anfänge nicht zu untersagen, ist barmherzig.

4. Braucht Liebe Treue?[30]

Beziehung zu leben ist zunächst eine ungetrübte Freude, dann eine Kunst. Damit ist nicht gemeint, dass das eine mit dem anderen nichts zu tun hat. Es geht darum, die Gunst des Ausgangspunktes, der zwei Menschen so intensiv zusammenführt, zu nutzen. Liebende entwickeln Rituale der Erinnerung und Erneuerung ihrer Beziehung, nicht, weil sie sich unter Druck fühlen, sondern weil sie die Beziehung wollen. Dieses Wollen ist kein von außen auferlegtes Sollen. Vielmehr schließt es ein, dass die Liebenden können wollen, was sie mit ihrem Wollen begonnen haben.

Von diesem Wort, dem Können wollen, ist hier die „Kunst des Liebens" abgeleitet, die auch den Titel für ein außerordentlich erfolgreiches Buch des Sozialpsychologen Erich Fromm darstellt. Wie viele Menschen haben sich mit einem solchen Buch um ihre Beziehung bemüht!

---

[30] Dazu ausführlicher: D. Mieth, Ewige Liebe – Glück oder Illusion?, in: S. Schmidt (Hg.), Anstöße zum Glücklichsein, Stuttgart 2000, 168–183.

Eine Beziehung, in welcher die Mauer der Treue die Liebe vertreibt, ist etwas Schreckliches. Aber die Beziehung, in welcher die Liebe betrogen wird, ist und bleibt ebenfalls etwas Schreckliches.

Die Liebe „sonder Vorbehalt" macht deutlich, dass Untreue ein Verrat an der Option der eigenen Lebensgeschichte und an der Lebensgeschichte des anderen für ein gutes und glückstragendes Leben ist.

Zu fassen ist das Geheimnis der Treue nur, wenn Menschen verstehen, dass unsere Beziehung erst dadurch einzigartig wird, dass sie durch den Eros zu einem Ethos gelangt, in welchem wir lernen, nicht mehr anders zu *können* als so treu zu sein, wie wir *wollen*. Aus diesem *Ethos* wird neu ein anderer und doch gleicher *Eros* geboren.

Eine leibfeindliche Tradition hat die erotische Liebe aus der Nächstenliebe herausgenommen. Sie war weniger wert als die Nächstenliebe. Im Zeichen der Modernität entstand eine gegenläufige Hierarchie: Im Konfliktfall siegt die erotische Liebe über die Nächstenliebe. Soll man aber die Liebe spalten? Zwar lassen sich Eros und Ethos durchaus unterscheiden, aber wenn wir sie ganz trennen wollen, geschieht dies auf Kosten der Menschenwürde. Es kann schließlich nur eine humane Ethik geben.

Wer so denkt, wird mit einem üblichen Grenzfall konfrontiert: Kann der ungeliebte Partner oder die ungeliebte Partnerin im Namen der Nächstenliebe in der Tat verlangen, dass ein wahrhaft lebendiges erotisches Verhältnis sozusagen auf dem Altar der Nächstenliebe zum Opfer gebracht werde? Das Gesetz der erotischen Liebe lautet, dass sie alles als Opfer fordern, niemals aber sich selbst zum Opfer bringen darf. Es gibt zwar Kompromisse, und im Namen der erotischen Liebe ist nicht gerade jede Abweichung von den moralischen Grundsätzen erlaubt. Aber die Prioritäten und die Hierarchien sind eindeutig gesetzt. In dem üblichen und bekannten Konfliktfall geht es gewissermaßen um das Scheitern und Gelingen des Lebens in der Beziehung. Das Leben in persönlichen Beziehungen gehört zu den Grundbedürfnissen des Menschen, und die Voraussetzung solcher Beziehungen ist nicht einfach der rational gesteuerte Willensentschluss, sondern die als dauerhaft erklärte erotische Anziehung.

In den Formeln der traditionellen Ethik lässt sich der Konflikt auch so beschreiben: Der Mensch weiß, was er soll, aber er kann sich dem Anspruch dieses Sollens nicht stellen, dem Wort des Fuchses im Kleinen Prinzen bei Saint-Exupéry entgegen: „Du bist verantwortlich für das, was du dir vertraut gemacht hast."

Es geht also in der Tat darum, was den Namen der Liebe verdient. Die Konsequenz, dass im Ernstfall der Eros dem Ethos zu weichen hat, kann aber auch als schrecklich empfunden werden. Sie ist logisch, aber im Grenzfall nicht human. Der Mensch mag im Namen der Liebe die Pflicht haben, Treue zu halten; er hat aber im Namen seiner Selbstliebe und seiner Identität auch das Recht darauf, ein anderer oder eine andere zu werden. Das Dilemma scheint unlöslich. Der Mensch muss daher danach suchen, „was geht", was ihn und die anderen Betroffenen in ihrer Menschlichkeit bestehen und gelingen lässt. Die schmerzlichen Entscheidungen im Grenzfall sind nicht durch Regeln vorwegzunehmen.

Aber die ethischen Grundsätze lassen sich auch nicht vom extremen Grenzfall her bestimmen. Eine konkrete ethische Norm gilt im Sinne einer Faustregel, sonst würde sie Gewissen und Entscheidung einfach ersetzen, was nicht möglich ist. Normen können die moralische Wirklichkeit der Person im Einzelfalle ebensowenig erreichen, wie die Grammatik die Realität der persönlichen Sprache erreicht.

Die Liebe in ihrer Fülle auszuschöpfen, bedeutet, die erotische Liebe in der ethischen Liebe aufzuheben. Im Konfliktfall ist die Beweislast so verteilt, dass die allgemeinen ethischen Anforderungen an die Liebe bzw. im Namen der Liebe selbst, das Forum sind, vor dem der Anwalt oder die Anwältin der erotischen Liebe den Beweis anzutreten hat Der Schwung der erotischen Selbsterfahrung hat noch kaum das Du des anderen voll in den Blick bekommen. Die Ekstase zum erotischen Du reinigt zwar unseren Willen auch in ethischer Weise, so dass wir wollen und können, was wir sonst eher als Sollensanspruch erfahren. In der Liebe wird es uns leicht, der oder die Nächste des Nächsten zu sein. Niemand sollte diese Leichtigkeit, die das Kennzeichen der besseren Ethik ist, durch Hinweise auf Disziplin, Pflicht und Opfer verdächtigen wollen. Wem im Namen der erotischen Liebe die Moral leicht fällt, der sollte den nicht verdächtigen, dem im Namen der ethischen Liebe die Erneuerung des Eros möglich ist, auch ohne die hilfreichen Kräfte des ersten Verliebtseins. Was die Liebe zur Liebe macht, ist die ständige Ergänzung, Befruchtung, ein gegenseitiger Lernprozess, in dem die allein ethische Liebe verknöchern müsste, käme ihr nicht der vom Eros motivierte Wille zu Hilfe (das umfasst auch die sublimierten erotischen Formen der Liebe zu Gott). Und umgekehrt, die erotische Liebe verfehlte ihren Anspruch, Liebe zu bleiben, gäbe es nicht den Widerschein der Humanität in ihrem Antlitz. Was spricht gegen eine Anforderung an die Liebe im Sinne der Disziplin, der Wahrung der Würde, der Integrierung der Selbstliebe, des Ausgleiches zwischen Gerechtigkeit und Privilegien, der Zueinandergehörigkeit von Pflicht, Treue und Fürsorge, von Spiel und Ernst? Was kann ein(e) Liebende(r) dagegen haben, wenn diese Haltungen den Namen der Liebe verallgemeinern und verschönen, weil sie zugleich humane Forderungen sind? Das Glück der Liebe, um das es doch geht, bedarf einer Beziehung, in welcher die Balance zwischen Eros und Ethos der Liebe gefunden wird.

5. Wie werde ich glücklich?[31]

Das Ziel aller Ziele unseres Strebens, nicht nur unseres Strebens nach Liebe, nennt der Philosoph Aristoteles das „Glück": „Vielleicht haben die geringfügigsten Wesen in ihrer Natur ein gutes Element, besser als sie selbst, welches dem ihm eigenen Gute zustrebt."[32]

Ethik hat es nicht nur mit dem zu tun, was wir sollen, sondern auch mit dem, wie wir sein wollen und was wir dauerhaft erstreben. Glück ist unausrottbar mit der Idee verbunden, ein gutes und gelingendes Leben zu führen. Diese Idee ist der Leitstern einer Moral, die zum Ziel ihres Wollens oder zur Entfaltung aller guten Anlagen

---

[31] Vgl. C. Horn, Glück, Wohlergehen, in: M. Düwell / C. Hübenthal / M. H. Werner (Hg.), Handbuch Ethik, Stuttgart 2002, 375–380.
[32] Nikomachische Ethik X,2.

kommen will. Glück ist, was wir wollen, nicht was wir sollen. Es entsteht nicht schlicht aus der Übung von Haltungen und Pflichten, sondern es hat in sich ein nicht trainierbares inneres Moment, eine Steuerung, die vom Gefühl für unsere Chancen und Möglichkeiten ausgeht. Für die griechischen Klassiker der Ethik war dies ein „Dämon", eine spirituelle, ja religiöse Antriebskraft in der Seele. Deshalb nannten sie Glück „eudaimonia". Die religiöse Komponente wurde im Christentum besonders zur „Seligkeit" oder „Glückseligkeit" entfaltet. Dabei verlor die moralische Komponente an Eigenbedeutung, weil das Gute mit Gott einfach gleichgesetzt wurde.

Nimmt man die Art, wie die Alltagssprache heute „Glück" benutzt, ernst, ist man weit von der Moralsprache entfernt. Die Moralsprache ist für uns eine Norm-Sprache, hinter der das Persönliche zurückbleibt. Auf der anderen Seite ist das Persönliche in der individualistischen Welt so wichtig, dass es sich mit einer „Privatmoral" von der allgemeinen Verbindlichkeit abspaltet: „Jeder ist seines Glückes Schmied", wie es die Aufklärung formulierte, oder „Jeder hat das Recht, seinem eigenen Glücksweg (‚pursuit of happiness') zu folgen", wie die amerikanische Verfassung sagt. Wir gewöhnen uns daran, zweispurig zu fahren: mit einer auf das Notwendigste reduzierten öffentlichen Moral und einer möglichst reichhaltigen Selbstverwirklichung, in der unsere „Privatmoral" und unser Glücksstreben zusammenwirken.

Viele sehen ihr Lebensglück im Gewinn bei einer „Glücksspirale". Der Besitz materieller Güter ermöglicht die Wahl anderer Güter, die man schätzt, ohne große Einschränkung. Reichtum scheint eine gute Vorbedingung zu sein, seines eigenen Glückes Schmied zu werden. Aber eine Garantie ist das nicht: „Reichtum macht nicht glücklich."

Was aber macht glücklich? Darauf gibt es keine einfache Antwort, weil die Bedeutungen von Glück nicht zueinander, sondern auseinander streben.

In der Ethik kann man freilich einige dieser Bedeutungen ausklammern. Die Ethik hat es nicht mit dem Zufallsglück (lat.„fortuna"; frz. „fortune") zu tun oder, wenn überhaupt, dann mit seiner Verarbeitung. Sie interessiert sich für das Lebensglück im Ganzen.

Dieses kann zweierlei sein: eine Momentaufnahme oder ein Prozess, der in, wenn auch fragile, Zustände des Glücklichseins einmündet. Das Lob der Kontinuität einer „Fügung" (von außen) oder „Führung" (von innen) ist von der Klage über die Fragilität begleitet. Der Augenblick, der verweilen soll, steht für das Gegenwärtige und Vorübergehende der Glückserwartung; die erfüllte Lebensbilanz steht für eine allen Wechselfällen trotzende Kontinuität: „Um wen es recht steht, mit dem steht es unter sehr verschiedenen Umständen recht" (Meister Eckhart).

Nach Christoph Horn kommt als „philosophischer Glücksbegriff nur das umfassende Konzept des Lebensglücks in Betracht".[33] Ein solches Konzept rechnet mit der Endlichkeit des Lebens und damit auch mit der Unerreichbarkeit der Perfektion oder Vollkommenheit. Damit wird freilich die aristotelische Einheit von ethischem Streben und religiösem Antrieb aufgehoben. Diese Einheit wird aber heute insbesondere dort gesucht, wo Menschen gerade mit der Endlichkeit, Sterblichkeit, Leidensfähigkeit und Fehleranfälligkeit des menschlichen Lebens angemessen umzugehen versuchen.

Glück in einem moralrelevanten Sinne ist nicht einfach ein Idealzustand und daher auch nicht einfach eine Erfüllung von Wunschträumen. „Man kann unter dem Lebensglück zum einen ein subjektives Empfindungsglück verstehen und zum anderen ein objektives Erfüllungsglück."[34] Im ersten Fall geht es um euphorische Zustände, im zweiten um „den Besitz der wichtigsten glücksrelevanten Güter". Aristoteles war zudem der Meinung, dass es eine Verbindung zwischen dem Guten und dem Rechten, den Gütern und den Maßstäben unseres Handelns gebe, die sich nicht nur auf das persönliche Gelingen auswirkt, sondern auch die allgemeine Wohlfahrt daraus ableitet, dass im Einzelnen und vom Einzelnen das Gute und Richtige getan wird.[35] So wenig wie das Moralische vom Religiösen ist bei ihm das Private vom Öffentlichen getrennt

---

[33] A.a.O. 375.
[34] Horn, a.a.O. 376.
[35] Vgl. Nikomachische Ethik I,3.

(wenn auch unterscheidbar). Wir können auch heute noch nicht einfach sagen, die richtigen politischen Institutionen hätten nichts mehr mit persönlichem Wertbewusstsein zu tun. „Das Private ist das Politische", dieser Satz klingt wie eine hemmungslose Übertreibung. Aber es ist ein Korn Wahrheit darin: Die Summe der Wertungen, die wir persönlich vornehmen und die wir leben, ist eine politische Ressource, die fließen oder versiegen kann. Einerseits muss man hier in der Tat zwischen Persönlichem und Politischem unterscheiden. Läuft aber beides getrennt nebeneinander her, erlischt das Gute als Ressource des Richtigen und die Ethik tritt hinter die politische Strategie zurück. Wenn z. B. Gerechtigkeit nur noch politische Konstruktion ist und sich nicht mehr auch in Haltungen von Personen und sozialen Gruppen spiegelt, dann wurzelt das Recht nicht mehr in gelebten Überzeugungen, sondern nur noch in der normativen Kraft des Faktischen, im Gefälle der Macht oder in einer vorgespiegelten fiktiven Welt.

Die Suche nach dem Glück ist nicht eine spezifische moralische Erfahrung, die wir machen (vgl. Kap. I, 6). Das Glücksstreben ist Bewegung, aber nicht Weg. Wir folgen seinen Lichtzeichen, aber wir müssen dabei genau auf den Boden sehen, auf dem wir sonst stolpern würden, sähen wir nur in die Ferne oder in die Höhe. Folgen wir dem, was wir als gut und richtig erkennen, haben wir einen guten Teil vom Konzept unseres Lebensglückes erfasst. Gehen wir mit den Einschränkungen und Fehlern, die in uns selbst oder den Umständen liegen, richtig um, kommt ein anderer Teil dazu. Ermessen wir, was unser Glück mit dem Wohlergehen anderer Menschen, letztlich aller Menschen zu tun hat, haben wir eine weitere Perspektive gewonnen. Erfassen wir die für uns mögliche Balance zwischen Selbstverwirklichung und Hingabe, dann finden wir die Schale, in die das Glück hineinfließen kann. Denn: „Wer sich selbst nicht wichtig nimmt, ist bald verkommen" (Thomas Mann), aber: Wer nur sich selbst sucht, wird sich verlieren (vgl. Lk 17,33).

Spricht man vom Glück, wenn man, wie die Ethik, über Moral nachdenkt, dann gerät man immer wieder in den Bereich, der in allen Kulturen „Weisheit" heißt. Denn Weisheit beurteilt aus Erfahrenheit die Konzepte des Glücks. Das ist ihre Autorität, die sich auch in der Autorität des Weisen widerspiegelt. In diesem Sinne begegnet das Glücksstreben dem, was wir eingangs über Erfahrung und Erfahrenheit gesagt haben: auch hier ist das Punktuelle und das Prozesshafte zugleich im Spiel. Ähnlich ist dies in den Glückserfahrungen. Und da wir Menschen sind, die nicht aufhören können, des Glückes zu bedürfen, zieht sich die Suche nach dem Glück wie ein roter Faden durch den Teppich, den wir am Webstuhl der Moral erarbeiten.

V Normen und Werte

1. Was sind eigentlich Normen?[36]

Viele Menschen würden erstaunt sein, wenn sie hören, dass das Wort „Norm" erst sehr spät in der Geschichte der Ethik, im Verlauf des 19. Jahrhunderts, mit dem Wort „Moral" verbunden wurde. Vorher war das Wort auf beschreibende Maßstäbe, Längenmaße, Gewicht und dergleichen beschränkt gewesen. Für die Ethik galt hingegen der Begriff des sittlichen Gesetzes. An der Entwicklung vom Sittengesetz (bei Immanuel Kant) zu den ethischen Normen kann man zwei Beobachtungen machen: Erstens, das Gesetz nahm man als bereits gegeben an, die Norm musste man (wie das Metermaß) erst machen; zweitens, zwischen empirischen oder an Fakten gemessenen Maßen und ethischen Maßstäben sah man einen Zusammenhang. Dieser Zusammenhang löste die Verbindung von „Natur" (im Sinne einer die Realität überschreitenden Erkenntnis des Ganzen und seines Sinnzieles) und „Moral" auf.

Das faktische „So ist es" trat an die Stelle des tieferen Seins.

„Norm" wird zu einem zentralen Begriff der Wissenschaften und der Technik. Sie bezeichnet dort einen Standard, eine Art zweckmäßige Mittellage, von der aus sich Abweichungen feststellen und einordnen lassen. Der Siegeszug des Normativen setzte sich in der Soziologie und in der Psychologie, den wichtigsten Sozial- und Humanwissenschaften mit der Wende zum 20. Jahrhundert durch. Je stärker der wissenschaftliche Gebrauch des Normbegriffes zunimmt, umso mehr wandert der er auch in die Auffassung vom

---

[36] Vgl. ausführlicher: D. Mieth, Normen, in: J. P. Wils / D. Mieth (Hg.), Grundbegriffe der christlichen Ethik, Paderborn 1991. Ferner: L. Freund, Die Entwicklung des Normbegriffes von Kant bis Windelband, ungedruckte Dissertation, Tübingen 1933.

Menschen und seiner Moral ein. Überall herrscht die Welt der Normen: in den Maßeinheiten (man denke an die DIN-Bezeichnungen!), in unseren Vorstellungen von Gesundheit, in der Art, wie wir nach Regeln Forschungen betreiben oder Statistiken ermitteln und in vielem anderen mehr. Freilich ist zu beachten: Den Grundsätzen des wissenschaftlichen Kritizismus und der damit verbundenen grundsätzlichen Überholbarkeit jeder Erkenntnis entsprechend sind Normen – im Unterschied zu unabänderlichen Gesetzen – veränderbar und abwägbar.

Die Ethik, so heißt es (und ich will das hier nicht überprüfen), ließ die Metaphysik, d.h. die Frage nach einem Sinn jenseits der Faktizität, hinter sich zurück. Normen haben realistisch bzw. zweckmäßig zu sein, und man macht sie: Das ist die beginnende Herrschaft des moralischen Pragmatismus. Die zweckmäßigen Regelungen der Gesellschaft beruhen auf einer Überwindung des ursprünglichen Egoismus zugunsten des friedlichen Zusammenlebens. Das ist die Idee des Gesellschaftsvertrages. Auf einen solchen Vertrag, der nicht faktisch geschlossen wird, aber gleichsam virtuell unseren Überlegungen über die richtigen gesellschaftlichen Zustände zugrunde liegt, rekurriert ein Teil der politischen Philosophen: Wir müssen uns eine Situation vorstellen, in welchem wir einen Vertrag über die wichtigsten Grundsätze unserer Institutionen abschließen, ohne noch zu wissen, welche Rolle wir in dieser Gesellschaft und in ihren Institutionen spielen werden. Ein solches Gedankenexperiment stünde, so meint der wichtigste Vertreter, John Rawls[37], unter einem „Schleier des Nichtwissens" , unter dem die vorgestellte Ausgangslage für alle gleich ist, die möglichen Differenzen aber gleichwohl bekannt sind. Der am Grundvertrag Beteiligte sollte also ein faires System von Grundsätzen wählen, in dem die Gleichheit Vorrang hat und jede Ungleichheit eigens mit dem Vorteil des am meisten Benachteiligten gerechtfertigt werden muss.

Anders als John Rawls argumentiert der so genannte Utilitarismus. Seine Form von Zweckmäßigkeit besteht in der einfachen Regel, dasjenige sei gut und richtig, was das größte Wohl der größ-

---

[37] Vgl. J. Rawls, Eine Theorie der Gerechtigkeit, Frankfurt/M. 1975.

ten Zahl von Menschen ermögliche. Nutzensmaximierung gilt als Maßstab. Das lässt sich anscheinend gut mit dem Mehrheitsprinzip der Demokratie verbinden: Was die meisten akzeptieren, muss ja auch zum Nutzen dieser Mehrheit sein. Deshalb ist heute die Frage nach der Ethik oft nichts anderes als die Frage nach der Akzeptanz durch die Mehrheit. Führende Politiker scheinen oft professionell verankerte Utilitaristen zu sein. Dies kommt auch der in der Ökonomie zielführenden Nutzensmaximierung entgegen: Man muss das ökonomische Nutzensprinzip freilich sozial zugunsten des Gemeinwohls regeln.

Vom Gemeinwohl als Kriterium gibt es freilich zwei Auffassungen: Die einen sehen darin nichts anderes als das Nutzenskalkül für die größte erreichbare Zahl; die anderen sehen darin die Summe der Rechte und Pflichten, die die Einzelnen aufgrund ihrer aus der Menschenwürde abgeleiteten Freiheits-, Sozial- und Kulturrechte beanspruchen können. Erst in der zweiten Auffassung erscheint die Demokratie nicht nur als Mehrheitsprinzip, sondern auch als ein Minderheitenschutz und als eine Verfassungsform, die eine Teilung der Gewalten voraussetzt.

Von den Normen für die Konstruktion der Gesellschaft sind die Normen zu unterscheiden, die innerhalb dieses Rahmens das Recht für alle hervorbringen, die Normen, die für bestimmte Gruppen gelten und schließlich die Normen, die sich das Individuum setzt, wenn es danach fragt, welche moralische Maxime für das persönliche Handeln gilt.

Um die moralische Norm zu präzisieren, muss man sie von anderen Gruppen von Normen unterscheiden: von der statistisch erfassten Norm, von der biologischen Norm, von der sozialen Norm und von der rechtlichen Norm. Norm im statistischen Sinn sagt, wonach sich eine Mehrheit richtet, was man für normal hält oder zu tun pflegt. Würde man die statistische Norm zur ethischen Norm machen, dann würden entweder die Macher der Statistik entscheiden, weil sie die Aussage durch ihre Ermittlungsmethode beeinflussen, oder die ermittelte Mehrheit wäre entscheidend. Solange jedoch Ethik nicht einfach das Abbild von Mehrheitsmeinungen ist, ist Statistik dafür wenig aussagekräftig. Ethik kann deshalb auch nicht empirisch ermittelt werden, obwohl dies ein sehr verbreitetes Missverständnis auch in den Forschungslandschaften darstellt. Daher sind Erkenntnisse über soziale Verhaltensmuster zwar hilfreich, aber nicht federführend für die Ethik.

Die biologische Norm spielt z.B. eine Rolle bei Theorien über Ursache und Wirkung unseres Verhaltens. Da sie aber die Freiheit nicht mit eigenen Mitteln, sondern nur mit Mitteln der Philosophie interpretieren kann, kann sie für die Ethik nur eine Hilfswissenschaft sein, um Mechanismen zu erkennen, die unsere Freiheit gebrauchen muss.

Die soziale Norm ist ein Bereich von Handlungsregeln, die nicht rechtlich, sondern nur sozial sanktioniert werden, z.B. Sitten der Höflichkeit oder des kulturellen Benehmens, aber auch Formen des Gruppenethos, denen sich die Beteiligten nur unter dem Risiko entziehen können, dass die Gruppe sie aus ihrer Achtung oder gar aus ihrer Mitgliedschaft ausschließt.

Die rechtliche Norm beeinflusst gewiss das moralische Verhalten. Aber dies geschieht vor allem durch die Art, wie sie rezipiert und verstanden wird. Dies unterscheidet sich manchmal von der Intention und dem Wortlaut. Zum Beispiel hat sich seit Einführung des nicht strafbaren Schwangerschaftsabbruches die Meinung ausgebreitet: Wenn er nicht mehr bestraft werde, dann sei er auch nicht rechtswidrig und moralisch daher ebenfalls legitim. So steht es nicht im Gesetz, aber so wirkt sich das Gesetz aus. Obwohl das Recht eine faktisch moralbildende Größe ist, wäre es jedoch bedenklich, es zur Moralbildung, sei es entschärfend oder verschärfend, einsetzen zu wollen. Das Recht regelt soviel, wie um der Wahrung der Grundkonstitution der Gesellschaft willen, um des Friedens zwischen den Menschen, die in einer Gesellschaft als Staat zusammenleben, willen und schließlich um der Wahrung der Würde und der Rechte jedes Einzelnen willen geregelt werden muss. In einer offenen Gesellschaft fallen Recht und Moral nicht zusammen.

Erst mit Rücksicht auf die freie Übernahme von begründeten Verbindlichkeiten kann man von jener Moral reden, über die Ethik nachdenkt, vor allem, wenn sie strittig ist. Dabei sind in der Reflexion der Ethik über die Richtigkeit und die Verbindlichkeit von moralischen Normen unterschiedliche Ebenen zu beachten: Normen als Prinzipien, Normen als Faustregeln, Normen als persönliche Vorsätze und Normen als ethische Vorzugsurteile.

Das oberste normative Prinzip ist die Menschenwürde (vgl. Kap. III, 2). Dieses Prinzip lässt sich in verschiedenen Varianten ausdrücken, je nachdem, was man dabei vor Augen hat: die Selbstzwecklichkeit des Menschen, seine Unverfügbarkeit, seinen absoluten Wert, die Unantastbarkeit seines Körpers und die Menschenrechte, die man aus diesen Entfaltungen der Menschenwürde ableiten und in Grundrechten geltend machen kann.

Normen als Faustregeln sind ähnlich wie Grundregeln der Grammatik für die Sprache zu betrachten. Sie unterliegen der Kunst des moralischen Argumentierens (vgl. Kap. III, 5), um ihre Beweiskraft zu entfalten, oft auch der Einsicht in das Vorbild gelebter Überzeugungen. Ein Beispiel für eine solche Faustregel ist die Folgenbewertungsregel: Man soll Probleme nicht so lösen, dass die Probleme, die durch die Problemlösung entstehen, größer sind als die Probleme, die gelöst werden. Andere Beispiele können, wie ich es im Schlusskapitel über die Zehn Gebote zeigen werde, als „Merkformeln der Moral" aufgegriffen werden.

Normen als persönliche Vorsätze kann man auch als freie Selbstverpflichtung zum guten Leben bezeichnen. Sie sind nicht alle ethisch bewertbar. Nur die wichtigsten Orientierungen, die wir uns im Gesamten unserer Biographie geben und die wir wirklich wollen, sind hier einschlägig, und diese entsprechen oft allgemeinen Faustregeln über Normen (z.B. die Wahrheit sagen, Verträge einhalten) und über zeitgemäße Tugenden (z.B. Zivilcourage).

Aber die persönlichen Gewichtungen, die wir hier vornehmen, geben unserer moralischen Identität ein besonderes persönliches Profil.

Normen als ethische Vorzugsurteile (welches Recht hat Vorrang?) oder als Güterabwägungen (Welches Gut verdient den Vorzug?) beschäftigen uns in der Gesellschaft im Vorfeld der Rechtsfindung. Oft führen diese Urteile und Abwägungen zu Konflikten, oder umgekehrt: In ihnen melden sich Konflikte zwischen gelebten Überzeugungen und unterschiedlichen Ethik-Konzepten an. Zur

Regelung dieser Konflikte sind wir auf Diskurse angewiesen, in denen gute Grundsätze, richtiges Argumentieren und kluge Entscheidungen (vgl. Kap. III) sich bewähren können.

In einer Umfrage im März 2003 wurde festgestellt, dass 66 Prozent der Deutschen sich an die Zehn Gebote halten wollen. Freilich wurde ebenso festgestellt, dass diese Gebote im einzelnen und inhaltlich kaum bekannt sind, mit einer Ausnahme: das ist das Tötungsverbot. Deshalb werden wir im Folgenden dieses Gebot herausgreifen. Mit anderen Geboten oder Normen haben wir uns indirekt bereits in dem Kapitel über „unmoralische Lernprozesse" beschäftigt, insbesondere mit dem Gebot, die Wahrheit zu sagen (vgl. Kap. II, 4).

2. Das Tötungsverbot[38]

Das Tötungsverbot gehört zu den Urregeln einer Rechtsgemeinschaft. Eigentlich muss man vom Verbot des „Mordens" reden und nicht vom Verbot des „Tötens". Denn Töten war, z.B. im israelitischen Ethos, aus dem wir die apodiktische Formel des Tötungsverbotes entnehmen, in bestimmten Fällen erlaubt, sei es in der Todesstrafe, wenn jemand die Gegenseitigkeit des Lebensrechtes als Mörder verletzt hatte, sei es in der Notwehr, sei es im Krieg. Dieser wurde damals noch als Naturereignis bzw. auch als göttliches Schicksalsinstrument betrachtet: „Um die Zeit, da die Könige in den Krieg zu ziehen pflegen".

Mit dem Tötungsverbot ist festgehalten: das Leben des Menschen ist ein fundamentales *Gut.* Töten ist zunächst einmal generell

---

[38] Vgl. T. Mann, Das Gesetz, Dichtung und Wirklichkeit. Mit einem Essay von Käte Hamburger, Frankfurt / Berlin 1964; (Darin finden sich biblische, jüdische und islamische Erzählungen zu Moses und dem Mordverbot) vgl. auch K.-J. Kuschel, siehe oben Anm.; D. Mieth, Du sollst nicht morden. Menschenachtung und Schutz des Lebens, in: Kath. Bibelwerk (Hg.), 10 Gebote, Stuttgart 2001, 83–93; ders., Töten gegen Leiden?, in: Stiftung Deutsches Hygiene-Museum u.a. (Hg.), Die Zehn Gebote, Katalog 2004.

unerlaubt. Ausnahmen von diesem Verbot bedürfen der Rechtfertigung. Beim Morden geht es um ein Töten ohne *Rechtfertigungsgrund*. Ein solches Töten bietet nämlich allen möglichen, willkürlichen und als solche bereits verwerflichen Motiven, mit dem Leben des anderen anders als schonend und erhaltend umzugehen, Einlass. „Du kannst nicht zulassen", sagt Joseph in Thomas Manns großem Roman „Joseph und seine Brüder" dem romantischen Religionsreformer auf dem Pharaonenthron, „dass es zugehe nach den Köpfen der Mordbrenner." Damit wird auch die gegen das Morden notwendige Widerstandshaltung im Interesse des Gemeinwohls und im Interesse der individuellen Lebenserhaltung deutlich.

Thomas Mann gehörte zu denen, die Hitlers Kampf gegen die Zehn Gebote – heute würden wir sagen: gegen die Menschenrechte, – widerstanden. In seiner Erzählung „Das Gesetz" von 1943 hat er das Mordverbot als Tötungsverbot behandelt und, einem Aufsatz von Sigmund Freud über den „Mann Moses" folgend, die Entstehung dieses Tötungsverbotes in die innere Psychologie eines Menschen verlegt, die eine archetypische Struktur aufweist:

„Er (Moses) tötete früh im Auflodern, darum wusste er besser als jeder Unerfahrene, dass Töten zwar köstlich, aber getötet zu haben höchst grässlich ist, und dass du nicht töten sollst."

Thomas Mann hat hier eine andere Perspektive gewählt, als wir sie üblicherweise einnehmen. Wir denken intuitiv und spontan von außen her an die Täter und an ihre Leichen, an ihre Opfer, an Folter, Verstümmelung, Vergewaltigung, Völkermorde und dergleichen. Thomas Mann steigt hier mit Freud in das Innere des Täters ein und lässt das Mordverbot aus der Gewissenserfahrung erwachsen, genauer aus der Erfahrung des negativen Gewissens, das anderen erspart werden soll.

Hier geht es um die Einsicht in eine „*Un*tat", die man sich selbst nicht zurechnen möchte und die man deshalb nicht eigentlich eine „Tat" zu nennen wagt. Diese Einsicht stammt aus dem Entsetzen des Menschen über sich selbst und aus dem Grauen, das er verbreiten kann. Das ist ein Beweggrund. Die Begründung, der Beweisgrund, warum eine Tötung unter Menschen verboten sein sollte, lautet: Das Gut des Lebens, das Gott geschenkt hat, indem er dem

Menschen gleichsam persönlich den Atem gab und indem er ihm sein Bild einprägte, ist so grundlegend für jedes zwischenmenschliche Verhalten, dass es nur dann eingeschränkt werden kann, wenn es mit sich selbst in Widerstreit gerät. Im Laufe der Geschichte wurde der Ausnahmegrund „Notwehr" immer präziser erfasst. Heute ist die Todesstrafe in Europa verpönt. Wo ein Staat in der Abwehr einer Untat keine „Not" mehr hat in seiner „Wehr", da ist die Todesstrafe nicht mehr ethisch zu rechtfertigen.

Thomas Mann hat den Beweisgrund etwas anders ausgedrückt: „Mache überhaupt nicht den dummdreisten Unterschied zwischen dir und den anderen, dass du denkst, du allein bist wirklich und auf dich kommt's an, der andere aber ist nur ein Schein. Ihr habt das Leben gemeinsam, und es ist nur ein Zufall, dass du nicht er bist. Darum liebe nicht dich allein, sondern liebe ihn gleicher Weise und tue mit ihm, wie du wünschen würdest, dass er mit dir täte, wenn er du wäre."[39]

Was hier herangezogen wird, ist die so genannte goldene Regel. In ihr ist, in ganz verschiedenen Religionen und Weisheitslehren, ja auch in philosophischen Lehren vom Glücken des menschlichen Daseins, die Erfahrung gespeichert, dass ich in die Rolle des anderen geraten kann. So wird im ersten Testament immer wieder darauf aufmerksam gemacht, dass Israel selbst ein Fremdling war, dass es aus dieser Erfahrung weiß, wie Fremden zumute ist und deshalb den Fremden gut sein soll. Das Gedächtnis des Rollentausches kann, wie wir bereits gesehen haben, in der politischen Philosophie, etwa bei John Rawls, auch als Konstruktion auftreten: Ich konstruiere einen Urzustand, in welchem die Menschen eine Verfassung entwerfen, ohne von sich noch zu wissen, wer sie sein werden. Dieser „Schleier des Nichtwissens" verbündet sich mit dem Gedächtnis an die zerstörerische Ungleichheit zwischen den Menschen. Wissen und Nichtwissen, wer wir sind, geben die Begründung dafür, dass wir uns alle gleiche Rechte zugestehen. Man kann aber auch davon ausgehen, dass, wenn wir uns selbst Handlungsziele zuweisen, wir diese nur erreichen können, wenn wir auch anderen Handlungsziele zu-

---

[39] A.a.O. 39.

gestehen, und dass aus dieser Erfahrung ein Gebot wird, wenn wir eine Regel für kontinuierliches Handeln aufstellen wollen: „Handle so, dass du die Rechte und Pflichten aller am Handlungszusammenhang Beteiligten, sowohl deiner selbst als auch aller anderen, einbeziehst."[40]

In der goldenen Regel steckt eine Erfahrung, die zu einer „Hermeneutik der Furcht" (Hans Jonas) führt: Ebenso könnte es unter veränderten Umständen auch mich treffen.

Religiöse Erfahrung und ethische Begründung sind dabei zu allen Zeiten Bündnisse eingegangen. Philosophie heißt ja „Liebe zur Weisheit", und in diesem Sinne findet sich in der Bibel nicht nur das prophetische Drohwort, sondern auch das lockende Wort der Weisheit: das Lebensdienliche ist zu fördern.

„Du sollst nicht morden" – Jesus von Nazareth greift als der Gesetzgeber des Neuen Bundes, als der er in den Evangelien neben Moses gestellt wird, die resolute Entfaltung dieses Gebotes zu einem Ethos der Nächstenliebe heraus, die er mit einigen Schulen der jüdischen Gesetzesauslegung seiner Zeit teilte. In der Bergpredigt sind seine Worte so überliefert: „Ihr habt gehört, dass zu den Alten gesagt worden ist: Du sollst nicht morden; wer aber mordet, der soll dem Gerichte verfallen sein. Ich aber sage euch: Jeder, der seinem Bruder zürnt, der wird des Gerichtes schuldig sein. Wer aber zu seinem Bruder sagt: Du Dummkopf, der wird dem hohen Rate verfallen sein. Wer jedoch sagt: Du (gottloser) Narr, der wird dem höllischen Feuer verfallen sein." (Mt 5,21,22) Darüber hinaus schließt Jesus die Wiedervergeltung aus und propagiert die Versöhnlichkeit mit dem hassenden Gegner (Mt 5,38–48).

Wenn Jesus also wie der neue Moses auf dem Berg und aus der Wolke göttlicher Weisheit redet, dann wird die Menschenachtung insgesamt zum Thema. Es geht nicht isoliert um das Leben als ein fundamentales Gut, sondern darüber hinaus um die Zuerkennung von Achtung, welche sich nicht vom Verhalten des anderen blo-

---

[40] Vgl. ausführlich K. Steigleder, Grundlegung der normativen Ethik. Der Ansatz von Alan Gewirth, Freiburg i. Br. 1999; A. Gewirth, Reason and Morality, Chicago 1978.

ckieren oder einengen lässt. Der andere ist im Herzen bereits einge-schlossen, bevor er unter das Maß seiner Handlungen gerät. Unser Verhalten zu anderen Menschen – und Jesus meint alle Menschen, nicht bloß die Brüder, denn solche Einschränkungen haben ja „auch die Heiden" – ist keine Antwort auf deren Verhalten, sondern eine Antwort auf unsere eigene religiöse Identität, die den anderen von vornherein mit einschließt, so wie wir von Gott mit eingeschlossen sind: aus dieser Erfahrung des Geliebtseins geht die Liebe hervor. Hier wird das Ethos der Gegenseitigkeit unterfangen von einem be-reits vorausgehenden Ethos des Anhangens und der mich selbst erst konstituierenden Beziehung. Den anderen sehen, wie er ist, ist ein Gebot der Klugheit; den anderen aus der Liebe entgegenzukommen, ist ein Gebot der „Einfalt" oder, wie Jesus auch sagt, der Zielgestalt unseres vollkommenen Wesens („teleios").

So führt das „Nichtmorden" weit über Tötungsdelikte hinaus in ein Menschenbild, das sich für die „großen" christlichen Ethiken des Friedens, der neuen Gemeinschaft, der Ehrfurcht vor dem Le-ben, der Mitgeschöpflichkeit, des demütigen Dienstes öffnet. Die „große" Ethik, die im Liebesgebot zusammengefasst ist, das wiede-rum die goldene Regel in sich begreift, erspart uns aber nicht die „kleinen" Notwehrethiken, die vom Christentum nicht desavouiert worden sind.

Auch unter dem unmittelbaren Eindruck der Bergpredigt Jesu ist der Gedanke an die Unterscheidung zwischen Notwehr und Mord nicht erloschen. Und von daher ist immer die „große" Liebes- und Friedensethik des Christentums von der „kleinen" Notwehr-ethik zu unterscheiden. Diese freilich steht unter dem Vorbehalt ei-ner möglichen Auflösung der Not, die sie hervorbringt. Die Ge-schichte dieser Auflösung ist lang: die Auflösung der Blutrache, die Verurteilung des Krieges, der Gewalttätigkeiten, der Folter, der Ver-leumdung, der Vergewaltigung, des Kindesmissbrauchs usw. bis zur Verurteilung der Todesstrafe. Aber nicht alle Not haben wir beseiti-gen können, und so denken wir weiterhin nicht nur über die Ge-rechtigkeit nach, die den Frieden schaffen kann, sondern auch über die Not, die z.B. eine gewaltsame „humanitäre Intervention" her-vorruft.

Wie sollen wir heute mit all diesen Fragen umgehen, die sich über Leben und Tod stellen, alten und neuen, verschärften und komplexen, unstrittigen und strittigen? Eines ist klar: Die Wirkungsgeschichte des Gebotes hängt, schon bisher, mehr noch in der Zukunft, davon ab, wie sich die geschichtlichen Rahmenbedingungen und die ethischen Diskurs im philosophischen Kontext verändern. Dies ist der Grund, weshalb wir heute den Vorzug der „größten" Gerechtigkeits- und Friedensethik vor der „kleinen" Notwehrethik ebenso vertreten wie die Abschaffung der Todesstrafe. Auf der anderen Seite sehen wir Völkermord und Folter, Vergewaltigung und Kindesmissbrauch, weitaus mehr als frühere Zeiten, als himmelschreiende Sünden an, insbesondere als Sünden gegen Tötungsverbot und das Verbot der Gewaltanwendung. Am Kindesmissbrauch und an der Vergewaltigung lässt sich zeigen, dass diese heute nicht mehr primär als Sexualdelikte, sondern als Verstoß gegen die Unantastbarkeit des Lebens und des Körpers angesehen werden.

Die Erfahrung der Geschichte und die wissenschaftliche Aufklärung haben uns gelehrt, den Sitz der Anfälligkeit für die Sünde nicht mehr im sexuellen Begehren, sondern in der Verführbarkeit zur Gewalt zu sehen. Aggressivität und Vorurteil verdienen unsere sozialethische Aufmerksamkeit; sie sind derzeit besonders im Rechtsextremismus erneut wahrzunehmen und zu bekämpfen.

Selbsttötung als häufige Todesursache in hochzivilisierten Gesellschaften erscheint heute eher als eine Folge der mitmenschlichen Isolation und des schwierigen Umgangs mit dem Scheitern. Tötung auf Verlangen (aktive Euthanasie) wird als ein Problem der lebensverlängernden Medizin angesehen. Dennoch gilt auch hier der Kern des Verbotes: Das hohe Gut des Lebens und die mangelnde Berechtigung, es selbst zu beenden oder sich direkt töten zu lassen, erlauben es nicht, Extremfälle zum gesetzlich erlaubten Normalfall zu machen. Sicherlich gibt es rechtliche Regulierungen, die schwer erzwingbar sind, und es gibt wie im Schwangerschaftskonflikt die Abwägung, ob das wachsende Leben besser durch Strafe oder durch Entlastung der Mutter gesichert sei. Wie immer man darüber denkt: Es ist Aufgabe der Gesellschaft, durch ihre Solidarität solche Konflikte zu reduzieren statt sie chirurgisch zu beenden.

Wann das Leben eines Menschen beginnt, ist heute eine viel diskutierte Frage. Eine befruchtete Eizelle, ein Embryo, ist ein menschliches Lebewesen. Die Frage, ob ein menschliches Leben, das sich noch weiter entwickelt, zu schützen sei, ist daher nicht zu verneinen. Es bleibt die Frage, wie stark diese Schutzpflicht ist und ob sie mit dem Gut Gesundheit – des Embryos selbst oder solcher, die einmal vom medizinischen Ertrag des Embryonenverbrauches profitieren wollen – so abzuwägen ist, dass sie dahinter zurücktritt. Diese Frage ist zu verneinen, weil es keinen Lebensschutz gibt, der auf das Bemühen zur Lebensrettung, außer im Falle Leben gegen Leben, verzichten kann. Unsere Gesetze entsprechen dem nicht in jedem denkbaren Fall, aber bisher ist zumindest ein Ausweg im Sinne des Lebensschutzes rechtlich freigehalten. Würde man eigens Embryonen für Selektionsvorteile oder zum Forschungsverbrauch bereitstellen oder herstellen, würde man diesen Ausweg absichtlich verschließen.

Das Lotteriespiel der Natur kennt diese Absicht des Lebensschutzes bzw. des Schutzes der Menschwerdung nicht, es ist moralisch blind. Das Tötungsverbot öffnet uns die Augen für unsere Verantwortung und ihr Kriterium: der Schutz der Menschwerdung des Menschen in jedem einzelnen menschlichen Lebewesen (vgl. Kap. III, 2 „Perspektiven der Menschenwürde").

VI Politik und Moral[41]

1. Politik und Moral – ein Widerspruch?

Als Waffe im politischen Geschäft wird die Moral gern eingesetzt. Wenn in der persönlichen Lebensführung, in der „political correctness", im Umgang mit der Öffentlichkeit oder in der geschäftlichen Ehrenhaftigkeit Defekte auftauchen, werden sie gern gegen den politischen Gegner oder um der eigenen politischen Karriere willen verwendet. Die Maßstäbe, die dabei gelegentlich gebraucht werden, werden von denen, die sie gebrauchen, oft selbst nicht erreicht, so dass der Beigeschmack von Heuchelei beim Gebrauch politisch verwendbarer „Moralkeulen" leicht auftritt.

„In der Liebe und in der Politik ist alles erlaubt" – dieser kecke Spruch stellt den Erfolg in der Strategie über die Mittel, mit denen man diesen Erfolg erreicht. „Der Zweck heiligt die Mittel" scheint zu dieser strategischen Option zu passen. „Entscheidend ist, was dabei herauskommt." Eine Moral, die Gesinnung mit Verantwortung verbindet, scheint hier wenig zu suchen zu haben. „Politik ist ein schmutziges Geschäft." „Ab und zu muss geholzt werden." Das sind ebenso Sprüche, welche die Flucht nach vorne antreten. „Mit Moral kann man keinen Blumentopf gewinnen", dieser Spruch verbindet den politischen Erfolg mit dem Geschäftsgewinn.

Außerdem scheint Politik auf zwei Ebenen stattzufinden: Die eine Ebene ist das reale Macht- und Durchsetzungsspiel, die andere Ebene ist die Art, wie darüber informiert wird oder wie eine „symbolische" Auseinandersetzung darüber geführt wird, welche die Sache, um die es geht, eher verschleiert als transparent werden lässt.

---

[41] Vgl. S. H. Pfürtner, Politik und Gewissen – Gewissen und Politik, Zürich / Einsiedeln / Köln 1976; O. Höffe, Ethik und Politik, 4. Auflage, Frankfurt/M. 1992.

Man diskutiert den gerechten Krieg oder die militärische Intervention, um Massaker zu verhüten, in Wirklichkeit geht es aber (zumindest auch) um wirtschaftliche Macht und um imperiale Einflusssphären. Oder man diskutiert darüber, wie der Sozialstaat zu retten sei. In Wirklichkeit geht es aber darum, wie man ihn einschränken kann, um denen, welche die Macht haben, freiere Spielräume zu geben.

Damit wird deutlich, dass Politik sich an der Macht orientiert, entweder am Erringen von Macht oder an der Anpassung an vorgegebene Mächte, um möglichst viel Macht zu erreichen oder sich zu erhalten. Machtziele und Moral aber geraten sich leicht ins Gehege, zumal wir vom moralischen Menschen erwarten, dass er seine Machttriebe mit ethischer Verantwortung ausgleicht und notfalls beherrscht. Ist diese Erwartung eine Illusion, die unmittelbar in die Korruption führt, weil jeder so tun muss, als erfülle er diese Erwartung, während er in Wirklichkeit „business as usual" betreibt?

Es ist oft gezeigt worden, wie man Politik allein um der Macht willen und ohne ethische Bedenken betreibt. Auf der anderen Seite steht aber die Erfahrung, dass man Ethik braucht, um zu wissen, was richtig ist. Da Politik in und an Institutionen handelt, muss sie nach richtigen und d.h. doch nach gerechten Institutionen streben. Dabei kann es sein, dass die ethische Basis dieses Strebens – denn in der Gerechtigkeit fallen richtige Institutionen und richtiges Handeln an ihnen und mit ihnen zusammen – weiterhin beansprucht wird, auch wenn die Strategie die Mittel, um solche Institutionen zu erreichen oder zu verteidigen, ethisch nicht so genau unter die Lupe nimmt. Dafür wird gern ein Beispiel gebraucht: Muss ein Politiker persönlich gerecht und moralisch integer sein, um die besten Gesetze zu machen? Die Antwort wird gewiss „nein" lauten müssen. Deshalb sollte man sich nicht allzu sehr darüber wundern, dass bei Politikern und Politikerinnen Zielbewertung und Mittelbewertung auseinander fallen. Die demokratischen Wähler und Wählerinnen stehen dann oft vor der Frage, ob sie den oder die wählen sollen, die ihrer Ansicht nach die richtigen Institutionen und politischen Maßnahmen verbürgen, aber um der Effizienz willen in ihren Mitteln nicht wählerisch sind, oder diejenigen, bei denen die gleichen Kriterien für die Ziele wie für die Mittel gelten. An dieser Stelle wird die politische Effizienz in wichtigen, auch ethisch zu stützenden, gesellschaftlichen Angelegenheiten gegen die politische Integrität ins Spiel gebracht.

Der Unterschied lässt sich an einem einfachen Beispiel erläutern: am Foul beim Fußballspiel. Wer den Sieg der eigenen Mannschaft wünscht, wird deren taktische Fouls in Kauf nehmen, ja sogar, wie manche Reporter, an den Fouls die Ernsthaftigkeit des Einsatzes zu messen versuchen. Der berechnete, „klug" genannte Normverstoß – etwas anderes nennt der Reporter ein „dummes" oder ein „unnötiges" Foul – gehört offensichtlich zur Freiheit der Spielzüge, auch wenn die Spielregeln ihn verurteilen und darin wiederum ein Risiko für die Effizienz des eigenen Spieles liegt, weil man u. U. plötzlich mit einem Mann weniger auskommen muss.

Muss man sich als politisch Handelnder ähnlich wie ein Mannschaftssport Treibender nun doch mit dem Satz arrangieren, dass der gute Zweck die bösen Mittel heilige? Dann wäre die Waffe der Moral im Sinne der schon genannten Heuchelei nichts anderes als der aus meiner Schulzeit bekannte Spruch der Lehrer: „Abschreiben" darf man schon, aber sich nicht dabei erwischen lassen.

Wer so denkt, wird schnell in einer Art moralischem Defätismus landen, der etwa nach dem Grundsatz urteilt: In der Politik darf man nur Ziele nach richtig oder falsch beurteilen, bei den Mitteln ist die strategische Effizienz wichtiger als die moralische Korrektheit. Denn sonst würde man ja gerade die als richtig eingesehenen Ziele nicht erreichen oder sie verzögern. Das kann man doch aus Gründen der Notwendigkeit richtiger Institutionen, d. h. aus moralischer Verantwortung nicht wollen. Aber umgekehrt: Wer sich an Mittel gewöhnt, die nicht dem gleichem Kriterium wie dem Zweck genügen, sondern diese Kriterien paradoxerweise außer Kraft setzen, um ihnen zum Erfolg zu verhelfen, wird früher oder später, da er sich vorrangig im politischen Kampf um die Mittel aufhält, die Kriterien vergessen, um derentwillen er einmal angetreten war – dann steht am Ende in der Tat nur das „schmutzige Geschäft" oder „business as usual".

Man sieht daran, welcher Anspruch an die Qualität des Einzelnen besteht, der politisch handelt. Es ist ein Anspruch an die Richtigkeit der Zielsetzung, an die persönliche Integrität und an die strategische Klugheit. Das „Augenmaß", das dabei gefordert wird, muss diese Ansprüche in ein rechtes Verhältnis setzen. Dabei können, angesichts der Endlichkeit und Fehlerfähigkeit, die Menschen nun einmal eigen sind, Irrtümer und moralische Fehler nicht ausbleiben. Von der Öffentlichkeit und von ihren informierten Bürgerinnen und Bürgern wird wiederum verlangt, dass sie Falsches falsch nennen, sowohl was die Ziele als auch was die Mittel betrifft, dass sie aber zugleich dazu bereit sind, eingesehene Fehler und moralische Schwächen zu vergeben. Denn nur dort, wo kein ehrliches Wort über die eigenen Fehler und Schwächen mehr möglich ist, weil dies das politische Todesurteil bedeutet, können Heuchelei und Korruption gedeihen. Damit beginnt der Kreislauf der Unglaubwürdigkeit.

„Schuldig sind alle, nur spricht niemand mehr frei." So hat Albert Camus diese Situation beschrieben. Im Grunde geht es hier um die politische Öffentlichkeit, die vierte Gewalt im demokratischen Staat. Die Handhabung der moralischen Kategorien im strategischen, Macht anstrebenden Handeln verlangt Maß, Sensibilität und Ehrlichkeit zugleich. Solche Tugenden erscheinen nicht als hinderlich für strategische Effizienz und taktisches Können, ja, sie können diesen beiden Erfordernissen sogar förderlich sein. Ebenso förderlich ist das, was wir „political correctness" nennen und das man als so etwas wie Anstandsregeln der politischen Öffentlichkeit auffassen kann.

2. Political correctness

Joy Fielding schildert in dem Roman „Nur wenn du mich liebst" eine Seminarstunde, an deren Schluss der Professor sagt: „... die Benotung des Referats wird 25 Prozent Ihrer Semesternote ausmachen. Frauen mit großen Brüsten", fuhr er augenzwinkernd fort, „haben natürlich automatisch bestanden." Als Susan, eine Studentin ihn wegen dieser Äußerung zur Rede stellt, antwortet er: „Ich glaube nicht, dass Sie sich irgendwelche Sorgen machen müssen ...

Ihre Oberweite scheint mir ausreichend üppig, um das Seminar zu bestehen." Susan besteht auf einer Entschuldigung und erhält die Antwort: „Ich weiß, wir leben in den 80er Jahren, und die Frauenbewegung hat den gesunden Menschenverstand fest im Würgegriff, aber wirklich, Susan, haben Sie denn gar keinen Humor?" „Jedenfalls nicht Ihren", antwortete Susan.[42]

Solche Geschichten zeigen, wie sehr die „political correctness" mit dem verknüpft ist, was man früher „Anstandsregeln" nannte. Freilich waren die Anstandsregeln eher für Umgangsformen, Rituale und Tischsitten vorhanden. Den politischen Spielraum eroberten sie sich, als sie die zwischenmenschlichen, gleichsam nichtöffentlichen, internen Konventionen mehr oder minder aufgaben. An die Stelle des privaten Ordnungssystems, das sich bis auf einige unvermeidliche Rudimente in Formen des persönlichen Geschmacks auflöste, trat der öffentliche, politische Comment. In der alten Ordnung musste man sich in das Verhältnis von oben und unten schicken – das sollte die so genannte „Kinderstube" erbringen. „Anstand, Ordnung und Sauberkeit" waren drei grundlegende Anstandsregeln, die wir im Schulzimmer der fünfziger Jahre des 20. Jahrhunderts deklamieren mussten. In der neuen Ordnung geht es um etwas anderes: um das Verbot von sozialer, mehr oder weniger öffentlicher Diskriminierung. Und dieses Verbot bezieht sich vor allem auf das Sprechen oder auf die Sprachhandlungen.

Diskriminierung gegen Hautfarben, gegen das Geschlecht, gegen Religion, gegen Behinderungen, gegen das Alter und gegen das Aussehen stellen jeweils Verallgemeinerungen „nach unten" dar, indem bestimmte Eigenschaften, Probleme und Reaktionsweisen unterstellt werden. Die „political correctness" steht in der Funktion, die Menschenrechte im Vorfeld zu wahren. Denn der Anstand ist der Zaun des ethischen Prinzips. Mit diesen Anstandsregeln wird es aus der Höhe in den Alltag übersetzt. Die Selbstverständlichkeit, mit der man bei einer Verletzung Tadel und soziale Sanktion zu erwarten hat, vermindert die Zeit, die man jeweils bräuchte, um die Verletzung ethisch einordnen zu können. Die Frage nach der Richtigkeit

---

[42] J. Fielding, Nur wenn du mich liebst, München 2002, 80.

erübrigt sich angesichts einer fortschreitenden sozialen Gewohnheit, sich an bestimmte Regeln zu halten, über die man sich in Dauerreflexion befindet und über die man im Einzelfall nicht immer wieder neue Entscheidungen fällen muss.

Zudem respektiert die „political correctness" die unterschiedlichen Lebensoptionen, die zugleich viele Verhaltensweisen in die private Verantwortung stellen und sie nicht normieren wollen. Hier wird respektiert, dass man seiner eigenen Überzeugung folgt. Genau genommen würde man aus dieser Sicht ein muslimisches Kopftuch nicht als öffentliches Problem betrachten wollen. Dazu musste das Kopftuch erst als politische Aussage betrachtet werden, was z. B. bei einer bayerischen Bergbewohnerin, wie ich sie neulich auf dem Bahnsteig in Bad Tölz gesehen habe, nicht in Frage käme.

Ausdruck der „political correctness" ist es, jedermann den persönlichen Freiraum zu bestätigen: Er hat nur getan, was er für richtig hielt, eine in amerikanischen Seifenopern häufig entlastende Formel für einen Abweichler oder einen Sonderweg, entspricht geradezu der Konzentration des Anstands auf die politische Korrektheit. Man mag darin einen Fortschritt sehen oder aber einen Verlust an zwischenmenschlicher Normativität im privaten Raum bedauern – dass der „Humor", wie die eingangs erzählte Geschichte zeigt, sich dabei verändert, wird man nicht bedauern.

Denn Humor ohne Zivilcourage aus der Machtposition heraus, die es sich leisten kann oder zu können vermeint, ist nicht das „trotzdem", das das befreiende Gelächter erzeugt. Insofern gibt es keinen Grund, den Anstand, der das öffentliche Gewand der „political correctness" angenommen hat, nicht zu fördern, es sei denn, er verfiele der Gefahr der Heuchelei, der häufig bloße Anstandsregeln dann zum Opfer fallen, wenn sie nicht mit den rechten Beweggründen und Beweisgründen ausgestattet sind.

Über den bloßen politischen Anstand führt das gemeinschaftsbezogene politische Handeln hinaus. Dieses wird schon immer mit der Tugend der Solidarität verbunden, die zugleich auch als Kriterium sozialstaatlicher Institutionen gilt. Was bedeutet es in diesem politisch-ethischen Sinne, solidarisch zu handeln?

3. Solidarisches Handeln[43]

Solidarität ist ein Wort, das Politiker häufig im Munde führen. Solidarität mit den Arbeitslosen kann dann aber heißen, dass mehr Menschen zur Kasse gebeten, dass Arbeitsplätze aufkündbarer und Leistungen für Arbeitslose geringer werden. Das alles mit dem Ziel, die Produktivkräfte der Wirtschaft zu entlasten, um so mehr Wachstum zu erreichen, von dem man hofft, dass es nicht reiche Konten noch vergrößert, sondern mehr Arbeitsplätze hervorbringt. Eine Garantie gibt es dafür nicht, denn das wirtschaftliche Ziel ist es, mit immer weniger Arbeit immer mehr Produktivität zu erzielen, nicht im Schweiße der Menschen, sondern „im Schweiße der Maschinen" (Ingeborg Bachmann). Das ist nicht sehr aussichtsreich, aber, wie es häufig heißt, dazu gibt es keine Alternative. Eingezogen wird unten, verteilt wird nach oben – heißt das Solidarität?

Oder umgekehrt: Das Festhalten an der Sicherheit der Arbeitsplätze, die Erhaltung hoher Lohnnebenkosten, das Auffangen in einer sozialen Hängematte – heißt das Solidarität mit denen, die aus diesem System langfristig herausfallen?

Oder ist Solidarität nichts anderes als die Bindung der Menschen einer Gesellschaft an das so genannte Gemeinwohl, d. h. an das gemeinsame Schicksal, an die Zusammengehörigkeit auch unter schlechten Bedingungen, an ein Wohlsein des Ganzen, das mehr ist als das Wohlbefinden der Einzelnen? Es gibt zwei Arten, das Gemeinwohl zu verstehen. Einmal eine utilitaristische oder zeitweise „völkische" Variante, wonach das größte Wohl der größten Zahl entscheidender ist als das Wohl des Einzelnen. Zum anderen eine menschenrechtliche Variante, wonach das demokratische Gemeinwohl in der Summe der Garantien der Menschenwürde und der Menschenrechte besteht. Das heißt: Man muss sich im Namen des Gemeinwohls für die Rechte des Einzelnen einsetzen.

---

[43] Vgl. C. Hübenthal, Solidarität, in: H. Krebs / M. Kühn (Hg.), Vorteil Solidarität, Düsseldorf 2000, 7–42; D. Mieth, Sozialethik, in: M. Düwell / C. Hübenthal / M. H. Werner (Hg.), „Handbuch Ethik", Stuttgart 2002, 500–504.

Es liegt auf der Hand, dass der Solidaritätsbegriff jeweils verschieden ist. Im ersten Fall geht man eher von einer Art Zwangssolidarität aus, die im Konfliktfall auch die Rechte des Einzelnen einschränken kann; im zweiten Fall von einer Solidarität, die sich unter den freien gesellschaftlichen Kräften herausbildet und auf das Gemeinwohl als Summe der Rechte einwirkt. Aber auch die Gewährleistung der Rechte kennt Zwangssolidaritäten, z. B. im Fall einer Bedrohung durch Seuchen oder Terror.

Oder kann man mit Solidarität „keinen Staat" machen, weil Solidarität nichts anderes ist als herzliche Brüderlichkeit (Geschwisterlichkeit) aller Menschen, also ein Appell an mehr Menschlichkeit, bzw. weil Solidarität so etwas ist wie die private, in Vereinen und in Kirchen auszuübende, aber nicht im Recht zu garantierende, christliche Nächstenliebe? Statt Sozialgesetze zu machen oder zu erhalten, sammeln gehen, Hilfs-Aktionen ins Leben rufen, sich persönlich engagieren?

Solidarisch sollen wir sein, wollen wir sein, aber wie können wir das? Zunächst einmal muss man sich darüber klar sein, dass das Zusammenstehen um gemeinsamer Ziele willen auf einer gemeinsamen Erfahrung von Ungerechtigkeit und Benachteiligung beruht. Deshalb hatte im 19. Jahrhundert die Solidarität ihren Sitz in der Arbeiterbewegung. Solidarisch sind Menschen, die eine gemeinsame Kontrasterfahrung mit gegebenen oder drohenden Zuständen haben und die diese ändern bzw. Zustände, die bedroht werden, erhalten wollen. Solidarität kommt also ihrem Wesen nach „von unten", und sie umfasst primär die Betroffenen selbst und versetzt sie in Handlungsbereitschaft. Da die Handlungsfähigkeit in machtarmen Zonen der Gesellschaft sehr eingeschränkt ist, ist Solidarität auch ein Appell an die Mächtigen, die Handlungsfähigkeit der Betroffenen zu erweitern.

Das Zusammenstehen um gemeinsamer Ziele willen ist am besten als „Consolidarität" zu definieren. Denn das Zusammenstehen wird hier von gemeinsamer Betroffenheit von der gleichen Situation gefördert. Im Beistand derer, die nicht persönlich direkt benachteiligt, aber moralisch betroffen sind, kann man hingegen eine Art „Prosolidarität" sehen. Das Bündnis zwischen „Consolidarität" und

„Prosolidarität" ist oft erfolgreich, weil es den Druck ausübt, mehr soziale Gerechtigkeit einzuführen oder, bei Bedrohung, zu erhalten. Solidarität ist daher auch als Kampf um Gerechtigkeit zu verstehen, teils, um durchzusetzen, was als gerecht schon anerkannt, aber nicht durchgeführt ist (wie z.B. gleicher Lohn für gleiche Leistung für Frauen und Männer), teils um praktizierbare Strukturen der Gerechtigkeit aus der Erfahrung dieses Kampfes zu erkennen. Denn die Praxis ist ein Erkenntnisort für die Theorie der Praxis.

Solidarität gehört daher einerseits der bewegten Szene der Auseinandersetzungen in der Gesellschaft an, andererseits ist sie eine Quelle der Dynamik des Rechtsstaates (oder auch seines Beharrungsvermögens im Falle der Bedrohung). Solidarität und Gerechtigkeit unterscheiden sich wie Kampf und Konzeption, sind aber aneinander gebunden und nicht voneinander zu trennen.

Wer sich also darum bemüht, solidarisch zu handeln, verfolgt Strategien, um Ungerechtigkeiten zu mindern und Gerechtigkeitsideen für alle zu entfalten. Die Frage „Wie handle ich solidarisch?" ist also eine Frage an mich selbst: Wo stehe ich, wo ordne ich mich ein, welche Ungerechtigkeit will ich mit welchen Partnern bekämpfen und welche Einsichten in die praktische Konzeption von Gerechtigkeit gewinne ich dabei?

Solidarität ist ein praktischer Lernort, in welchem auch bestimmte Haltungen für eine Gemeinsamkeit erforderlich sind, die an Schulen oder in Berufsfeldern beginnen können.

Diese Haltungen sind: Autonomie als Fähigkeit, sich selbst frei zu verpflichten; Konfliktfähigkeit als Standfestigkeit in Konflikten bis hin zur Zivilcourage und schließlich Kooperationsfähigkeit als Teamfähigkeit, Fähigkeit zur Zusammenarbeit und zum Diskurs mit Andersdenkenden.

Je mehr Gerechtigkeit zur „Tugend der Institutionen" geworden ist, je mehr es also nicht primär auf den einzelnen Gerechten, sondern auf die Gerechtigkeit der Strukturen einer Gesellschaft ankommt, umso mehr wird „Solidarität" zur Aufgabe von einzelnen und gruppenbestimmten Initiativen, gleichsam zur gesellschaftlichen Balance für staatliche Gerechtigkeit, zum Ort der Entwicklung und Überprüfung von Werten, zur praktischen Behauptung von Menschenrechten.

Interessanterweise sprechen wir von Menschenrechten, aber von Solidaritätspflichten. Dieser Unterschied zeigt zugleich den Zusammenhang auf: Solidarität ist gleichsam die Verpflichtungsseite der gesellschaftlichen Gerechtigkeit im Einzelnen – sein ethischer Beitrag zur sozialen Gerechtigkeit.

Die Notwendigkeit der Solidarität wird von vielen Religionen betont. Welche Bedeutung haben Religionen überhaupt für die Ethik? (Vgl. dazu Kap. VIII)

4. Umgang mit hinterlassener Schuld

Das Dilemma

Der Umgang mit Schuld ist einerseits unausweichlich, andererseits schwierig und lästig. Unausweichlich ist der Umgang mit der deutschen Schuldgeschichte an Krieg und Völkermord, weil diese Geschichte sich nicht einfach in das Museum der Schuldgeschichten der Völker einordnen lässt – obwohl auch dafür Museen und Denkmäler gebaut werden. Schwierig ist der Umgang mit der deutschen Schuldgeschichte, weil er in mehrere Gefahren hineinführen kann: in ein bloßes Ritual mit seinen Pflichtveranstaltungen; in eine bloße Alibifunktion, in eine nivellierende Inflation, in eine abstrakte Verallgemeinerung, in einen umgekehrten Triumphalismus (wir sind die Schlimmsten und deshalb die Warner der Welt), in einen Defätismus – all das sind Gefahren, denen man nicht einfach ausweichen und entgehen kann, aber durch die hindurch die Antriebskraft einer Erinnerung wirken soll, die nicht stillsteht, sondern im Handeln der Menschen, die sich darauf berufen, wirksam bleibt.

Lästig ist dieser Umgang deshalb, weil offensichtlich dabei keine „Normalität" entstehen kann, wie wir sie bei unseren europäischen Nachbarn in ihrem Verhältnis zu ihrer Schuldgeschichte zu beobachten glauben: die Normalität des Zusammenwirkens von Erinnern und Vergessen. Denn wie Nietzsche in seiner Schrift „Vom Nutzen und Nachteil der Historie für das Leben" feststellt, brauchen wir zur Erinnerung auch Vergessen, weil sonst alles Vergangene in gleicher Weise signifikant wäre.

Erinnern und Vergessen

Man braucht zur Erinnerung Vergessen. Wie Martin Walser, dessen Intention ich verstehen kann, ohne ihr zustimmen zu wollen, deutlich in seinen Kindheitsgeschichten gezeigt hat, droht über das Erinnern der Haupt- und Staatsaktionen das Vergessen der Kontinuität des guten Lebens im falschen Kontext, das es doch immer gibt und dessen Erinnerung wir auch brauchen. Um das Große zu erinnern, müssen wir das Kleine vergessen. Die Zärtlichkeit der Familie scheint durch die Nazi-Parolen vergiftet: Es gibt kein wahres Bewusstsein im Falschen, so das Motto, das Adorno ausgegeben hat. Und doch kann dieses Motto nicht wahr sein. Denn leben wir nicht auch heute im Falschen, schlicht gesagt, in der so genannten Ersten Welt auf Kosten der so genannten Dritten Welt? An vielen Orten sterben die Menschen wie die Fliegen. Welches Recht hätten wir dann noch, die Kontinuität der Werte im Alltag zu pflegen?

Liegt der Unterschied nicht bloß in der Nationalisierung von Schuldgeschichten im Gegensatz zur heutigen Globalisierung von Schuldgeschichten? Heute berührt die Welt unser Bewusstsein unmittelbarer als vor siebzig Jahren. Die Nation ist nicht mehr der weite Rock, mit dem man repräsentiert, sondern das, was man selbstverständlich auf der Haut trägt. Die Weltgesellschaft ist im Kommen, auch wenn dabei nicht nur transkulturelle Durchmischungen favorisiert, sondern auch Unterschiede hautnah deutlich werden. Als Glieder dieser Gesellschaft sind wir der globalen Schuld näher – zugleich ist die Aufforderung zur Erinnerung an nationale Schuldgeschichten in der Tat der Etablierung eines Warnsystems zu vergleichen: Die Geschichte kopiert sich nicht, aber sie wiederholt sich durchaus in Varianten. Was also sollen wir erinnern, was vergessen? Diese Frage lässt sich nicht im Sinne von objektiven Normen beantworten. Die Pluralität des Erinnerns und des Vergessens macht es jedoch möglich, dass weniger von dem gefährlichen Gedächtnis verloren geht, das wir für die Gegenwart und Zukunft brauchen. Auch das Gute und Wahre im Falschen sollten wir nicht vergessen. Wir hoffen ja auch, dass das Gute und Wahre im Falschen der Gegenwart nicht um dieses Falschen willen vergessen wird. Darin hat Martin Walser Recht, nicht aber darin, dass wir damit die „Normalität" wieder erreichen. Denn die Ungeheuerlichkeit der geschichtlichen Schuld lässt sich nicht verkleinern. Wir sollen mit ihr anders umgehen als mit dem Mittel der Relativierung, aber auch darauf achten, dass wir nicht durch die Metaphysik des Ungeheuerlichen die Schuld „nach oben" verabschieden.

Täter und Opfer

Freilich zeigt sich heute eine Veränderung in der anfangs verständlichen Schwarz-Weiß-Einstellung bei der Erinnerung an Täter und Opfer. Wibke Bruhns zeigt in ihrem Buch „Meines Vaters Land, Geschichte einer deutschen Familie"[44] am Beispiel ihres Vaters, des Widerstandskämpfers Hans-Georg Klamroth, dass die zum Kampf gegen den Nationalsozialismus Bekehrten oft die Wegbereiter dessen waren, was sie später bekämpften. Kann dies auch erweitert werden? Wenn ich die wenigen Briefe meines gefallenen Vaters lese, der bereits vor 1933 ein Nazi, also kein Mitläufer war (in einer Verbindung von Nationalismus und Sozialromantik bei der SA), dann sehe ich einen Menschen, dessen familiennahe Tugenden der ungeheuerlichen Fehlleitung widersprachen. Diese Fehlleitungen kann ich noch heute in den juristischen Vorlesungen in Berlin, die meine Mutter für ihn, den Soldaten, der weiter studieren wollte, aufschrieb, nachlesen. Hatte mein Vater nicht, auf den Rat seiner Frau, im „Völkischen Beobachter" eine Besprechung von Werner Bergengruens „Der Großtyrann und das Gericht" geschrieben, die diesen in Schutz nahm? Vermutlich müssen wir unsere eigenen Widersprüche in Mentalität und Wahrnehmung ernster nehmen, wenn wir diese Schizophrenien verstehen wollen. Eine ganze Herde von Intellektuellen, Wissenschaftlern, Philosophen, Schriftstellern, Künstlern lebte arrangiert in den Nazi-Tempeln. Vielleicht ist es diese Verführbarkeit des Geistes, die wir nicht vergessen sollten. Sie macht die Täter nicht zu Opfern, warnt uns aber davor, uns selbst an einer unbeschadeten Stelle mit Menschen der Vergangenheit zu identifizieren. Außerdem müssen wir die Rollen erweitern: auf die

---

[44] W. Bruhns, Meines Vaters Land. Geschichte einer deutschen Familie, München 2004.

Mitgeschädigten, auf die Nutznießer. Nicht ohne Grund werden heute von Erben günstiger Übernahmen der Verfolgung der Juden seit 1933 gelegentlich Zeichen gesetzt, nicht späte Nutznießer sein zu wollen.

Wie war das möglich? Wie wehren wir Anfängen?
Die Menschen mit „der Gnade der späten Geburt" (Helmut Kohl) stehen vor der Frage: Wie war das möglich? Wie wehren wir Anfängen? Es ist keine Frage, dass der Antisemitismus in der Christenheitsgeschichte, bereits vor allem biologischen Rassismus, eine große Rolle spielte. Die Ressentiments der Evangelien gegen bestimmte Machtgruppen unter den damaligen Juden so zu aktualisieren, als seien die Juden von damals überhaupt und gar die Juden späterer Zeiten, mit ihnen gleichzusetzen, ist ein Frevel. Wir müssen die Beteiligten in einem spezifischen historischen Kontext und unter bestimmten Voraussetzungen der Gemeindebildung sehen. Wir dürfen nicht, was unter solchen Voraussetzungen geschehen ist, theologisch systematisieren und verallgemeinern. Das hat das Christentum jedoch, spätestens seit den Kreuzzügen, immer wieder getan. Es hat auch in der Karwoche liturgischen Missbrauch damit getrieben, der erst mit der Liturgiereform abgeschafft wurde.

All das geschieht auch heute, wenn ein Kitsch- und Schundfilm im Gewand scheinbarer historischer Wahrheit über das Leiden Jesu (von Mel Gibson) gedreht wird, der sich problemfrei fühlt, indem er sich unmittelbar auf die Evangelien und ihre Sprachen beruft.

Der neue Antisemitismus ist ein Kontext, in dem sich niemand mit Naivität entschuldigen darf. Und ist falsches Erinnern des Kreuzestodes, Verdrängen, Verkleinern und Vergleichen nicht schon eine Form, die Mittäterschaft vorbereitet?

Davon zu unterscheiden ist freilich die Frage: Wo setzt sich das fort, was wir als Inbegriff der Inhumanität erinnern? Stellt man diese Frage für die Gegenwart und für die Zukunft, dann darf man nicht sagen: Was jetzt an Inhumanität möglich ist, darf nicht mit der erinnerten Vergangenheit in Zusammenhang gebracht werden, weil diese unvergleichlich ist. Denn im Vorhinein ist das Ausmaß nicht erkennbar, in das wir hineingeraten können. Deshalb ist die Frage:

„Wie war das möglich?" immer auch eine Frage danach: „Wie ist das möglich, was wird möglich sein?"

Wie war und ist das möglich? Das fragt man sich auch angesichts von 4500 Anklagen wegen zölibatärem Kindesmissbrauch in den USA in den letzten Jahrzehnten.

Wie ist das möglich, fragt man sich angesichts neuer Formen der Eugenik und der Gedankenspiele mit dem „Transhumanismus", nach dem wir eine neue Schöpfung auf Kosten der alten hervorbringen sollen, sei es auf genetischer Basis, sei es auf der Basis neurobiologischer und bioinformatischer Eingriffe. Oft wird gesagt, das sind doch nur Gedankenspiele. Aber oft haben wir gehört: „Niemand weiß es, niemand kann es, niemand will es." Und einige Jahre später wurde es gewusst, gekonnt und gewollt.

Wie ist das möglich, fragt man sich angesichts der Auferstehung religiös motivierter Gewalt, die sich aus den Quellen der Religionen nicht decken lässt, aber schnell mit politischen Interessen und Ressentiments handelseinig wird?

Oft ist weder die Antwort einfach, noch ist die Folgerung des Widerstandes leicht, die moralisch daraus zu ziehen ist. Schuld verbirgt sich leicht unter den Kleidern der Komplexität, die freilich oft nichts anderes als „des Kaisers neue Kleider" sind. Häufig versucht man, durch mehr Beweglichkeit Kontinuität der Werte und deren Umwertung zu versöhnen, wenn man meint, mit Standfestigkeit erfolglos zu bleiben.

Das ist eine Quadratur des Kreises. Geschmeidigkeit statt Widerstand ist nicht der beste Rat.

Ein Problem ist auch das bereits geschilderte notwendige Festhalten an der Unvergleichlichkeit von Auschwitz.

Einerseits führt die Behandlung von Auschwitz als einzigartig dazu, dass es in die Metaphysik des Bösen gehoben wird. Dann wird es theologisch zugleich als historisches und als metageschichtliches Ereignis aufgefasst. Diesem kann dann auch der Kreuzestod Christi, das Leiden des Gottesknechts im neutestamentlichen Sinne, nicht mehr als metageschichtliches Ereignis standhalten. Es ist dann nur konsequent und richtig, wenn das Judentum Jesu neues theologisches Gewicht erhält. Zugleich aber ist die Metaphysik des Bösen auch ein Verschwinden des Bösen in höheren Sphären. Dies bedeutet eine Abwertung in der gewöhnlichen Währung, die uns die täglichen Nachrichten besorgen. Wir ziehen uns dann in unserer Verantwortung hinter das metaphysische Gedenken zurück. Soll Auschwitz uns warnen, darf die Warnung einerseits nicht auf das Problem des Antisemitismus beschränkt bleiben. Andererseits darf sie die Einzigartigkeit nicht so betonen, dass wir meinen, wir seien damit vor den Varianten des Mordens geschützt.

Umgang mit Schuld als „Unterbrechung"
Ich habe versucht, den Umgang mit Schuld zunächst auf die Probleme mit Erinnerung, Warnung und Widerstand zu lenken. Das ist nicht die einzige Perspektive. Eine andere fasst den Zusammenhang von Vergebung und Vergeltung ins Auge. Die richtige Vergeltung ist die Änderung; die richtige Vergebung hat die Änderung im Auge. Änderung bedeutet Unterbrechung des Kreislaufes, der dadurch entsteht, dass stets das Böse des anderen zur Rechtfertigung des eigenen Bösen herhalten muss. In der Verneinung des Negativen kann die Vergiftung durch dieses Negative dann liegen, wenn man es mit den Mitteln bekämpft, die es anwendet. Dann setzt sich das Böse in der Gegenwehr fort. Abwehr und Vergeltung sind Orte der Kontinuität des Negativen: die vom Negativen „bestimmte" Negation (Hegel). Am Terrorismus und am Kampf gegen den Terrorismus, der z.B. die Menschenrechte außer Kraft setzt, lassen sich solche Folgen ablesen. Bestimmungen des Widerstands durch das von ihm bekämpfte Negative mögen vorübergehend unvermeidlich sein, bedürfen aber ihrer Begrenzung und Übersteigung. Auf jeden Fall haben sie die Beweislast. Gewiss muss man beachten, dass sich das Böse ohne Gegenwehr fortsetzt – aber man vergisst oft, dass es sich durch die Gegenwehr hindurch fortsetzt. Diese Kontinuität bedarf der Unterbrechung.

Hier stoßen wir auch an die Grenzen unserer Endlichkeit und unserer moralischen Möglichkeiten als endliche, fehlerfähige Menschen. Diese Grenze wird in einer Vergebung anerkannt, die über das „Auge um Auge" und das „Wie du mir, so ich dir" hinauskommt, ohne die Untat zu beschönigen oder zu relativieren. Vergebung ist in einer menschenrechtlichen Auffassung von Gesellschaft kein königlicher Gnadenakt, sondern ihre Intention liegt in der Unterbrechung der Kontinuität von Gewalt und in dem Zeichen, das sie dafür setzt. Damit dies möglich wird, muss die Wahrheit ans Licht.

Es war eine besondere Erfindung und Fügung, dass man in Südafrika eine „Wahrheitskommission" eingesetzt hat. Dessen hätte man nach dem Zweiten Weltkrieg bedurft, wenn auch in anderer Form, weil es eine (fast) geschlossene Gesellschaft war, die auf die eine oder andere Weise verstrickt war. Das Gewebe war zu dicht, als dass man es hätte an Nähten aufschneiden können. Dies heißt nicht, dass jeder im Volk dem Führer und den Nazi-Ideologien folgte. Die Gegenbeispiele sind bekannt. Aber sie bilden doch die Minderheit. Das lässt sich verstehend nachvollziehen, ohne dass deshalb die Sehnsucht nach Wahrheit verloren geht. Vergebung bedarf der Wahrheit, ohne diese ist sie Vertuschung.

Die Wahrheitskommission darf aber nicht rein historisch sein. Ohne die globalisierte Täterschaft von heute als Teil dieser Wahrheit wären wir hybrid, wenn wir vergeben oder andere zur Vergebung veranlassen wollten.

Eine Umbewertung der Schuld?

Die moralische Schuld des Einzelnen ist nicht geschichtlich abgeschlossen, auch wenn sie vergeben ist, weil sie im Leben weiterwirkt. Nur wenige Folgen unseres Handelns bei uns selbst und bei anderen haben wir in der Hand. Die geschichtliche Schuld, in welcher moralisches Versagen, die Untaten und das Grauen in einem Amalgam zusammengefügt sind, ist noch weniger abschließbar.

Sie ist freilich ein Prozess, der auch Umbewertungen kennt. Aber welche davon sind zulässig? Gewiss nicht zulässig ist der Versuch des relativierenden Vergleichs. Man denke dabei etwa an den türkischen Völkermord in Armenien, der gelegentlich herangezogen wird, und der gewiss einer Aufarbeitung, der Trauerarbeit einer Nation bedarf. Auschwitz soll keine Schatten werfen, der Untaten verdeckt. Aber es soll auch nicht in den Schatten der leider so großen Geschichte der Völkermorde geraten, einer Geschichte, der im

20. Jahrhundert so viel hinzugefügt worden ist. Eine Bewertung, die sich einen übergreifenden historischen Maßstab für all dieses Grauen sucht, versagt ohnehin.

Insofern ist es leichter, theologisch über Schuld zu sprechen als moralisch das Ausmaß einzuordnen. Denn das theologische Schuldverständnis bekennt die menschliche Hilflosigkeit. Aber man macht es sich zu leicht, wenn man dabei bleibt. Die besondere Sensibilität, die der berühmte französische Philosoph und Moralist Paul Ricoeur vor einigen Jahren in einem Interview den Deutschen zugemutet hat, erscheint nicht als moralische Auszeichnung (s. o. negativer Triumphalismus), sondern als ein historischer Bedarf. Das ist in der so genannten Bioethik und Biopolitik besonders gut erkennbar. Wir mögen uns damit geschlagen fühlen, wenn andere in Europa und der Welt uns sagen, dass wir aufgrund unserer Geschichte besonders restriktiv mit bestimmten wissenschaftlichen Optionen umgehen sollen. Die Argumente gelten freilich unabhängig von dem Motiv, das sie vielleicht wachgerufen hat. D. h. wir wissen es nicht besser, weil unsere Geschichte uns ermahnt, aber wir wissen, dass es oft nicht so leicht ist, die Anfänge zu erkennen und ihnen rechtzeitig zu wehren. Diese Aufmerksamkeit auf mögliche Anfänge sollte nicht diskriminiert werden.

5. Das Bemühen um universale Wertmaßstäbe angesichts globaler Herausforderungen[45]

Mit der Globalisierung ist die Ethik in eine neue Dimension der Auseinandersetzung über strittige Moral eingetreten. Diese Auseinandersetzung ist von mehreren Faktoren besonders gekennzeichnet: von der beschleunigten Umsetzung des technischen Wandels; von dem Bedürfnis nach interkulturellen Wertmaßstäben, das merkwürdig mit der fortschreitenden Individualisierung unserer westlichen Kultur kontrastiert; von den Träumen, die nicht mehr aus

---

[45] Vgl. K.-J. Kuschel / D. Mieth (Hg.), Auf der Suche nach universalen Werten, in: Concilium 37 (2001), Heft 4, Oktober 2001.

der Religion, sondern aus der Wissenschaft stammen. Dass die Moral der Zukunft einer weltweiten Verständigung bedarf, verstärkt die ethischen Bemühungen.

Der Faktor Zeit angesichts der globalen technischen Beschleunigung
Ethik braucht Zeit, vor allem, wenn sie über strittige Moral nachdenken soll. Dies gilt auch für die individuelle Lebensgestaltung. Wenn uns hier die Zeit zum Nachdenken verkürzt wird, können wir zu Entscheidungen greifen, die überstürzt und daher nicht ausgereift sind. Der schnelle Wandel angesichts der technischen und ökonomischen Globalisierung, der die Teilnahme an diesem Wandel erzwingt, frisst die Zeit auf, die zur Reflexion gebraucht wird. Dass dies durchaus erkannt wird, zeigt sich in so genannten Moratorien. Dabei verpflichten sich z. B. Experten des technischen Fortschrittes, einzelne Staaten oder eine Staatengemeinschaft dazu, erst möglicherweise auftretende negative Folgen oder auch Wertkonflikte klären zu lassen. Freilich ist eine solche Klärung immer schon an eine anfanghafte Implementierung des Fortschrittes gebunden. Dieser verliert daher seinen Vorsprung vor der ethischen Reflexion nicht. Deren Ausgangspunkt veraltet schnell durch neue Erkenntnisse, Machbarkeiten und Optionen. Deshalb muss Ethik den Faktor Zeit besonders in Rechnung stellen und sich mit Formen der Beschleunigung bzw. Verlangsamung auseinander setzen. Die Herrschaft des westlichen Gesellschaftsmodells hat in unserer postmodernen Zeit zur Herrschaft der Fortschrittsmotive geführt. Das kann man an der Beschleunigung unserer Zeit beobachten.

Diese Beschleunigung hat uns bereits im so genannten Atomzeitalter überrollt. Wir haben in der Hoffnung darauf, dass die Atomenergie in ihrer friedlichen Nutzung Wärme und Energie für alle spenden würde und damit auch die Verteilung der Güter dieser Erde besser bewerkstelligen könne, die Atomenergie beschleunigt vorangetrieben. Inzwischen verlangsamen wir diesen Prozess. Darin wird deutlich, wie eine technologische Entwicklung die Gesellschaft überrollt hat, und dass die Frage, die sie ständig begleitete, die Entsorgung des atomaren Abfalls bzw. das Problem seiner Endlagerung, weiterhin ungelöst ist. Da inzwischen weithin anerkannt ist, dass die zureichende Antwort auf diese Frage aussteht, kommt es zur Verlangsamung, ja zur Umkehr. Aber während man auf einem Gebiet verlangsamt, beschleunigt man auf anderen großen technologischen Gebieten, in der Biotechnologie und in der Informationstechnik. Für beide Fälle nenne ich je ein Beispiel: Was die Biotechnologie betrifft, so haben der amerikanische Senat und das amerikanische Repräsentantenhaus im Jahre 1992 beschlossen, dass die Landwirtschaft auf Biotechnologie, d. h. Reproduktionstechnologie und Gentechnik, umgestellt wird. Bis 1997 waren etwa 40 bis 60 Prozent der amerikanischen Großlandwirtschaft auf Gentechnik und Reproduktionstechnik umgestellt. Dies war eine Akzeleration riesigen Ausmaßes, die für den Welthandel unabsehbare Konsequenzen hatte. Diese Beschleunigung hat zunächst einen Handelskrieg zwischen den USA und der Europäischen Union entfacht, weil die Europäische Union wollte, dass diese gentechnisch veränderten Nahrungsmittel, etwa Mais, Sojabohnen, z.B. als Tierfutter nur dann eingeführt werden, wenn die konventionelle Technik von der neuen Technik getrennt sei und entsprechend auch etikettiert werde, was die Amerikaner unter Verweis auf rechtlich bindende Handelsverträge ablehnten. Der amerikanische Senator Luggar begründete dies bei einem Besuch einer gemischten Gruppe von Deutschen (1998) damit, der Markt sei bereits die Moral und regelt sie. Sollten aber durch die Biotechnologie Probleme entstehen, dann, sagte er, „werden wir die Probleme dann lösen, wenn sie entstehen werden". Das Beispiel der Kernenergie, das ich vorhin genannt habe, fällt einem dazu sofort ein. Es passt auch hier: Die Gentechnik in der Landwirtschaft ist in den USA seit 1999 einer kritischen Begleitung unterworfen worden. Der Eifer der Landwirte ist rückläufig, aber die Implementierung kennt keinen Rückwärtsgang mehr.

Verlangsamungen aufgrund von Erfahrungen und Einsichten sind möglich, derzeit herrscht hingegen weiterhin die Beschleunigung auch dort, wo Verlangsamung Not täte. Denn Verlangsamung würde bedeuten, dass es zu einer Reflexionszeit in der Gesellschaft käme, bei der man zukünftige Optionen, die noch nicht da sind, mit gegenwärtigen Belastungen vergleichen könnte, die man sich jetzt schon einhandelt.

Das andere Beispiel: Die Informationstechnik kann einen resoluten Einstieg in Privatheit und Intimität ermöglichen. Die datenverarbeitenden Techniken machen es möglich, dass viele sehr viel mehr über andere Menschen wissen, als ihnen möglicherweise zusteht. Eines dieser Probleme ist z. B. die Einführung einer Patientenkarte in Europa, die als Chip dazu dienen kann, dass jeder behandelnde Arzt, wenn er die Ausrüstung dazu hat, die Krankheitsgeschichte des Patienten oder der Patientin studieren kann. Dies bringt neben anerkannten Vorteilen auch Probleme des Datenschutzes mit sich, z. B. wie werden Daten erhoben, wie werden sie gelagert, wer hat Zugang zu ihnen, wie werden sie übermittelt, wie werden sie auf wessen Wunsch wann gelöscht? Kann man dabei Sicherungen, Hemmschwellen, Verlangsamungen einbringen, damit all dies verantwortlich geschehen kann?

Die Beschleunigung durch die Technologie führt also zur Überlegung, inwieweit man Verspätungen braucht, die es erlauben, durch eine Kultur der Langsamkeit auf eine Basis zu gelangen, in der man sich wirklich gesellschaftlich damit auseinander setzen kann. Diese gesellschaftliche Auseinandersetzung droht oft zu unterbleiben. Die Beschleunigung ist nämlich mit dem Druck der Teilnahme an der Globalisierung verbunden. Die Informationstechnik hat diese Globalisierung ermöglicht. Die Möglichkeit, sein Kapital ungehindert an allen Enden der Welt arbeiten zu lassen, entstand ja mittels der Informationstechnik. Der Kapitalverwertungsprozess lässt sich im Zuge der Globalisierung immer mehr von der Produktivität abtrennen.

Die Wirtschaft ist im Zuge der Globalisierung mit Hilfe der Technologie schneller als die Politik, oder sie ist über Internet überall schon dort, wo die Politik hinkommt. Der Hase der Politik umläuft die Welt und findet in jeder Furche den Igel Wirtschaft. Den Primat des Politischen über das Wirtschaftliche wiederherzustellen, ist eine schwer zu realisierende ethische Grundforderung. Denn durch die Globalisierung kann die Normenkontrolle, die auf einzelne Nationen oder auf übergreifende Institutionen bezogen ist, nicht mehr durchgeführt werden.

Man kann freilich nicht sagen, es gebe überhaupt keine Normenkontrolle, da auch globalisierte Firmen längst so etwas wie

„Wirtschaftsethik" betreiben. Einen Ethik-Code zu haben ist modern. Die Firmen haben erkannt, dass es einen Effizienzpunkt gibt, wo der Verkauf gesteigert werden kann, wenn man ethische Auflagen nachweist. Insofern gibt es ja auch ein Ethical Investment. Ethik ist überhaupt „in". Aber man kann fragen, welche Ethik damit gemeint ist: eine Ethik als ökonomischer Effizienzverstärker, eine Ethik als internes moralisches Pflichtenheft für Mitarbeiter und Mitarbeiterinnen oder eine Ethik, welche die ökonomischen Entscheidungen im Ganzen lenkt?

Die Suche nach einer interkulturellen Ethik

Angesichts der Globalisierung stoßen wir auf den Widerspruch: Je globaler wir sind, umso regionaler werden wir sein. Die Verstärkung der Kulturautonomien auf der einen Seite geschieht im Zuge der Verstärkung der Globalisierung auf der anderen Seite. Die Rücksicht auf diese Kulturautonomien in multikulturellen Gesellschaften bedeutet ein retardierendes, ein verlangsamendes Element, auf das man als Ethiker setzen muss: Über vieles muss doch erst einmal gemeinsam nachgedacht werden, und die Unterschiede müssen wir uns gegenseitig erzählen, um sie zu verstehen. Genau diese Art von Nachdenken geschieht auf der Suche nach einer interkulturellen Ethik, die zwischen Kulturautonomien und allgemein menschlichen Grundsätzen vermitteln kann.

Wenn wir heute die moralische Verantwortung stärken, dann insbesondere zwischen den Kulturen, im Sinne einer interkulturellen Ethik. Gibt es eine Weltethik als Universalisierungsmaßstab gegen den Globalisierungsmaßstab? Globalisierung finden wir vor, die Universalisierung müssen wir erst schaffen. Nach Otfried Höffe braucht man den minimalen Weltstaat, nach anderen wenigstens funktionierende, föderale Strukturen oder aber Normen für Verhandlungsprozeduren. Wir brauchen auch theoretische Grundlagen dafür, welche minimalen republikanischen Autoritäten weltweit auf der Basis der Menschenrechte hergestellt werden müssen, um Interventionen moralisch zu rechtfertigen, damit nicht nur die Macht der Amerikaner die Interventionen rechtfertigt, und wir brauchen eine vernünftige Kontrolle über Wirtschaft, Technik und Umwelt.

Hans Küngs Ansatz eines Weltethos, das sich in einer Erklärung der Weltreligionen manifestiert, richtet sich darauf ein, interkulturelle Gespräche zwischen den Vernünftigen und dialogbereiten Religionsführern bzw. Religionsführerinnen zu ermöglichen. „Weltethos" hat eine religiöse Dimension, baut ja auch auf die goldene Regel, die immer eine gewisse religiöse Färbung hatte: Was du nicht willst, das man dir tu, das füg' auch keinem andern zu, oder in einer positiven Form: Alles, was ihr wollt, das man euch tue, das tut auch den anderen. Küng versucht unter dieser Formel einen Teil des Dekalogs, die zweite Tafel der Zehn Gebote, in einem Konsens der Religionen darzustellen. Dieser Versuch inszeniert zum mindesten einen Dialog der Religionen. Die Zusammenarbeit der Religionen ist für die Ethik wünschenswert und sinnvoll, auch im Rahmen der Globalisierung. Auch die von Hans Küng mitgestaltete „Weltpflichtenerklärung" ist ein sehr vernünftiger Appell. Dass Rechte auch Pflichten haben, muss in einer individualisierten Gesellschaft eingeschärft werden. Überall, wo Menschen ein Recht beanspruchen, müssen sie einem anderen zugestehen, ebenfalls dieses Recht zu beanspruchen, und dadurch haben sie eine gegenseitige Verpflichtung. Es gibt, geboren aus den Kräften der Kulturautonomien und aus der Rückbesinnung auf die regionalen Stärken, aus der Rückbesinnung auf die Unterschiede, einen neuen Trend zur Universalisierung der Ethik als Gegenstück zur Globalisierung, der sich in Ansätzen nachweisen lässt.

Eine Kontrasterfahrung zur interkulturellen Ethik: die überspitzte Kultur des Individuellen

Unsere Kultur des Individuellen ist so überspitzt, dass die Spitze manchmal abbricht. Die Erhöhung des individuellen Profils ist in der Erhöhung dessen sichtbar, was man Anspruchsdenken nennt. Das individuelle Anspruchsniveau steigt ständig, nicht nur für die eigene Person, sondern auch für die projektiven Erwartungen künftiger Generationen. Kinder, die nicht krank sind, Kinder ja oder nein, medizinischer Service zur Verhütung und zur Ermöglichung von Kindersegen je nach Geschmack und Lebensabschnitt. Dies alles wird zum individuellen Anspruch im Namen von „Autonomie" und von „Selbstverwirklichung". Gerade die Medizin ist ein packendes Beispiel dafür, wie eine Kultur des Helfens, die als eigenständige Kultur mit berufsethischen Standards existiert hat, im Zuge dieses individuellen Anspruchsprofils zu einer Serviceleistung wird, bei der der handelnde Arzt als Techniker eine perfekte Ware liefern muss. Zugleich muss er sich durch die Rechtssatzung, die im Hintergrund steht, im Hinblick auf die extremen Fälle abdecken. Er hat ständig die Rechtsaufsicht mit den Paragraphen in der Hand neben sich. Zugleich muss er auf das individuelle Profil des Patienten Rücksicht nehmen. Ich überzeichne: Es ist mir klar, dass es im medizinischen Alltag viel gibt, das mit diesen Extremsituationen nichts zu tun hat und dass an den Fortschritten in der Medizin viel Bewundernswertes zu sehen ist. Aber ich möchte deutlich machen, dass die Instrumentalisierung ganzer, bisher ethisch geprägter, Bewusstseinszustände immer größer wird. Auch der ethische Bewusstseinsstand der Wissenschaft wird instrumentalisiert, demgemäß Wissenschaft auf Rationalität, methodische Kontrolle, Genauigkeit und auf Redlichkeit setzt. Betrügen soll man in der Wissenschaft nicht. Nun aber ruft man zwar die Wissenschaft in ihrer Verantwortlichkeit ab, aber nur indem man sie in eine Art Expertokratie verwandelt, von der man erwartet, dass sie die Verantwortung für die zukünftige Gesellschaft übernimmt. Dabei vergisst man manchmal, dass die Wissenschaft auch eine Verantwortung vor der Gesellschaft zu tragen hat.

Eine offensive oder eine defensive Ethik?
Von vielen wird eine „offensive" statt eine „defensive" Ethik als Moral der Zukunft propagiert. Eine „offensive" Ethik ist eine Ethik, die anschlussfähig an die technische Offensive der Zukunft ist. „Der Zug des technischen Fortschritts ist ohne moralischen Rückwärtsgang" (Hans Martin Sass). Anschlussfähigkeit der Moral an den Fortschritt vertreten auch viele Wirtschaftsethiker. Erst die Wirtschaft, dann die Moral. Die wirtschaftsanschlussfähige Moral sorgt dafür, dass zwar für die Wirtschaft keine ethischen Weichen gestellt werden, dass aber in den Zügen, mit denen die Wirtschaft nach vorne fährt, eine „moralische" Ausstattung mitfährt. Die an-

schlussfähige, offensive Ethik hat die Möglichkeit aufgegeben, dass eine Gesellschaft sich in einem eigenverantwortlichen demokratischen Diskurs aller mit allen selber Ziele setzt, die dann für die verschiedenen Bereiche der gesellschaftlichen Differenzierung gelten. Dies bedeutete die Kontrolle der Politik über die Wirtschaft, auch die Kontrolle der Gesellschaft über die Wissenschaft. Nicht die Kontrolle der Erkenntnisfreiheit, wohl aber die Kontrolle der pragmatischen Ziele und der experimentellen Mittel. Wissenschaftsfreiheit ist eine Freiheit der Erkenntnis, nicht eine Freiheit der Machbarkeit. Im Rahmen der Machbarkeit geht es um uns alle, um unsere Rechte und Pflichten und um unsere gesellschaftliche Verantwortung. Die „defensive" Ethik hält auf Inseln im Strom des Fortschritts aus. Ihre Inselburgen verteidigt sie, während der Strom des Fortschritts um sie herumfließt, und längst um Jahrhunderte weiter ist, bis dann diese Inseln ihren Sinn verloren haben, weil sie so weit zurückgeblieben sind, dass sie überhaupt niemanden mehr retten können. Soll man dies als eine grundsätzliche Infragestellung der Möglichkeit einer defensiven Ethik verstehen, d. h. einer Ethik, die Werte verteidigt, die wir zwar nicht immer befolgt haben, von denen wir aber der Meinung waren, dass man sie befolgen müsste?

Die Freiheit des Menschen kann nur aufrechterhalten werden, wenn der Mensch alles unternimmt, um sich die Fähigkeit zur Freiheit zu erhalten. Hier ist die Defensive zugleich eine moralische Offensive. Wer Freiheit will, muss auch die Bedingungen akzeptieren, durch die Freiheit existieren kann. Die überspitzte individuelle Selbstbestimmung ist keine Form der Freiheit, zumal man soziologisch leicht nachweisen kann, dass, wer sich selbst bestimmt, oft nur einem sozialen Trend folgt. Authentizität ist oft Trug. Das tut dem keinen Abbruch, dass wir unverwechselbare Individuen sind, aber es macht doch deutlich, dass ein strikter Individualismus von der Idee her gar nicht konsequent durchgehalten werden kann, und insofern kann man ein Ethos der Rechte und Pflichten der gegenseitigen Anerkennung durchaus vernünftig begründen.

Auf der Suche nach einer weltweiten Verständigung über die Moral der Zukunft

Gibt es eine weltweite Verständigung über ethische Fragen? Einige Beispiele sind zu benennen: die Arbeit an einer minimalen Welt-Konföderation, die Organisation größerer regionaler Bereiche und ihre Gestaltung durch gemeinsame Regeln (das Beispiel der gewachsenen Europäischen Union), die Verständigung der Religionen im Weltethos, die Arbeit an einer interkulturellen praktischen Ethik.

Gewiss gehört auch Hoffnung dazu, auf diese Perspektiven zu setzen, vor allem angesichts der Gegenkräfte und ihrer politischen Gewalt. Aber die Zukunft der Moral ist nicht allein daran zu messen, ob sie Erfolg hat. Erfolg ist keine erstrangige moralische Kategorie.

Die Reflexion in der Ethik muss ihre Aufgaben vielgestaltig und vielschichtig, diskursiv, offen und frei angehen. Auch wenn zunächst keine Durchsetzungsfähigkeit besteht, kann doch wenigstens die Präsenz in der Geschichte an *den* Punkten nicht mehr geleugnet werden, an denen später die Kontrasterfahrungen der Menschen so stark sind, dass sie sich an das erinnern, was schon einmal gegen die Inhumanität bestimmter Entwicklungen formuliert worden ist.

Oft ist zu beklagen, dass schon die Durchsetzungsfähigkeit allgemeiner menschenrechtlicher Standards, z.B. in der Behauptung gleicher Rechte für Männer und Frauen, ein schwieriges Problem ist. Oft scheint der Widerstand der kulturellen Gewohnheiten stärker als der moralische Fortschritt. So hat die Zukunft der ethischen Reflexion zwei Fronten: die Auseinandersetzung mit alten Vorurteilen und mit neuen Träumen.

VII Der imperfekte Mensch[46]

So sehr es in der Ethik immer wieder um den Menschen geht, dessen absoluter Wert, die Menschenwürde, den moralischen Maßstab
schlechthin darstellt, so wenig darf man sich über den Menschen Il-
lusionen machen. Man kann, wie das Blaise Pascal in seinen berühmten „Pensées" getan hat, von der „Größe" und vom „Elend"
des Menschen sprechen. Menschen sind sterblich und verletzlich,
sie sind irrtums- und fehlerfähig. So wie sie selbst nicht perfekt sind,
so sind auch ihre Gedanken und ihre Handlungen nicht perfekt.
Wir wissen nicht voraus, was mit uns geschehen wird. Der Mensch
gleicht oft dem Schneider von Ulm, der fliegen wollte: Er steht zwischen Aufschwung und Absturz. Wer zu früh fliegen will, wird
ebenso bestraft, wie der, der zu spät den Anschluss findet. So groß-
artig im Einzelnen die Leistungen des Menschen sind, so kann doch
niemand leugnen, dass mit ihnen auch die Gefahren ansteigen. Und
umgekehrt: Wo Gefahren sind, spornen sie oft den Menschen an,
sich selbst zu überschreiten.

Glanz und Elend gibt es auch auf dem Feld der Moral, das die
Ethik zu bestellen versucht.

„Der Übel größtes ist die Schuld." (Friedrich Schiller) Es scheint,
dass mit der Einsicht in die Selbstzwecklichkeit des Menschen immer auch zugleich seine Erniedrigung einhergeht, mit der Würde
die Entwürdigung, mit der Anerkennung der Rechte einerseits deren exzessive Missachtung andererseits.

Auch die Vernunft des Menschen, die sein Nachdenken über Moral steuert, ist gerade darin vernünftig, dass sie sich selbst und ihre eigene Reichweite kritisieren kann. Die vernünftige Aufklärung ist immer zugleich die Kritik der Vernunft. Freilich wehrt sich diese Kritik

---

[46] Vgl. P. Lutz / T. Macho / G. Staupe / H. Zirden (Hg.), Der imperfekte
Mensch. Metamorphosen von Normalität und Abweichung, Köln 2003.

im Namen der Vernunft zu Recht dagegen, dass man damit Autoritäten besonders dann rechtfertigen will, wenn sie Unvernünftiges sagen. Die Vernunft verschließt sich, wenn man sie überbieten will; sie öffnet sich, wenn man sie nach ihrer Selbstkritik befragt.

In diesem Zusammenhang ist auch die Ethik zu sehen. Sie muss mit der Unvollkommenheit des Menschen und mit der Schwäche seiner Moral rechnen. Mängel an Einsicht und Mängel an gutem Willen betreffen nicht nur den Einzelnen auf der Suche nach dem richtigen Weg. Sie schwächen auch die reflexive Kraft des Nachdenkens über Moral.

Weil dies so ist, kann Ethik das religiöse Bedürfnis des Menschen, seine sich selbst überschreitende Sinnsuche, nicht ersetzen. Für die Rechtfertigung des imperfekten Menschen setzen die christlichen Konfessionen auf Gottes Barmherzigkeit, nicht auf die moralische Leistung. Darunter leidet die ethische Reflexion nicht, sie gewinnt vielmehr Abstand zu illusionären Ansprüchen. Obwohl der Anspruch des Ethischen den Menschen fordert, ohne dass man davon bequeme Abstriche machen könnte, ist dieser Anspruch doch in die Einsicht eingebettet, dass der Mensch nicht rigoros überfordert werden darf. Darum gibt eine Ethik, die mit dem imperfekten Menschen rechnet, wie wir noch sehen werden, der Frage nach dem Können mehr Raum als der Frage nach dem Sollen.

Obwohl der Mensch imperfekt ist, muss er sich selbst in seiner moralischen Identität vertrauen können. Dazu hilft ihm das Gewissen als Konzentration seiner moralischen Kräfte.

Auf der anderen Seite muss er sich selbst auch misstrauen. Das lernt er durch Schuldgefühle, die einerseits mit dem Gewissen, andererseits mit der Verfehlung des Anspruchs der Kriterien zusammenhängen, die man als richtig anerkannt hat.

1. Gewissen verstehen – ein Dialog

Im Folgenden wähle ich den Dialog an der Stelle linearer Ausführungen. Dies geschieht deshalb, weil auf diese Weise das innere Frage- und Antwortspiel des Gewissens besonders gut zum Ausdruck kommt. Darüber hinaus soll dieser Abschnitt zeigen, dass der Dialog als Weg, das Richtige gemeinsam herauszufinden, ein bewährtes philosophisches Mittel ist, um sich in moralischen Fragen zu verständigen. Ausgangspunkt ist eine Rechtfertigung der Unüberwindlichkeit der eigenen Position, wie man sie auch in politischen und öffentlichen Moraldebatten immer wieder findet:

„Das kann ich mit meinem Gewissen nicht vereinbaren."

„Was meinst du mit deinem Gewissen? Meinst du deine Interessen, deine Überzeugungen, das Bild, das du von dir selbst hast oder das Bild, das andere von dir haben?"

„Ein wenig von alldem."

„Dann bist du dir deines Gewissens noch nicht sicher. Das Gewissen ist ein Schmerz, der dich warnt, oder ein Schmerz über das, was dich reut. Es ist ähnlich, wie wenn dein Körper dich warnt, weil du dabei bist, ihn zu zerstören, oder wie er dich schmerzt, wenn du krank bist. Das Gewissen ist nicht ein Zustand des Wissens, sondern des Gemütes."

„Wenn es so ist, habe ich oft Probleme zu verstehen, was mit dem Schmerz gemeint ist. Meinen Körper verstehe ich ja auch nicht immer."

„Dann bist du der Sache noch nicht auf den Grund gegangen. Das Gewissen ist die Konzentration deines Wesens auf einen schmerzlichen Punkt, an dem keine Übereinstimmung mit dir selbst oder mit Menschen besteht, mit denen du im Einverständnis sein willst."

„Dann gibt es ja kein gutes Gewissen?"

„Doch, aber wir spüren es so wenig, wie wir unseren Körper spüren, wenn wir gesund sind und uns wohl fühlen."

„Ich dachte immer, das Gewissen hätte eher mit dem zu tun, was wir Geist oder Seele nennen."

„Das Gemüt ist wie ein anderer Körper unserer Seele, nicht der, in dem sie lebt, sondern der, um den herum als Mittelpunkt sie lebt."

„Dann gibt es so etwas wie eine moralische Krankheit?"

„Ja, es gibt moralische Gebrechen und es gibt moralische Krankheiten. Das führt dazu, dass manche Psychoanalytiker meinen, die

Ethik ginge ganz in der Psychoanalyse auf: Freilegen des Grundes, der mich warnt und schmerzt."

„Dann wäre das Gewissen eine Diagnose und die Psychoanalyse eine Therapie."

„Nein, die Psychoanalyse ist keine Therapie, sondern eine Diagnose über Symptome des Gewissens."

„Dann kann ich ja mein Gewissen nicht gegenüber anderen geltend machen? Dann wird das Gewissen in der Politik meist falsch gebraucht?"

„In der Tat, das Gewissen macht sich mir selbst gegenüber geltend: Es ist kein Anspruch, sondern eine Aufgabe. Aber selbstkritisch kann ich es schon gegenüber anderen geltend machen, in dem ich sie ersuche, mein Gewissen zu schonen. Dann bin ich aber an den Rand des mir Möglichen gebracht. Damit muss man vorsichtig nach außen umgehen. Die eigene Moral muss man argumentativ geltend machen, nur im absoluten Grenzfall existentiell. Der Ruf nach dem Gewissen sollte nicht aus der Nachlässigkeit und Faulheit kommen, sich mit den Problemen auseinander zu setzen. Das Gewissen wäre fehl am Platz, sollte es Argumente ersetzen. Außerdem ergeht sein Spruch oder sein Schmerz von mir über mich, nicht von mir über andere. Es kann aber ein Spruch im Namen der Rechte und Gefühle anderer sein."

„Aber was ist denn nun das Gewissen, wenn es um meine Moral und meine Verantwortung geht?"

„Das Gewissen bist du selbst, auf den Punkt des moralischen Mangels gebracht. Dieser Mangel muss sich nicht auf dein isoliertes Ich beziehen: Er ist zugleich ein Mangel in der Beziehung auf andere und eine Spannung in deinem Verhältnis zu dir selbst. Neuerdings wird von *Unbehaglichkeit* des immer im Prozess des Werdens begriffenen Selbst gesprochen."

„Wie habe ich mir das vorzustellen?"

„Ich bin von anderen abhängig und mir selbst nicht ganz erschlossen. Abhängigkeit kann förderlich oder hinderlich sein. Unkenntnis meiner selbst mag zu wenig Kenntnis oder eine falsche Kenntnis meiner selbst sein. Die Unbehaglichkeit im Gemüt verweist mich auf diese unlösbare Spannung."

„Dann wäre das Gewissen ja ein Dauerzustand der Unbehaglichkeit?"[47]

„Oder ein warnender aktueller Hinweis darauf. In einer dauernden Empfindung der Unbehaglichkeit können wir nicht leben. Wir haben hier viele Fähigkeiten zur Kompensation. Das Gewissen muss sehr deutlich werden, um diese Kompensationen zu durchbrechen. Das lässt sich nochmals mit dem Körper vergleichen, der sich durch Signale bemerkbar macht."

„Wie verhalten sich dann diese Unbehaglichkeit und das Gefühl der Schuld zueinander?"

„Im Schuldgefühl – wenn es berechtigt ist, das ist ja nochmals eine Frage für sich – weiß ich, um welche Handlung oder Unterlassung es geht. Diese ist mir zurechenbar, wenn auch vielleicht nicht mir allein und vielleicht mir nur zum Teil. Schuld kann sich auch auf eine Haltung beziehen, die ich nicht will und dennoch habe, etwa arrogant, indiskret oder aufdringlich zu sein, andererseits duckmäuserisch, gleichgültig, mangelhaft engagiert usw. Damit kommt man der Unbehaglichkeit schon einen Schritt näher. Diese bezieht sich aber auf mein ganzes Sosein, auf meine ganze Befindlichkeit. Ich habe die Bedingungen, aus denen ich selbst und meine Verantwortung entstehen, nicht im Griff, und ich bin auch nicht in der Lage, diese Bedingungen alle zu erfassen und aufzuarbeiten. Auf der einen Seite widerspricht dies einem Anspruch, Herr seiner selbst zu sein. Die Sehnsucht nach der Herrschaft einer rationalen Moral hat immer wieder die Aufklärer erfasst. Da kann man bei Augustinus schon anfangen und landet schließlich bei einer aufklärerischen Psychoanalyse."

„Wie kann ich unter diesen Voraussetzungen überhaupt noch verantwortlich sein?"

„Wenn ich meiner Identität auf die Spur kommen will, gerate ich immer ins Schwimmen. Das gilt auch für die moralische Identität. Um Verantwortung bzw. das Fehlen von Verantwortung zu bestimmen, muss ich nicht so weit gehen. Es genügt die allgemeine, gleich-

---

[47] Vgl. A. Thiem, Unbecoming Subject (Unbehaglichkeit im Werden des Subjekts), Tübinger Diss. über Judith Butler 2004 (noch nicht gedruckt).

sam alltagssprachliche Zuschreibung und Anerkennung dieser Verantwortung, um von subjektiver Schuld zu sprechen, das kann sozusagen auf einem Festland geschehen, von dem wir wissen, dass es unterspült ist, dessen Grund aber dennoch ausreichend trägt."

„Wenn das Gewissen eine so tiefgreifende innere Spannung meiner selbst ist, wie weiß ich, wann es auf der Ebene der konkreten Verantwortung, warnend oder beschuldigend, spricht und wann es ein Zeichen der Unbehaglichkeit in meinem eigenen moralischen Prozess ist?"

„Dies sind in der Tat zwei Ebenen. Man hat sie in der Tradition auch sprachlich zu unterscheiden versucht, indem man z. B. sagte: Das konkrete Gewissen ist die Anwendung meines moralischen Bewusstseins auf die einzelne Handlung oder Haltung; das tiefere Gewissen ist hingegen die Plage mit meiner Moralfähigkeit, die mit dem Prozess der unabschließbaren Suche nach moralischer Identität verbunden ist. Das Gefühl der Schuld und das Gefühl der Unbehaglichkeit im Sosein spielen auf zwei Ebenen, die jedoch miteinander kommunizieren können. Ich darf sie nicht verwechseln, weil ich mich sonst ständig auch dann schuldig fühle, wenn mir etwas nicht oder nur wenig zurechenbar ist. Die Unbehaglichkeit ist keine Schuld, sondern ein Indiz meiner bleibenden Abhängigkeit von meinem Werden, anderen Personen, geschichtlichem, gesellschaftlichem, leiblichem und naturgebundenem Sein."

„Wie kann ich mit dieser Abhängigkeit positiv umgehen?"

„Der konstruktive Umgang mit existentieller Abhängigkeit liegt zunächst in der Unterscheidung, wo Abhängigkeit mich fördert und wo sie mich knebelt. Ferner in der Frage, welche Abhängigkeit ich wünsche, sei es, um sie zu wählen, sei es, um in ihr zu verbleiben. Schließlich in der Frage, ob es eine letzte *schlechthinnige Abhängigkeit* (Schleiermacher) gibt, die man die religiöse (‚Religion' dem Worte nach heißt die letzte Bindung und Verbindlichkeit) nennt. Mit diesen Fragen komme ich nie zu Ende. Auf der anderen Seite kann ich aber aus einem Gefühl der Geborgenheit leben, wenn diese Fragen nicht ständig die Axt an die Wurzel meines Selbstgefühles legen. Diese Wurzel nannten die Mystiker den *Grund*, im Sinne einer Verankerung des Lebensschiffes auf einem Boden, den man durch das Wasser, auf dem das Lebensschiff schwimmt, nicht immer sieht."

„Also hat das Gewissen auf der tieferen Ebene etwas mit Religion zu tun?"

„Ja, deshalb hat man von *der Stimme Gottes* im Menschen gesprochen, eigentlich erst in Reaktion auf die Aufklärung, die mittels des mündigen Menschen alles in den Griff zu bekommen hoffte. (Aufklärung heißt ja nach Kant: Befreiung des Menschen aus der selbstverschuldeten Unmündigkeit.) In der Kritik der Aufklärung, die dies immer schon begleitet hat, hat man sowohl auf die destruktive wie auf die konstruktive Abhängigkeit des Menschen verwiesen: Knechtschaft gegen Geborgenheit. Das bleibt ein schwieriges Feld, denn beides kann durchaus miteinander verwechselt werden."

„Wie kann man also Knechtschaft und Geborgenheit unterscheiden, z.B. bei der Religion?"

„Eine Religion der richtigen Geborgenheit ist eine Religion, die man als befreiend empfindet, befreiend von der Illusion der absoluten Selbstmächtigkeit, der *Autarkie*, befreiend von der Knechtschaft anderer Abhängigkeiten und befreiend im Sinne eines Selbstfindungsprozesses, der offen bleibt und sich nicht in sich selbst verschließt."

„Und was hat das wiederum mit dem Gewissen zu tun?"

„Im Grunde wissen wir, dass wir mit den Versuchen, unsere Moral zu komponieren, nicht die menschliche Wirklichkeit im Ganzen erfassen. Deren letztes Verstehen kann nicht über die Erkenntnis der Moral gelingen. Es wäre aber falsch, dieses Bewusstsein gegen die Moral zu wenden oder diese darum leicht zu nehmen. Aber wenn wir das Indiz der Unbehaglichkeit, das Gewissen auf der tieferen Ebene, erfassen, dann wissen wir auch, dass wir eine andere Rettung des Menschen brauchen als durch die Moral. Diese Rettung umschließt auch die Moral selbst. Indem sich der religiöse Mensch ihr überantwortet, hat er auch einen anderen Umgang mit der ersten Ebene des Gewissens, der Warnung bzw. dem Schuldgefühl."

„Wie ist das zu verstehen?"

„Insbesondere gilt dies für die Erfahrung der Uneinholbarkeit der Folgen von Handlungen und Unterlassungen, für die wir uns schuldig fühlen. Was durch uns selbst nicht einholbar ist, geht über das hinaus, was wir durch Verzeihung und Vergebung erlangen können. Das Geschehen ist ja durch Vergebung aufgehoben in eine höhere Dimension eines neuen Miteinander. Aber es ist dadurch nicht ungeschehen. Wer nun an eine Wirklichkeit Gottes glaubt – Wirklichkeit in der alten Bedeutung: vom wirkenden Gott geformt und durchdrungen –, der wird wiederum das Weiterwirken des Geschehens in der Geschichte Gott anheim stellen können."

2. Mit persönlicher Schuld richtig umgehen[48]

Schuld, die man von anderen erbt, ist, wie wir gesehen haben, etwas anderes als persönliche Schuld. Da wir aber imperfekte, fehlerfähige Menschen sind, ist keiner ohne Schuld. Wie gehen wir damit um, wie arbeiten wir dies auf?

Wir müssen zwischen reversiblen und irreversiblen Anteilen an der Schuld unterscheiden – abhängig davon ändert sich der Umgang mit der Schuld. Was wir wieder gutmachen können, müssen wir wieder gutmachen. Wo eine Entschuldigung hilft, ist sie geboten. Sie macht etwas nicht ungeschehen, gibt aber den Beteiligten die Möglichkeit, die Sache wie ungeschehen zu behandeln.

Dies führt sogleich zu der Frage, wie man mit der entschuldigten Schuld des anderen umgeht.

Denn der Umgang mit der Schuld ist nicht nur ein Problem für den, der schuldig ist, sondern auch für den, der mit einer Schuld des anderen an ihm selbst umzugehen hat. Und hier ist wiederum zu unterscheiden zwischen der Einstellung zu einer fortdauernden Niedertracht, die jede Korrekturbereitschaft ausschließt und der Haltung, die man gegenüber einsichtsbereiten Mitmenschen einnimmt.

Es ist klar, dass bei den ersteren vermutlich nur Distanz hilft oder, wenn unausweichlich, die Auseinandersetzung. Diese ist dann aber nicht in einer Überreaktion zu führen, die einen vor den Kadi

---

[48] Vgl. zur theologischen Betrachtung der Schuld: D. Mieth, Mit dem Unkraut wächst der Weizen, Luzern 1991, 40–64.

trägt oder die gar bei Methoden eines gekränkten Michael Kohlhaas landet, der bekanntlich zum Räuber wurde, um eine Ungerechtigkeit zu rächen.

Bei einsichtsbereiten Mitmenschen ist wiederum zu unterscheiden zwischen denen, mit denen man es entweder vorübergehend oder in lockerem Kontakt zu tun hat und denjenigen, mit denen man auf Dauer zusammenlebt. Dabei geht es um eine Haltung, die zwischen der notwendigen freundschaftlichen Korrektur, die der andere sucht und wünscht, und der notwendigen Toleranz (bis zum „Ertragen aus Liebe") bzw. der Bereitschaft zur Vergebung unterscheidet.

Zu fragen ist schließlich, wie man mit geteilter Schuld umgeht, etwa mit einem Anteil von zwei Menschen an den Fehlentwicklungen und Fehlentscheidungen in ihrer Beziehung. Das muss nicht immer eine Beziehung sein, in der man zusammenlebt. Es gibt auch kollegiale Beziehungen, die weitläufiger sind, aber in denen man doch aufeinander angewiesen ist, zusammenarbeiten muss und dabei an eine Grenze gerät.

Man wird hier nicht richtig mit der Sache und mit sich selbst, schon gar nicht mit dem anderen umgehen, wenn man über die Anteile streitet, weil man dem anderen mehr Anteile zuweisen will, als man sich selbst zugesteht. Man landet dann leicht in der skizzierten Vergeltungsmoral oder in der Übertragung der eigenen Aggression auf den anderen (vgl. Kap. II, 1 und 2). Aber wenn es doch so ist, wenn der andere doch in der Tat der Schuldige ist, wird mancher fragen? Nun, man hat keinen Anlass dazu, Schuld mit besonderem Entgegenkommen zu beantworten. Aber die Archäologie der Schuld im Sinne eines tiefen Grabens nach den Ursachen (wenn sie nicht in einer psychoanalytischen Behandlung professionell angegangen und aufgearbeitet wird), schafft oft, zumal in der dilettantischen Art, wie sie oft geschieht, nur eine Verstärkung des Dilemmas, nicht seine Aufarbeitung. Hier sind oft Gelassenheit und Großzügigkeit am Platz, sei es der eigenen Endlichkeit und Fehlerfähigkeit gegenüber, sei es, indem man diese auch dem anderen zugesteht.

Ungeschehen machen kann man eine Handlung nicht, aber es hilft, sie wie ungeschehen zu behandeln. Das fällt manchen schwer, die einem anderen etwas vergeben oder nachsehen sollen. Sie versprechen dies zwar, aber bei jedem neuen Konflikt rechnen sie einem die alten Sünden wieder vor. Damit muss man bei sich selbst und beim anderen umgehen können. Bei sich selbst hat man darauf entschieden mehr Einfluss. Der moralische Rat, den eine nachdenkliche Ethik erteilt, ist klar: Man soll nicht auf etwas zurückkommen, auf das man nicht mehr zurückkommen wollte. Leider trifft man immer wieder auf Menschen, denen dies von Natur aus oder aus biographischen Entwicklungen heraus, die sich vielleicht erklären lassen, aber unsere Sache nicht sind, nur schwer darin beeinflussen lassen, immer wieder einen Schuldigen zu suchen oder immer wieder auf alte Schulden, reale oder auch nur eingebildete, zurückzukommen. Oft sind dies sehr misstrauische Menschen, die zudem nur über ein schwach ausgebildetes Selbstbewusstsein verfügen, das von außen permanent unterstützt werden muss und dies auch einfordert. Der Umgang mit solchen Menschen ist gewiss erschwert, und wo sie die Atmosphäre eines Zusammenlebens oder einer Zusammenarbeit bestimmen, fordern sie von ihren Mitmenschen eine besondere Belastbarkeit und ein besonderes Einfühlungsvermögen, damit nicht ständig die Gefahr einer Eskalation hinter der nächsten Ecke lauert. Dennoch hilft hier nichts von außen, was nicht von innen her selbst gesucht und akzeptiert wird. Deshalb ändert sich auch hier nichts an dem guten Rat, mit Geschehenem wie mit Ungeschehenem umzugehen.

In gewisser Weise sind wir dafür verantwortlich, was wir und wie wir erinnern und was wir und wie wir vergessen. Schuldzuweisung und Erinnern sind nicht identisch, Vergessen und Vergeben sind es auch nicht. Wie kann ich vergeben, wenn ich vergesse? Aber ich kann die Einstellung zu meiner Erinnerung umlenken: Die bleibende Erinnerung dient dann nicht mehr der moralischen Entrüstung oder gar Aufrüstung gegenüber einer Schuld, sondern sie dient einem Lernprozess, wie ich mit mir selbst und mit anderen umgehen will. Man muss nicht vergessen, um zu vergeben. Aber man muss vergeben, um sich so zu erinnern, wie man sich um seiner selbst und um des anderen willen im Horizont von allgemeiner Imperfektheit, Endlichkeit und Fehlerfähigkeit erinnern soll.

Dabei gibt es auch ideale Situationen: Z. B. die Früchte einer in einer Beziehung gemeinsam errungenen Altersweisheit, die es erlaubt, auch über die schwarze Perlenkette der gemeinsam erlebten Schwächen und Verfehlungen zu reden. Der eine übernimmt dabei die Verteidigung des anderen. Geteilte Schuld in vertauschten Rollen, gemeinsam in Liebe ertragen mit Humor.

Was aber ist, wenn das Ergebnis der Schuld eine nicht mehr aufhebbare, schwere und bleibende Folge ist? Wenn jemand bei einem von einem selbst verursachten Verkehrsunfall starb oder eine bleibende Behinderung davontrug? Wenn es nicht mehr zu ändern ist, dass sich Fehler in der Erziehung wiederholt und beim anderen festgesetzt haben? Wenn man selbst immer wieder in die gleichen Fehler verfällt und wenn man sich selbst nüchtern in dieser Fehlerhaftigkeit bleibend annehmen muss? Wenn man an die Grenzen der Änderungsfähigkeit stößt?

Auf die leichteren, unaufhebbaren Schulden mag die Antwort lauten: Humor, befreiendes Lachen über sich selbst und seine Schwächen. Aber mit den schlimmen Folgen irreversibler Handlungen kommt man dadurch nicht zurecht. Hier kann man sich nicht in die allgemeine menschliche Schwäche zurückziehen. Die bleibt eine Tat, obwohl sie eigentlich eine „Un-Tat" ist, das heißt eine Tat, für welche der Betroffene nicht Täter sein wollte.

Der Umgang mit persönlicher Schuld, die irreversiblen Schaden angerichtet hat, muss einen Weg finden zwischen Selbstbestrafung und Selbstrechtfertigung. Zur Schuld stehen und dennoch nicht in der Schuld einer Handlung aufzugehen, ist hier die schwierige Balance. Diese sucht die tiefgreifende Änderung der Ursachen, die in diese Schuld geführt haben. Die Änderung des Lebens ist eine Möglichkeit. Wir haben, wie Dorothee Sölle einmal formuliert hat, „das Recht, ein anderer zu werden". Gewiss stoßen wir dabei an Grenzen. Aber manchmal sind sie durchlässiger, als wir zunächst glaubten. Wir ändern uns mit der Zeit ohnehin, und so mag uns manche Änderung selbst überraschen.

Irreversible Schuld kann ein starkes Motiv sein, sich zu ändern: Bekehrungserlebnisse zeigen dies deutlich. Vergebung kann dazu eine Hilfe sein, aber keine Garantie geben. So sind persönliche

Schuld und die Reaktion der anderen Menschen darauf miteinander verflochten. Man kann am Umgang mit der Schuld sich neue Schuld erwerben – eine Spirale des Schuldverhängnisses, die man auch „tragisch" zu nennen pflegt. Aber Tragik hat eine andere Bedeutung, je nachdem, ob der Mensch, wie in der Antike, an ein letztes Verhängnis glaubt, das selbst Götter vollziehen müssen, oder ob der Mensch ein Urvertrauen in eine göttliche Barmherzigkeit hat, oder ob er der Fixierung im schuldigen Sosein nicht das letzte Wort geben will. Albert Camus, ein bekennender Agnostiker, hat in seinem berühmten Roman „La Chute" (Der Fall) den humanistischen Traum vom großen Freispruch der Menschen für die Menschen, aus denen ihre Menschenwürde neu entstehen werde. Denn er sah im Menschen, der den anderen nicht rettet, den Menschen am Ende der Moral, d. h. den letztlich imperfekten Menschen, der sich auf den Weg zu einer Rettung machen muss, die er selbst nicht garantieren kann.

3. Plädoyer für eine imperfekte Moral

„Du kannst, denn du sollst." Diese Formel gilt als Inbegriff des perfekten Rigorismus, als deren Vertreter der Philosoph Immanuel Kant angesehen wird. In der Tat kann diese Formel als Fanal für eine Leistungsgesellschaft betrachtet werden, in welcher der Mensch sich mit der Peitsche seiner Pflichten antreibt, bis er zum Zerrbild des „Workaholic" wird, der keine Entspannung mehr findet und in seiner Freizeit das fortsetzt, was er ohnehin schon betreibt: Leistung und Leistungsmessung.

Ich glaube nicht, dass Kant den Leistungsmenschen kreieren wollte. Solche Formeln führen ein von ihrer Einbettung in einen anderen Zusammenhang getrenntes Leben. Kant war freilich der Meinung, dass es ein unbedingtes Sollen gebe, nach dem man sein Können auszurichten habe. Die Tugend, das sittliche Sosein des Menschen, das er erstrebt, sollte sich nach den Pflichten richten, freilich nicht nach den erzwingbaren Pflichten, die das Recht auferlegt, wohl aber nach den Pflichten, welche die Einsicht gebietet.

Wenn wir unsere Erfahrung fragen, so werden wir zugestehen,

dass Pflichten uns oft zum Können gebracht haben und dass manche Kompetenz nicht entstanden wäre, wenn man ihr nicht mit dem Sollen nachgeholfen hätte. Aber auf der anderen Seite steht auch die Erfahrung, dass Überforderung blockiert. Wenn man mit der antiken Lebenskunst fragt, wie man das tiefe sittliche Wollen des Menschen in Können, in Lebenskunst, verwandelt, dann hat man einerseits mehr Vertrauen in den Menschen. Freilich hat man dabei dieses Vertrauen oft vom Körper getrennt und der Herrschaft des Geistes über diesen anvertraut. Andererseits gibt es aber hier das Problem, dass man sich einen perfekten Endzustand des Menschen erträumt.

„Sollen setzt Können voraus." Das ist die moderne Formulierung einer mittelalterlichen Weisheit, die auch heute noch in der rechtlichen Beurteilung einer Handlung eine Rolle spielt.

Die Arbeit am Können des Menschen ist stets unabgeschlossen, von Umständen, d. h. von inneren und äußeren Bedingungen, abhängig. Der Mensch erscheint hier nicht als moralfähiges Abstraktum, sondern als konkreter, individueller Mensch, als ein Mensch, wie wir ihn uns nicht moralisch denken, sondern wie wir ihn alltäglich erfahren.

Wie sich dieser konkrete Mensch zu Moral verhält, steht heute nicht mehr unter dem Idealbild einer perfekten Lebensform, wie etwa in der Antike der des Philosophen, im Mittelalter der des Mönches. Wohl aber ist die Frage nach diesem konkreten Menschen und seiner unabgeschlossenen und in diesem Sinne „imperfekten" Moral mit Kants unbedingtem Sollen zu konfrontieren.

Kants Fragen waren: Was kann ich wissen; was soll ich tun; was darf ich hoffen? Kriterium des Erkennens war für ihn die theoretische Vernunft, die Wissenschaft; Kriterium des Handelns die praktische Vernunft oder die Ethik. Kant setzte sich für die Objektivität und gegen jeden Relativismus ein.

Vor Kant waren die Kandidaten für die Moralbegründung: die Naturordnung, die Gemeinschaft, das Glücksverlangen, der Wille Gottes, das moralische Gefühl …

Mit Kants Neubegründung wurde der Grund der Moral die Autonomie. Die Einheit von Freiheit und Gesetz (autos und nomos) begründete, was sittlich gut war. Maßstab für die Überprüfung der Einheit von Freiheit und Norm ist der kategorische Imperativ, die vorschreibt, diejenige Maxime des Guten und Richtigen zu wählen, die ein allgemeines Gesetz sein könnte.

Wir verdanken Kant Präzisionen, die heute selbstverständlich sind[49]:

- die Unterscheidung von Recht (Legalität) und Moral (Moralität, Tugend = Übereinstimmung des Willens mit der Pflicht);
- die Unterscheidung des Wollens aus (unwillkürlicher) Neigung vom Wollen aus Distanz dazu (gereinigtes Wollen = Wollen aus Pflicht);
- den Verzicht auf Beweise des höchsten Gutes („Gott") und der letzten Freiheit, sie sind stattdessen „Postulate" der praktischen Vernunft, d.h. plausible Ideen, ohne die wir ein sinnärmeres Leben führen müssten.

In Kants Begründungs- und Kriterienlehre wirkt die Vernunft als praktische, d.h. sie wirkt handlungsbezogen. Sie enthält das Bewusstsein des Sittengesetzes; d.h. mit der Vernunft ist uns das Moralbewusstsein konstitutiv und gleichursprünglich gegeben (= Faktum der Vernunft). Praktische Vernunft ist zugleich die Fähigkeit, nicht-determiniert zu wählen bzw. nicht-determiniert zu wollen.

Die Autonomie entspricht der Selbstgesetzgebung des Willens aus seiner durch Selbstreinigung erlangten Freiheit, d.h. aus seiner Selbstverpflichtungsgestalt.

In der Autonomie geht es um den uneingeschränkt guten Willen als Ausdruck personaler Sittlichkeit, um die Objektivität im Subjekt, um den vom falschen Woraus (und dann vom falschen Woraufhin bzw. Zweck, z.B. Erfolg) gereinigten Willen.

Kant „reinigt" zunächst das Woraus des Wollens von vorrationalen Antrieben, die zwar nicht gelöscht, von denen sich aber distanziert wird, d.h. sie bleiben erhalten, sind aber nicht letzter Grund des Handelns. Katalysator der Reinigung ist die Pflicht, deshalb auch „aus Pflicht handeln". Pflicht ist aber nur ein anderer Ausdruck für Vernunftgemäßheit.

---

[49] Vgl. K. Steigleder, Kants Moralphilosophie, Stuttgart / Weimar 2002.

Nachdem Kant so zunächst das Worumwillen des Handelns zurückgestellt hat, führt er es wieder ein, wenn es ihm nicht primär um den Grund des guten Wollens, sondern um den Maßstab geht (der damit natürlich kohärent sein muss).

Der Maßstab ist die verallgemeinerungsfähige Maxime, die im Unterschied zu den Maximen der hypothetischen Imperative kategorisch bindet. Hypothetische Imperative als Kriterien der Auswahl von richtigen Maximen (Handlungskriterien) stehen unter Vorbehalt. Solche vorbehaltlichen Imperative finden sich im technischen und im pragmatischen Bereich (Ergebnis- bzw. Erfolgsbindung). Die moralische Maxime im vorbehaltlosen Sinn enthält das richtige Woraus (die Autonomie s. o.) und das richtige Woraufhin: den verallgemeinerungsfähigen Grundsatz, der aus dem Test stammt, ob meine Maxime eine Maxime für alle sein kann.

Drei Kritiken wurden an Kant als dem bestimmenden Ethiker geübt: er denke in der Begründung zu personal (Höffe), vertrete eine Gesinnungsethik (Max Weber, Max Scheler), vernachlässige die soziohistorischen Bedingungen der Praxis (Hegel). Diese Kritiken lassen sich relativieren, aber m.E. nicht ganz ausschalten. Ich möchte an dieser Stelle nur, bei bleibender Achtung für Kants objektive und universale Ethik, ein kleines Plädoyer für die Imperfektheit, für die Unvollendetheit des moralischen Prozesses halten, der mit der Endlichkeit unserer Vernunft und unseres Wollens zu tun hat.

Der Philosoph Immanuel Kant ist vielleicht nicht der einflussreichste Ethiker, was die Praxis der Menschen betrifft. Hier gibt es andere Ethiken, welche die Menschen schneller verstehen und umsetzen, z.B. eine utilitaristische Moral, die für richtig hält, was das größte Wohl der größten Zahl oder die größte konstante Lust in meinem Leben zustande bringt. Da wird stets von den Folgen des Handelns her gedacht und bewertet. Zur Folgenbewertung dient ein durch Weisheit verfeinertes Lustprinzip und eben die Summe des allgemeinen Wohles (Gemeinnutz geht vor Eigennutz). Was bringt's – nicht nur für den Augenblick, sondern auf Dauer, nicht nur für einen, sondern für alle, man vergleiche dazu den Spruch der „Drei Musketiere" von Alexandre Dumas „Alle für einen, einer für alle".

Ferner: Wie macht man das Beste daraus („make the best of it") für möglichst viele? Das ist eine Moral, in welcher man Verantwortung übernimmt und ein Kriterium hat, diese Verantwortung immer wieder neu zu messen.

Anders Kant, an dem niemand vorbeikommt, der sich mit Moral nachdenklich beschäftigt. Für Kant muss ich mich zunächst einmal in die Position bringen, um moralisch richtig denken zu können. Dies geschieht, indem ich mich von Antriebskräften befreie, die nicht meiner Vernunft und Freiheit entsprechen. Denn gut ist nur der gereinigte Wille, in welchem ich nicht einfach meinen Bauch- und Herzensinteressen folge, sondern alle meine Interereressen erst einmal auf den Prüfstand lege, ob sie auch wirklich vernünftig und frei sind.

Es kommt also zunächst nicht auf die Folgen, sondern auf das Motiv meines Handelns an. Dieses Motiv soll perfekt sein. Was damit gemeint ist, lässt sich am Beispiel dessen erläutern, was die französischen Moralisten einmal „amour désinteressé" genannt haben: Liebe ohne Selbstinteresse, ohne auf den eigenen Vorteil zu sehen. Eine so gereinigte Liebe steht der Neigung nicht, wie Schiller meinte, im Wege, sondern sie durchdringt die Neigung mit dem Interesse an der Verwirklichung der Liebe selbst, zusammen mit dem anderen. Damit ist man freilich gleich bei der Hochzeit bzw. bei der liebenden Beziehung als Lebensprogramm. Kant geht eben der Sache auf den Grund. Dafür führt er ein weiteres Kriterium über das gereinigte Motiv hinaus an: Einer soll für alle nachdenken, wenn er eine Regel aufstellen will. Aber nicht in dem Sinne, dass er den größten Vorteil für die größte Zahl sucht, sondern in dem Sinne, dass das, was er für richtig hält, alle in dieser Situation nachvollziehen und für richtig halten müssten. Und schließlich orientiert er sich auch an einem inhaltlichen Kriterium, der Würde des Menschen. Das heißt daran, dass der Mensch nicht total zum Zweck eines anderen werden darf, sondern immer den Sinn und Zweck seines Daseins in sich selbst behalten sollte (Instrumentalisierungsverbot).

Kant wird aufgrund dieses Vorschlags für ethisches Nachdenken über Moral eher bewundert als nachgeahmt. Und sofern die Nachahmung in einer resoluten Pflicht- und Gehorsamsethik bestand, was Kant gewiss nicht wollte, ist sie historisch in Deutschland auch schief gegangen. Ohne mich hier den Kritikern von Kants Theorie ausliefern zu wollen, meine ich doch, dass Kant Probleme mit dem konkreten Menschen hat, der nach seiner Lehre ja ständig damit beschäftigt ist, seine Motive zu reinigen. Das ist zwar eine gute, aber endlose Aufgabe: Wann erreiche ich den Punkt, dass mein Handeln, ebenso aus vernünftiger Freiheit wie aus an der Fähigkeit zur Verallgemeinerung überprüften Gesetzen, wirklich in dem von Kant angestrebten perfekten Sinne „moralisch" ist? Dass Kant hier sich eher mit der Theorie des Guten und Richtigen begnügt, kann dem Philosophen verziehen werden. Wir können es auch in dem Sinne übernehmen, dass unser moralischer Lernprozess unendlich bleibt. Führt dies aber zu der Einstellung: Es gibt keine Handlung, auf der man sich so richtig mit gutem Gewissen ausruhen und sich darüber freuen kann, dann wäre dieser Prozess einer der Gegner des Glückes in der Gegenwart. Stets auf dem Wege, das wahre und unverdächtige Motiv der Moral zu erreichen, wäre uns ja eine Rast auch nicht gestattet: Du kannst, denn du sollst.

Da scheint der Utilitarist, der das Wohlergehen der größten Zahl zum Kriterium macht, Vorteile zu haben, denn er kann etwas erreichen und darauf moralisch stolz sein.

Aber dem Utilitaristen – wenn ich ihn richtig dargestellt habe – ist auch nicht so recht zu trauen. Denn sein Urteil über das Erreichte ist entweder ein willkürliches Empfinden oder er muss eine Statistik bemühen, die das größte Wohl ermittelt und über die man dann wieder moralisch streiten kann, etwa im Sinne von Churchills berühmter Äußerung: „Ich traue nur der Statistik, die ich selber gefälscht habe." Die utilitaristische Moral ist leichter zu vollziehen und schwerer zu denken, bei Kant mag es umgekehrt sein.

Vielleicht hilft es ja weiter, wenn wir eine perfekte Moral für alle gar nicht zu denken versuchen und wenn wir nicht damit rechnen, dass mit Moral praktischer Erfolg verbunden sein muss. Das Erste distanziert sich von Kant, das Zweite verbündet sich mit ihm. Nun ist diese Distanz zu Kant vielleicht gar nicht so weit von ihm entfernt, insofern er ja selbst eine gewisse Endlosigkeit der Selbstaufklärung der Moral in Kauf zu nehmen scheint. Moral für alle (fachlich als Universalisierungsprinzip bezeichnet) muss nicht eine perfekte Moral für alle sein, sondern eine solche, in welcher alles insofern „imperfekt" bleibt, als es immer wieder neu überprüft werden muss. Und da der Mensch das offene, unvollendete und unvollendbare Wesen ist, ist er auch der imperfekte Mensch mit einer imperfekten Moral, wenn auch mit universalen Kriterien, die ihn diagnostizieren und weiterbringen können.

Eine Moral für alle, welche die Imperfektheit des Menschen, seine Unabgeschlossenheit, seine Geschichtlichkeit und seine Wandlungsfähigkeit einbezieht, bedarf der Quellen der Einsicht in das Imperfekte, also in das, worin wir hinter unseren Kriterien, Kontrollen und Entwürfen zurückbleiben und worin wir uns dennoch als moralische Wesen annehmen können. Diese Moral findet sich weniger in der Philosophie (aber auch dort) als in den Religionen (aber nicht überall). In dieser Moral braucht man Verzeihung und Vergebung. Man braucht eine Selbstannahme jenseits der Bewertung des eigenen moralischen Selbst. Man braucht eine Annahme durch den anderen, die von den eigenen Fehlern nicht eingeschränkt wird. Man braucht einen Blick auf den anderen, in welchem dieser uns in seiner Verletzlichkeit, seiner Fehlerfähigkeit und seiner Sterblichkeit doch so erscheint, dass uns dabei warm ums Herz wird.

VIII Was bedeutet Religion für die Ethik?[50]

„Die Meister (des Lebens) erreichten mit der Übung der Tugend eine so hohe Erkenntnis, dass sie jede einzelne Tugend viel anschaulicher und genauer erkannten als Paulus oder irgendein Heiliger in seiner religiösen Erfahrung." (Meister Eckhart, Predigt 86)

Die Beziehungen zwischen Religion und Ethik sind ebenso vielfältig wie umstritten. In einer schlichten Form dient die so genannte „civil religion", die sozial nützliche „bürgerliche" Religion, der Erziehung zur Moral. „Religion spart Polizei" ist dafür eine Kurzformel. Man sieht dies auch daran, dass bedachte Bürger ihre Kinder gern auf kirchliche Schulen schicken, weil sie dort mit einem religiösen Interesse an moralischer Erziehung rechnen: Die Religion kann man ablegen – die Moral bleibt. Keine Frage, dass ein lebensgemeinschaftlicher Rahmen, wie er von Glaubensformen und Glaubensnormen gestiftet wird, auch moralische Verhaltensformen und -normen sichert. Aber erzeugt er auch ethische Nachdenklichkeit, wenn wir Ethik als Nachdenken über strittige Moral bezeichnen? Oder als genauere Erkenntnis des moralisch Guten und Richtigen?

Außerhalb der sozial nützlichen Funktionen von Religion ist auch ihr Gegenstück bedeutsam: die Hilfe der Religion bei der Unterbrechung von falschen gesellschaftlichen Gewohnheiten. Religion strebt nach Wahrheit, nicht nach Gewohnheit. Sie unterbricht daher eingefahrene Gewohnheiten, sich mit verkrusteten Formen von Herrschaft abzufinden.

Man kann ferner zwischen der Einordnung des „bourgeois" und der kritischen Teilhabe des Bürgers (im Sinne von „citizen") unterscheiden. Bürger ohne Bewegung zementieren die Ordnung; Bürgerbewegungen erneuern und verändern sie. Religion ist auf beiden

---

[50] Vgl. C. Mandry, Ethische Identität und christlicher Glaube, Mainz 2002.

Seiten zu finden, nicht sie, sondern die Art ihrer Auffassung differenziert die Parteien.

In der Übertreibung dieser Funktion kann die Religion eine weitere Rolle übernehmen: die der gewalttätigen Ideologie (die sich, s. o., immer aus dem Bösen des anderen als Gegengewalt rechtfertigt). Diese Versuchung hat es in allen Religionen gegeben und sie ist in allen Religionen noch heute relevant, wenn auch, wie es scheint, im Islam besonders sichtbar. Aber es wäre falsch, ihm hier Exklusivrechte zuzusprechen.

Wo die Religion in (gewaltloser) Gegen-Bewegung ist, will sie ihren Stiftern nahe sein. Aber wer hat die Religion gestiftet, die viele Menschen beherrscht, ohne von ihnen als Religion erkannt zu sein, die Götterwelt der Moderne? Es ist zu klären, worin diese Götterwelt besteht.

Niemand kommt ohne Glauben und Vertrauen in etwas aus, das er nicht beweisen kann, für das er aber Zeugen hat und für das eine gemeinschaftliche Bindung einsteht. Mit dem Bild zweier Stockwerke im menschlichen Bewusstsein, das aus der Polemik gegen die Mentalität des geschlossenen Katholizismus im 19. Jahrhundert stammt, will ich versuchen, diesen Gedanken zu erhellen:

Das untere Stockwerk des Bewusstseins beschäftigte sich mit den irdischen Dingen. Diese wurden häufig in Kirchenliedern als „Jammertäler" besungen. Die Arbeit und die Ehe standen unter dem Kreuz. Dagegen weilte der Himmel bereits im oberen Stockwerk des Bewusstseins.

Der Einklang mit sich selbst und seiner Umwelt hing vom oberen Stockwerk ab. Das obere Stockwerk war zugleich eine Welt der Kompensation und eine Welt der Verheißung.

Die Polemik gegen dieses Stockwerksdenken findet sich bei Heinrich Heine („Den Himmel überlassen wir den Spatzen und den Pfaffen"; „Wir wollen hier auf Erden schon das Himmelreich besitzen"), aber auch bei Friedrich Nietzsche („Bleib' der Erde treu"), und schon ein „Zurück zur Natur"-Denken der Jugendbewegung sowie die Idee des „weltoffenen Christentums" relativierten dieses idealtypische Modell des 19. Jahrhunderts.

An die Stelle des Modells trat jedoch, bis tief hinein in die christlichen Köpfe, ein idealtypisches Modell, das sich im 20. Jahrhundert immer deutlicher herausbildete: Das untere Stockwerk bewohnt das Bewusstsein der Realität, das obere stattet die Zukunftserwartung aus. So funktionierte und funktioniert der Kommunismus, der sich ja auf dem Weg zu einer klassenlosen Gesellschaft und zum „Reich der Freiheit" wusste, aber auf diesem Weg die unmenschlichsten Einschränkungen in die Realität einführte und hinnahm. Man darf aber nicht übersehen, dass die Welt des Kapitalismus auf genau die gleiche Weise funktioniert, nur, dass dies in der Verbindung mit aufgeklärten und etablierten Demokratien, die sich zudem deutlich vom Kommunismus abheben wollten und abhoben, eine ähnliche Struktur des Bewusstseins hervorgebracht hat. Im Zeitalter der Globalisierung wird dies an der großen Kluft zwischen Arm und Reich besonders sichtbar.

Seit Beginn der Neuzeit, etwa in den Visionen eines Francis Bacon (Novum Organon, Nova Atlantis) ist der Fortschrittsglaube etabliert, der vom Verbundsystem von Wissenschaft, Technik und Ökonomie den Einzug in eine „Schöne, neue Welt" (Aldous Huxley) erwartet. Dieser Glaube wird in der Fiktion der Romane ständig von negativen Utopien und Befürchtungen begleitet, je mehr dabei die vertraute Welt entgleitet. Die Welt der beiden Stockwerke im Bewusstsein ist nicht die Welt der absoluten Sicherheit und Gewährleistung, die eine explizite gemeinschaftliche Glaubenswelt verbürgen mag, und deshalb ist sie nicht so gut an ihren Ritualen (den Fachmessen) und Sakramenten (dem Börsenbericht im Fernsehen, der sich an die Seite des Wetterberichts gestellt hat) greifbar. Aber man trifft doch unwiderlegbar bei den Alltagsmenschen, christlich oder nicht-christlich, auf den Bewusstseinsstand, das sich zwar die reale Problemlage verschlechtern, der Fortschritt aber nur verbessern kann. Die mediale Berichterstattung „verkauft" Optionen dabei in der Sprache der Realitäten, zum Beispiel Laborversuche als erwartbare Therapien für die Krankheiten, die ihrerseits die unabweisbare medizinische Fortschrittsgeschichte relativieren. Die Agenten des Fortschritts rücken in die Rolle von Propheten, die bei Nichterfüllung ihrer Ansage stets ein neues Hoffnungsparadigma aufzuweisen haben. Dabei ist nicht zu übersehen, dass es im Einzelnen in der Tat besser und „vorwärts" geht, aber die Teilhabe daran immer geringer und immer teurer wird.

Idealtypisch kann man also von einem Bewusstsein sprechen, dessen unteres Stockwerk auf – oft zunehmende – Alltagsprobleme gerichtet ist, während das obere Stockwerk ein quasi religiöses Vertrauen in eine virtuelle Zukunftswelt enthält, die jetzt schon Trost spendet. Dazu gehört, dass wir uns überhaupt immer mehr an den Trost virtueller Welten gewöhnen, mit denen der Globus überzogen wird. Während wir in diesen Welten leben, sind wir frei, können freiwillige Kommunikationsgemeinschaften bilden und unsere diesseitige reale Welt kompensieren.

Der Ausgangspunkt dieses Gedankens war, dass niemand ohne Glauben und Vertrauen auskomme, d.h. ohne Vertrauen in etwas, das er nicht beweisen kann. Die bessere Zukunft kann man in der Tat nicht beweisen. Obwohl Hochrechnungen im Einzelnen stimmen, stimmen sie niemals im Ganzen, weil es immer neue gegenläufige Tatsachen und deren Hochrechnungen gibt; man braucht hier nur an die laufende Uhr der Umweltzerstörung und des Bevölkerungswachstums zu denken. Aber Gläubige entfalten ihr Bewusstsein gegen jede Relativierung der Realität des oberen Stockwerkes – das macht ja gerade ihre Glaubenskraft aus. Diese ist umso größer, je geschlossener die Gemeinden sind. Ketzer werden in der „scientific community" schnell ausgeschlossen. Was technisch machbar und in seinen Optionen als fortschritts-nützlich erscheint, erobert den Finanzrahmen, ohne den es keine Wissenschaft geben kann. Wenn man die Frage stellt: Wer erklärt uns die Welt, Religion oder Wissenschaft, nähert man sich der Antwort: Die Wissenschaft ist zur Religion geworden, während die aufgeklärte Glaubensskepsis sich auf die etablierten Religionen beschränkt.

Aus diesen idealtypischen Bildern von den beiden Stockwerken des Bewusstseins wird deutlich, dass die moralischen Auseinandersetzungen der Gegenwart immer wieder religiöse Züge annehmen können, auch wenn sie auf dem Felde der ethischen Auseinandersetzung mittels der Vernunft stattfinden und die säkular auftretende Seite ihre religiösen Implikationen meist völlig übersieht. Wenn nämlich die Moral etwas mit unserer Wahrheitssuche, mit unserer

Sinnfindung und mit unserer aus Überzeugungen angeleiteten Praxis zu tun hat, dann ist sie in der personalen moralischen Identität von der „Religion" (explizit oder implizit) nicht zu trennen. Moral hat immer mit sinnbestimmten Zielen und praktischen Haltungen zu tun, und diese haben etwas mit Religion zu tun. Seit William James und John Dewey ist deutlich, dass der Pragmatismus auch religiöse Züge trägt. Nur wird aus dem antiken Leitspruch „Erkenne dich selbst!", den die christlichen Mystiker vertieft haben, der moderne Leitspruch „Make the best of it!" Er enthält schon die Fiktion, dass stets alles zu verbessern ist, und zwar durch das Machen. Wenn dies im einzelnen durchaus der Fall ist , ist es doch nicht in jeder Hinsicht richtig.

Wenn Glaube auch keine Folge des Verstandes ist, so ist er doch ein Schlüssel zur Vernunft. „Es wäre widersinnig, erst glauben zu wollen, wenn der Verstand es einsieht, aber ebenso unsinnig wäre es, nicht alle Kraft darauf zu verwenden, den Glauben mit vernünftigen Gründen darzulegen", so Meister Eckhart. Dies gilt auch auf dem Gebiet der Ethik als Nachdenklichkeit über strittige Moral und über die Konzeptionen der Freiheit (vgl. Kap. III, 3). Wenn der christliche Obersatz lautet „Die Wahrheit wird euch frei machen", dann ist das etwas anderes als: Wählt euch die Wahrheit in Freiheit. Dem christlichen Satz wird man den Einwand zuordnen: Aber dann sagt der Grad der Freiheit und ihres Nachweises auch etwas über die Wahrheit aus; der Mentalität des „free choice" wird man entgegenhalten: Woher seid ihr euch eurer Freiheit so gewiss, denn nur die richtige Freiheit wird die richtige Wahl treffen.

Es besteht kein Zweifel daran, dass auch religiöse und in ihrer Glaubensstärke vorbildliche Menschen moralisch irren. Als Beispiel dafür kann man Augustinus' Verkennung christlicher Gewaltlosigkeit oder Bernhard von Clairvaux' Kreuzzugspredigt nennen. Ideologische Gewalttätigkeit fehlt auch nicht bei den islamischen Mystikern, den Sufis. Dort, wo die moralische Richtigkeit nicht zusätzlich zur sinnvollen Wahrheit religiös diskutiert wird, verliert die Religion ihren ursprünglichen Humanismus, den sie verstärken, statt schwächen und beseitigen sollte. Die religiösen Denker müssen daher von der autonomen Vernunftmoral der Philosophen lernen, und, wenn sie klug waren, haben sie das auch immer getan. Religion sollte nie ohne moralische Selbstkontrolle sein; ohne diese ist ihr Beitrag zur Moral nicht glaubwürdig. Die religiösen Beweggründe bedürfen der moralischen Beweisgründe (s. o.).

Umgekehrt gilt, dass die religiös integre Praxis der Lebensführung und menschlichen Anteilnahme die moralische Einsicht positiv beeinflusst. Die Praxis als Erkenntnisort hat zwar keinen Anspruch auf Ausschließlichkeit, aber einen Anspruch auf Nachdenklichkeit. Nicht ohne Grund spricht man von einer „déformation professionelle", d. h. vom Ersatz der Einsicht durch die praktische Gewohnheit. Wahrheit kann eine Krisis praktischer Gewissheit sein, Praxis den Weg zur Wahrheit öffnen. Die Prozesse sind hier nicht anders als dialektisch zu begreifen. Gerade das Nachdenken über strittige Moral öffnet geschlossene Systeme, macht Ethik interdisziplinär, interreligiös und interkulturell.

Blaise Pascal hat u. a. auch die Ethik sowohl dem „esprit de finesse" , dem Geist des Feinsinnes, als auch dem „esprit du cœur", der Einsicht des Herzens, zugeordnet (freilich nicht dem „esprit de la géométrie", dem Geist naturwissenschaftlicher Exaktheit). Ich habe die Nachdenklichkeit der Ethik zwischen Vernunft und Phantasie eingeordnet – eine Wiederaufnahme jener Sensibilität, die Pascal „Feinsinn" nennt. Aber man sollte darüber nicht Pascals Aufforderung vergessen, die in seiner „Ordnung des Herzens", der Religion, liegt: die letzte Verehrung und der letzte Rahmen der Orientierung, wie Erich Fromm diesen Ankergrund des Lebensschiffes bezeichnet hat. Fromms Name mag für das agnostische Programm einer religiösen Nachdenklichkeit über Moral stehen.

IX Die Zehn Gebote – Merkformeln der Moral

Die Worte der Bibel, die in Exodus 20, 2–21 die Zehn Gebote fassen, lassen sich in freier Aneignung so formulieren:

„Ich bin der Gott, dem du gehörst, seit ich dich von der Sklaverei in Ägypten befreit habe.

Verehre niemanden neben mir! Mach dir keine Götzenbilder!

Missbrauche meinen Namen nicht, indem du dich zu Unrecht auf mich berufst! Verlasse meine Gebote nicht im Namen der Religion.

Ich habe meinem Schöpfungswerk eine Zeit der Ruhe gegönnt. Auch du sollst am siebten Tage alle Arbeit ruhen lassen und die Schöpfung schonen. Dieser Tag ist heilig.

Wenn Kinder ihre Eltern ehren und Eltern ihre Kinder lieben, wird es allen Nachkommen gut gehen. Die Erde ist allen Menschen ein gemeinsames Erbe; alle haben die Verpflichtung, sie den kommenden Generationen in gutem Zustand zu übergeben.

Morde nicht! Foltere nicht! Terrorisiere nicht! Missbrauche niemand, der in deine Macht gegeben ist. Sei nicht aggressiv und gewalttätig!

Bleib deinem Partner / deiner Partnerin treu! Brich keine Verträge! Übernimm Verantwortung für deine Beziehungen!

Stehle nicht und beute andere nicht aus! Sei nicht korrupt und missbrauche deine Macht nicht!

Beschuldige nicht einen anderen fälschlich! Diskriminiere nicht! Betrüge nicht! Bemühe dich um die Wahrheit!

Sei nicht neidisch auf den Besitz und auf das Einkommen anderer und missgönne dem anderen nicht den Erfolg! (Nicht neidisch „von unten", weil du nicht hast, was andere haben; nicht missgünstig „von oben", weil andere aufsteigen!)"

In der biblischen Tradition haben sich zwei Auslegungsregeln herausgebildet.

Diese knappen Merkformeln sind (erstens) in der jüdischen Tradition dem Doppelgebot der Gottes- und Nächstenliebe unterstellt. Dieses versteht man besten, wie Augustinus, der große Kirchenlehrer der lateinischen Kirche, es verstanden hat: Gottes-Liebe ist die Liebe Gottes zu den Menschen. Man soll diese Liebe aus Gott in sein Herz schöpfen. Dann hat man ein Herz für die Armen und Benachteiligten. Und man macht keinen Unterschied zwischen den Menschen, die der Zuwendung bedürfen.

Das ist die Auslegungsregel für die Zehn Gebote im persönlichen Tun: das Handeln soll vom Geist der Nächstenliebe erfüllt sein. Niemand, der die Gebote hält, aber dabei nicht von der Liebe getragen wird, erfüllt ihren Sinn (vgl. 1 Kor 13).

Die (zweite) gesellschaftliche Auslegungsregel ist die Gerechtigkeit. Bei Jesus von Nazareth heißt es: Suchet zuerst das Reich Gottes und seine Gerechtigkeit. Die Gerechtigkeit geht von Gott aus: Jeder Mensch ist von Gott gewollt, von Gott angenommen und Gottes Bild. Diese Einstellung spiegelt sich in den Strukturen einer gerechten menschlichen Gesellschaft. „Gerechtigkeit ist die Tugend sozialer Institutionen." (John Rawls) Die richtige Gesellschaft weiß zu unterscheiden, welche Werte und Rechte allen in gleicher Weise zustehen und welche Ungleichheiten berücksichtigt werden müssen.

Die Gebote sind also mittels der Gerechtigkeit fortzuschreiben und so anzuwenden, dass sie zum gerechten Recht für alle werden. Ohne Gerechtigkeit wirken die Zehn Gebote nicht in den Strukturen und Institutionen. Das heißt: Ohne Menschenrechte werden die Zehn Gebote nicht richtig in unsere Gesellschaften fortgeschrieben.

Einige Umsetzungsregeln angesichts heutiger Herausforderungen.

Wer Gott zugehörig ist, darf keine Sklaverei mehr dulden. Denn Gott ist als Befreier von der Sklavenherrschaft aufgetreten. Das heißt: Menschen dürfen nicht gegen ihren Willen zugunsten anderer Menschen instrumentalisiert werden. Sie haben ihren Sinn in Gott und ihren Zweck in sich selbst.

Gott will nicht, dass die Religion missbraucht wird. Religion und Gewalt vertragen sich nicht. Wer den Namen Gottes bei militärischen Auseinandersetzungen im Munde führt, verfälscht ihn.

Gott will den Menschen menschlich. Darum gibt er ihm nicht nur das Werk der Schöpfung, sondern auch die Ruhe der Schöpfung und damit der Schöpfung Ruhe.

Gott will, dass wir diese Welt gestalten und dabei Verantwortung für die Folgen dessen übernehmen, was wir tun. Man kann die Welt nur gestalten, indem man sie im guten Sinne schonend gebraucht. Im Sabbatgebot steckt diese Schonung, die die Schöpfung braucht. Diese Schonung braucht der Mensch auch in seinem Lebensrhythmus. Gott will keine Workaholics und kein Burnout-Syndrom.

Gott will, dass die Generationen einander respektieren und einander helfen. Das vierte Gebot richtet sich nicht nur an Kinder und auch nicht nur an Eltern. Die jetzigen Generationen sollen so handeln, dass ihre Nachkommen noch entscheiden können, wie sie leben wollen.

Der Generationenvertrag muss immer wieder fortgeschrieben und neu geschrieben werden.

Gott will nicht, dass Menschen einander bedrohen und zerstören. Das ist mit seiner unbedingten und voraussetzungslosen Annahme eines jeden Menschen und damit mit seiner Liebe unvereinbar. Wer die Liebe zum anderen aus Gott schöpft, zerstört das Leben nicht, stört die Liebe nicht (vgl. das Hohelied der Liebe), teilt die Menschen nicht in Rassen und Klassen, in Entwicklungsstufen und in auslaufende Modelle ein.

Gott will nicht, dass Menschen einander verraten. Sie sollen füreinander verlässlich sein. Der Mensch ist verantwortlich für das, was er sich vertraut macht. Menschen sind umso mehr voneinander abhängig, als sie sich nahe sind oder nahe werden.

Gott will nicht, dass Menschen die Lebensgrundlage anderer Menschen bedrohen, indem sie betrügen, stehlen und ausbeuten. Eigentum ist geschützt, aber so, dass der gemeinsame Besitz der Güter dieser Erde Vorrang hat vor dem privaten Eigentum; Eigentum verpflichtet zugleich darauf, die Macht, die dadurch entsteht, in Verantwortung zu verwandeln und andere daran teilhaben zu lassen.

Gott will nicht, dass Menschen niederträchtig behandelt und verleumdet werden. Er will nicht, dass wir uns selbst und anderen mit Lügen schaden.

Gott will nicht, dass wir anderen nichts gönnen. Dabei darf nicht vergessen werden, dass dies nicht nur eine Gefahr des „Sozialneides" ist. Es ist eine Gefahr der „Missgunst", die eine gerechte Verteilung behindert. Auch die ungebremste Form der Selbstbedienung auf Kosten anderer ist gegen dieses Gebot. Sich selbst Gehälter und Renditen auszuschreiben und anderen Gehälter und Einkommen zu kürzen, kann sicher nicht mit dem Gehorsam gegen Gottes Gebote vereinbart werden.

Wie gewiss ist uns Gottes Wille?

Religiöse Menschen leben gern aus Gottes Willen. Sie stellen das „Worumwillen" ihres Lebens Gott anheim. Sie betrachten ihr eigenes Wollen darum kritisch. Sie wollen fortsetzen, was Gott wirkt und sich auf diese Weise selbst verwirklichen. Sie stehen dabei in der Gefahr – und dies gilt auch für die voranstehenden Sätze – vorzugeben, dass sie über Gottes Willen, der doch auch ein Geheimnis ist und im Verborgenen bleibt, endgültig Bescheid wissen. Es sind ihnen aber nur Hinweise aus der Erfahrung der Menschen mit Gott gegeben, die sie selber ausbauen müssen, ohne dabei den Faden zu Gottes Willen zu verlieren. In der Geschichte ist dies oft ein dünner Faden gewesen, der gerade dort abzureißen drohte, wo man mit einem dicken Kabel rechnete.

Die Frage nach Gottes Willen, die der religiöse Mensch stellt und die auch die nichtreligiösen Menschen als Fingerzeig auf lebenswerte Merkformeln der Moral interessieren kann, bedarf der ständigen Kritik und der ständigen Selbstvergewisserung. Das ist Aufgabe der theologischen Ethik. In der Moral liegt der Missbrauch von „Gottes Willen", wie wir am Beispiel der Gewalt gesehen haben, ebenso nahe wie das Herausfallen aus Gottes Willen.

Wir können uns über Gottes Willen in dreifacher Weise vergewissern:

Durch die Worte der Schrift, die wir immer besser zu verstehen versuchen.

Durch die Erfahrungen, die bei ihrer Anwendung in der Überlieferung gemacht worden sind, negative und positive Erfahrungen. Die Richtung ist hier ein offener Lernprozess.

Durch das vernünftige Nachdenken angesichts heutiger Herausforderungen über das ethisch Gute und Richtige, das allen Menschen guten Willens offensteht, Gläubigen und Nichtgläubigen.

Die Zehn Gebote sind eine Verpflichtung für alle, kein Privileg für Fromme. Auch die Heiden, sagt Paulus am Anfang des Römerbriefes, können das, was gut und richtig ist, in ihrem Herzen erkennen. Manchmal, meint Meister Eckhart, sei es besser, auf die nicht gläubigen Philosophen zu hören, weil die Moral der Gottergriffenen oft zu wünschen übrig ließ. So können alle voneinander lernen.

Bewusstseinserweiterung

Dietmar Mieth
Die Diktatur der Gene
Biotechnik zwischen Machbarkeit und Menschenwürde
Band 5204
Ein Plädoyer für einen verantwortungsbewussten Umgang mit dem, was Menschen
können, und für eine Ethik, die vor den komplexen Problemen nicht abdankt.

Dietmar Mieth
Was wollen wir können?
Ethik im Zeitalter der Biotechnik
ISBN 3-451-27559-7
Eine überzeugende Orientierung, nachdenklich, umsichtig und mit klaren
Positionen. – Das grundlegende Ethik-Buch zur aktuellen Biotechnik-Entwicklung.

Stanislav Grof/Peter Fenwick/Michael Grosso
Wir wissen mehr als unser Gehirn
Die Grenzen des Bewusstseins überschreiten
Band 5284
Der spannende Brückenschlag zwischen Naturwissenschaft und Spiritualität.

Wolfram Henn
**Warum Frauen nicht schwach, Schwarze nicht dumm und Behinderte
nicht arm dran sind**
Der Mythos von den guten Genen
Band 5479
Schöner – klüger – blauäugiger? Warum wir mehr sind als unsere Gene.
Eine spannende Sicht auf die Gentechnik.

Hans Küng
Wozu Weltethos?
Religion und Ethik in Zeiten der Globalisierung
Band 5227
In Zeiten konfliktträchtiger Krisen brauchen wir ein verbindliches Ethos. Hans
Küng entwirft konkrete Ideen für die Zukunft der Religionen und der Menschheit.

HERDER